D1689544

Dienberg, Eggensperger, Engel (Hrsg.)

Auf der Suche
nach einem neuen „Wir"

Thomas Dienberg,
Thomas Eggensperger,
Ulrich Engel (Hrsg.)

Auf der Suche nach einem neuen „Wir"

Theologische Beiträge
zu Gemeinschaft und Individualisierung

Aschendorff Verlag

© 2016 Aschendorff Verlag GmbH & Co. KG, Münster
www.aschendorff-buchverlag.de

Satz: Philipp Czogalla

Das Werk ist urheberrechtlich geschützt. Die dadurch begründeten Rechte, insbesondere die der Übersetzung, des Nachdrucks, der Entnahme von Abbildungen, der Funksendung, der Wiedergabe auf fotomechanischem oder ähnlichem Wege und der Speicherung in Datenverarbeitungsanlagen bleiben, auch bei nur auszugsweiser Verwertung, vorbehalten. Die Vergütungsansprüche des § 54, Abs. 2, UrhG werden durch die Verwertungsgesellschaft Wort wahrgenommen.

Printed in Germany
Gedruckt auf säurefreiem, alterungsbeständigem Papier ∞

ISBN: 978-3-402-13021-6
ISBN (E-Book-PDF): 978-3-402-13181-7

Für unseren Kollegen und Freund
Hans-Gerd Janßen
in Dankbarkeit
anlässlich seiner Emeritierung 2016

Inhalt

Vorwort der Herausgeber 9

Gerhard Hotze — Jesusgemeinschaft 13
Sieben Modelle im Neuen Testament

Maria-Barbara von Stritzky — Antonius und Pachomius 23
Exponenten zweier altchristlicher asketischer Lebensformen

Christian Uhrig — Der christlichen Religion frische Züge verleihen 35
Inspirationen aus dem spätantiken syrischen Mönchtum

Klaus-Bernward Springer — Geschichtlicher Wandel in der Glaubensgemeinschaft 47
Zur Aufklärung und ihren Impulsen im 20. Jahrhundert

Reimund Haas — „Die prophetische und mutige Antwort einer durch das Evangelium Jesu geprägten Gemeinschaft" 71
Gemeinschaft und Individualität bei den (Neusser) Alexianer-Brüdern im Spiegel von Statuten und Zeugnissen aus über 500 Jahren

INHALT

Ludger Schulte	Kommunion „unter vielerlei Gestalten" 87 Communio als dogmatischer Schlüsselbegriff
Stephan Winter	„was nun wirklich wertvoll ist …" 101 Überlegungen zur Rolle rituell-gottesdienstlicher Vollzüge für die Begründung einer modernen Moral im Anschluss an Charles Taylor
Hans-Gerd Janßen	„Selbstverwirklichung und Allgemeinheit" 117 Überlegungen im Anschluss an Michael Theunissen
Ulrich Engel	Autogene Selbstklimatisierung vs. radikale Heterologie 127 Gemeinschaft und/oder Gesellschaft denken mit Hieronymus Bosch, Peter Sloterdijk und Michel de Certeau
Katharina Karl	Neue Formen sozialer Gemeinschaftsbildung als Anfragen an die Pastoral 143
Thomas Dienberg	Fraternitas auf dem Prüfstand 155 Die Wiederentdeckung eines Franziskanischen Grundmotivs in der Suche nach Gemeinschaft in der (post-)säkularen Welt
Thomas Eggensperger	Freizeit und Muße 171 Zwischen Zeitsouveränität und Individualisierung
Markus Warode	Individuum und Gemeinschaft 189 Ansätze aus der modernen Personalführungsforschung

Mitarbeiter/-innen 201

Vorwort der Herausgeber

Im Zuge des von 2011–2013 bearbeiteten wissenschaftlichen Forschungsprojekts „Glaubensvermittlung in religiösen und gesellschaftlichen Transformationsprozessen"[1] hatte sich das Themenfeld *Pluralität und Gemeinschaftsbildung* als anschlussfähiges Untersuchungsdesiderat herauskristallisiert. Gesellschaftliche Pluralisierungstendenzen verunsichern viele Menschen im Hinblick auf das nötige Handlungswissen (Wie handle ich?) und Deutungswissen (Wie deute ich die Welt?). Das produziert Spannungen, die auszuhalten, und Konflikte, die auszutragen sind. Im Hintergrund steht dabei die noch grundlegendere Frage nach dem, was heutige Gesellschaften – und darin (als Teil der Zivilgesellschaft) die kirchlichen Gemeinschaften – zusammenhält. Wir gehen davon aus, dass die Frage nach dem sozialen Zusammenhalt unter dem Druck gesellschaftlicher Pluralisierungsphänomene nicht mehr einfach normativ beantwortet werden kann.

Mit Hilfe desselben Drittmittelgebers wie schon zuvor konnte aus den skizzierten Fragestellungen neuerlich ein zweijähriges Forschungsvorhaben realisiert werden: „Gemeinschaft und Individualisierung. Was hält Gesellschaft, Kirche und Orden zusammen?" (2014–2016). Und in bewährter Weise tragen auch dieses Mal wieder die *Philosophisch-Theologische Hochschule Münster* (PTH)[2] des Kapuzinerordens und das in Berlin ansässige philosophisch-theologische

---

1 Vgl. dazu v.a. den das Projekt abschließenden Sammelband: Th. Dienberg / Th. Eggensperger / U. Engel (Hrsg./Eds.), Himmelwärts und weltgewandt. Kirche und Orden in (post-)säkularer Gesellschaft // Heavenward and worldly. Church and Religious Orders in (Post) Secular Society, Münster 2014.
2 Vgl. www.pth-muenster.de [Aufruf: 27.1.2016].

Forschungszentrum *Institut M.-Dominique Chenu* (IMDC)[3] der Dominikaner gemeinsam das Projekt.

Die in drei Richtungen fokussierte Untersuchung thematisiert die vielfach schwierigen, oftmals aber auch ausnehmend kreativen Kohäsionsprozesse in postmodernen Gesellschaften, sie fragt nach dem Zusammenhalt in kirchlichen Kontexten und befasst sich mit Gemeinschaftsbildungsprozessen in (mendikantischen) Ordensgemeinschaften. Letztendlich geht es auf der größeren gesellschaftspolitischen Ebene genauso wie auf der kleineren Ebene von lokal agierenden Gemeinschaften immer um das Verhältnis des Einzelnen zum Gemeinwesen, des „Ich" zum „Wir", des „Wir" zu den „Anderen" und um die Frage nach einem neuen, nach-modernen „Wir".[4] Konstitutiv ist in diesem Zusammenhang die Spannung zwischen Flexibilität und Bindung, zwischen Pluralität und Einheit. Die sich daran im Blick auf Kirche und Orden anschließende ekklesiologische und theologisch-praktische Reflexion hat vor allem die Pluralität christlicher Lebensgestalten und pastoraler Handlungsfelder in den Blick zu nehmen.[5] Die Forschungsaktivitäten zielen dabei auf die Vergemeinschaftungsformen der (franziskanisch-dominikanischen) Orden in posttraditionalen Zeiten. Kirchliche Dokumente aus den letzten 50 Jahren heben immer wieder die Verbindlichkeit des gemeinschaftlichen Lebens der Religiosen hervor. Allerdings steht dieser wie andere, in ordensinternen Texten formulierte Gemeinschaftsansprüche, unter dem Vorbehalt radikal pluraler Lebensentwürfe, welche die eigene Ordensexistenz als Fragment begreifen und die damit einhergehenden Unübersichtlichkeiten entweder als

---

3 Vgl. www.institut-chenu.eu [Aufruf: 27.1.2016].
4 Vgl. dazu das großangelegte, u. a. mit dem niederländischen Forschungszentrum *Dominicaans Studiecentrum voor Theologie en Samenleving* verbundene Projekt „Op zoek naar een nieuw wij in Nederland": www.nieuwwij.nl [Zugriff: 27.1.2016]. Eine deutschsprachige Einführung dazu bietet M. Kalsky, Auf der Suche nach einem neuen „Wir", in: *Junge Kirche* 75,1 (2014), 32–38. Eine im Forschungsprojekt angesiedelte Begegnung niederländischer und deutscher Wissenschaftler/-innen am 15.4.2016 in Amsterdam diente der Vertiefung dieses Aspekts.
5 Vgl. dazu J. Legorreta Zepeda (coord.), Hacia otros modelos de comunidad cristiana. Ser y hacer comunidad en sociedades en cambio, Ciudad de México 2015. Im Rahmen des Forschungsprojekts fand am 27.1.2016 in der Universida Iberoamericana in Mexiko Stadt ein Kolloquium mexikanischer und deutscher Wissenschaftler statt.

persönlichen Zugewinn bejahen oder als individuelle Überforderung erfahren.[6] Dass sich daraus nicht zuletzt für Obere in Leitungs- und Ausbildungsverantwortung theologische wie disziplinäre Probleme (beispielsweise mit einem herkömmlichen Gehorsamsverständnis) ergeben, liegt auf der Hand und konnte von Michael Ebertz und Lucia Segler (Freiburg/Br.) in ihrer im Rahmen unseres vorhergehenden Forschungsprojekts „Glaubensvermittlung in religiösen und gesellschaftlichen Transformationsprozessen" durchgeführten empirischen Erhebung zum Weltverhältnis der männlichen Mendikanten im deutschsprachigen Raum auch aufgezeigt werden.[7]

Im Rahmen des aktuellen Forschungsprojekts „Gemeinschaft und Individualisierung. Was hält Gesellschaft, Kirche und Orden zusammen?" traf sich am 23./24. Oktober 2015 ein Teil des Lehrkörpers der PTH Münster zum Dozierendenseminar in Hamburg. Diese Form des gemeinsamen Studierens und Diskutierens der Lehrenden hat gute eine Tradition an der Hochschule. So fand 2009 in Frascati (Latium) im Zuge der Kooperation zwischen dem Antonianum / Istituto Francescano di Spiritualità, Rom, und der PTH Münster ein italienisch-deutsches Kolloquium der Dozentinnen und Dozenten beider Einrichtungen statt.[8] Ein zweites Studientreffen des Münsteraner Kollegiums konnte 2012 in Erfurt durchgeführt werden.[9]

Die hier zusammengestellten Texte dokumentieren nun die Hamburger Tagung. Sowohl die in Hamburg geführten Diskussionen als auch das am Ende entstandene Buch mögen etwas deutlich machen

---

6 Vgl. U. Engel, Ordensleute als „Experten des gemeinschaftlichen Lebens"? Workshop mit Ausbildungsverantwortlichen in Köln (28.-30. September 2015), in: *Kapuziner. Jahresschrift 2014–2015*, 66–67.
7 Vgl. M.N. Ebertz / L. Segler, Orden und Säkularisierung. Ergebnisse aus Befragungen von Mendikanten in Deutschland, Österreich und der Schweiz (Kultur und Religion in Europa Bd. 10), Berlin 2015.
8 Vgl. die Dokumentation des italienisch-deutschen Dozierendenseminars 2009: P. Martinelli (Ed.), Esperienza, Teologia e Spiritualità. Relazioni al Seminario di studio sulla teologia spirituale promosso dall'Istituto Francescano di Spiritualità della Ponitificia Università Antonianum di Roma e dalla Philosophisch-Theologische Hochschule di Münster (Supplemento di ItFr 84,3 [2009]), Roma 2009.
9 Vgl. die Dokumentation des Dozierendenseminars 2012: Th. Dienberg / Th. Eggensperger / U. Engel (Hrsg.), Säkulare Frömmigkeit. Theologische Beiträge zu Säkularisierung und Individualisierung, Münster 2013.

von der Kollegialität der Lehrenden, die – was den wissenschaftlichen Bereich und auch die zwischenmenschliche Ebene betrifft – als ein Spezifikum der Arbeit an der PTH Münster gelten darf.

Die Herausgeber danken allen beteiligten Kolleginnen und Kollegen für ihr Engagement. Unser Dank gebührt darüber hinaus dem Erzbischof von Hamburg, Dr. Stefan Heße, für sein Interesse an unseren Fragestellungen und seine Bereitschaft zur Diskussion mit uns. Prof. Dr. Manuela Kalsky, Inhaberin des Edward Schillebeeckx-Lehrstuhls für Theologie und Gesellschaft an der *Vrije Universiteit Amsterdam* und Direktorin des ebenfalls in Amsterdam angesiedelten *Dominicaans Studiecentrum voor Theologie en Samenleving* (DSTS) verdanken wir die Anregung zu unserem Buchtitel; sie hat 2008 das Projekt *Nieuwwij.nl* ins Leben gerufen.[10] *Last but not least* danken wir dem Aschendorff Verlag Münster in Person seines Lektors Dr. Bernward Kröger für die Bereitschaft, unser Buch in sein Verlagsprogramm aufzunehmen.

Gerne eignen wir diesen Sammelband unserem geschätzten Kollegen und Freund Dr. Hans-Gerd Janßen zu, dessen Beitrag gleichsam den publizistischen Abschluss seiner Jahrzehnte langen Tätigkeit als Professor für Fundamentaltheologie und Studiensekretär der PTH Münster markiert.

Münster und Berlin, am 28. Januar 2016,
dem Hochfest des hl. Thomas von Aquin

Thomas Dienberg OFMCap
Thomas Eggensperger OP
Ulrich Engel OP

---

10 Vgl. Anm. 4.

Gerhard Hotze

Jesusgemeinschaft

Sieben Modelle im Neuen Testament

Jede Gemeinschaft, ob Fußballverein, Bürgerinitiative, Selbsthilfegruppe oder Kirche, konstituiert sich um eine Sache, ein Thema oder eine Person. Selbst wenn Gemeinschaft als solche (Geselligkeit etc.) Zweck der Vereinigung ist, besteht der Bezug in dem Moment der Gemeinschaftlichkeit. In den Schriften des Neuen Testaments liegt das konstitutive Element in der *Person Jesu Christi*. Im NT bildet sich Gemeinschaft prinzipiell von Jesus Christus her, mit ihm und auf ihn hin. Die Jesusgemeinschaft geht auch der ekklesialen Gemeinschaft voraus. Die vertikale Gemeinschaft mit Christus schafft die horizontale Gemeinschaft der Kirche.
Freilich setzt das Neue Testament verschiedene Akzente. Im Folgenden werden skizzenhaft sieben Modelle vorgestellt, die zeigen sollen, wie die wichtigsten Theologien des NT Jesusgemeinschaft profilieren. Wegen der gebotenen Kürze kann dies notwendigerweise nur sehr schablonenhaft geschehen. Hilfreich ist die Orientierung an markanten *Präpositionen*, die die Autoren in ihrer Vorstellung von Gemeinschaft zu leiten scheinen.

1. Hinter Jesus her (Logienquelle Q, Matthäus)

Das ursprüngliche Modell von Gemeinschaft mit Jesus ist das der Nachfolge. Es geht auf die Zeit des irdischen Jesus zurück, der sich Jüngerinnen und Jünger als Begleiter wählte und mit ihnen durch Galiläa zog, um die Botschaft vom nahen Gottesreich zu verkünden. Die Jünger gingen dabei im wörtlichen Sinn dem Meister Jesus *hinterher* (griechisch ὀπίσω).[1] Aus diesem „Hinterhergehen" erwuchs bald die übertragene Bedeutung von „Nachfolgen" (ἀκολουθεῖν), der technische Ausdruck für Jesusgemeinschaft schlechthin.

Die ältesten schriftlichen Quellen (Markusevangelium, mehr noch die Logienquelle Q) bezeugen uns, wie radikal diese Praxis ausgesehen hat: „Als sie auf ihrem Weg weiterzogen, redete ein Mann Jesus an und sagte: Ich will dir folgen, wohin du auch gehst. Jesus antwortete ihm: Die Füchse haben ihre Höhlen und die Vögel ihre Nester; der Menschensohn aber hat keinen Ort, wo er sein Haupt hinlegen kann" (Q 9,57f.). Was der Menschensohn Jesus hier über seine eigene, raue Lebensweise sagt, fordert er in unerbittlicher Schärfe auch von den Jüngern: „Wenn jemand zu mir kommt und nicht Vater und Mutter, Frau und Kinder, Brüder und Schwestern, ja sogar sein Leben gering achtet (wörtlich: „hasst"), dann kann er nicht mein Jünger sein. Wer nicht sein Kreuz trägt und hinter (ὀπίσω) mir <her> geht, der kann nicht mein Jünger sein" (Q 14,26f.).

Für den Evangelisten Matthäus ist diese charismatische Lebensform der Jesusbewegung Modell für die nachösterliche Kirche. Die matthäische Kirche ist Nachfolgegemeinschaft. Es dem Vorbild des Meisters gleichtun, notfalls auch mit dem eigenen Kreuz, seine Gebote halten und so den Willen des Vaters erfüllen – das ist der Auftrag für die Kirche als Jüngerschaft. Hilfe und zugleich Lohn dafür ist die Zusage bleibender Gemeinschaft mit Jesus: „Seid gewiss: Ich bin bei euch alle Tage bis zum Ende der Welt" (Mt 28,20).

2. Jesus mit uns (Lukas)

Das Lukasevangelium verfolgt ein heilsgeschichtliches Konzept. Gott hat in der Geschichte immer wieder durch Erweise gnädiger Zuwendung sein Volk heimgesucht. In Analogie zu alttestamentlichen Traditionen des Mit-Seins JHWHs (vgl. z. B. Ex 3,12; 33,14) denkt Lukas von daher in der kommunialen Kategorie des *Mit*-Seins (Präpositionen σύν, μετά oder παρά). Man könnte Lukas im theologischen Sinne einen „sozialen" Evangelisten nennen.

---

1 Zum Bedeutungsspektrum von ὀπίσω vgl. G. Schneider, Art. ὀπίσω, in: EWNT II (²1992), 1279f.

Der Engel Gabriel sagt zu Maria: „Der Herr ist *mit dir*" (Lk 1,28). Der lukanische Jesus kehrt verschiedentlich als Gast bei menschlichen Gastgebern ein und hält Mahl mit ihnen[2]: bei den Zöllnern Levi (5,27–32) und Zachäus (19,1–10), bei Pharisäern (7,36–50; 11,37–54; 14,1–24), bei Marta und Maria (10,38–42) oder in Emmaus: „Bleib bei uns, denn es wird bald Abend, der Tag hat sich schon geneigt. Da ging er mit hinein, um *bei ihnen* zu bleiben" (Lk 24,29). Selbst in der Todesstunde verheißt Jesus dem mitgekreuzigten Schächer die ewige Gemeinschaft mit ihm im Paradies: „Amen, ich sage dir: Heute noch wirst du *mit mir* im Paradies sein" (Lk 23,43). Das horizontale Mit-Sein des Herrn mit den Menschen ist das Charakteristikum lukanischer Jesusgemeinschaft; es hat soteriologischen Rang.[3]

In der Apostelgeschichte, dem zweiten Teil des lukanischen Doppelwerkes, ist es dann an der Stelle des in den Himmel gefahrenen Jesus der Heilige Geist, der Gemeinschaft mit der Kirche hält und diese trägt (vgl. z. B. Apg 15,28: „Der Heilige Geist und wir haben beschlossen").

3. Jesus in uns (Johannes)

Nicht sozial, sondern mystisch ist die Vorstellung der Gemeinschaft mit Jesus im vierten Evangelium. Der johanneische Jesus sagt: „Bleibt *in mir*, dann bleibe ich *in euch*. […] Ich bin der Weinstock, ihr seid die Reben. *Wer in mir* bleibt und *in wem ich* bleibe, der bringt reiche Frucht" (Joh 15,4f.). Das Bild vom Weinstock und den Reben zeichnet die Jesusgemeinschaft seiner „Freunde" (V. 13–15) gegenüber den Synoptikern noch einmal gesteigert. Es geht um ein unüberbietbar inniges Verhältnis.

---

2 Vgl. G. Hotze, Jesus als Gast. Studien zu einem christologischen Leitmotiv im Lukasevangelium (FzB 111), Würzburg 2007.

3 Vgl. F.G. Untergaßmair, Kreuzweg und Kreuzigung Jesu. Ein Beitrag zur lukanischen Redaktionsgeschichte und zur Frage nach der lukanischen ‚Kreuzestheologie' (PaThSt 10), Paderborn 1980: „In seiner Gemeinschaft mit Gott und mit den Menschen ist Jesus der Gott-Mensch schlechthin […] In diesem ‚mit Gott – mit uns-Sein' liegt nach lukanischem Verständnis der Ermöglichungsgrund der Heilsverwirklichung." (211).

Entsprechend der hohen Christologie des Johannes, der Jesus von Anbeginn als das ewige, präexistente und Fleisch gewordene Wort vorstellt (Joh 1,1–18), ist diese Gemeinschaft eher vertikaler als horizontaler Natur. Jesus ist der vom Vater gesandte, vom Himmel herabgestiegene Sohn, der die Seinen mit in die göttliche Gemeinschaft hereinnimmt: „Alle sollen eins sein: Wie du, Vater, in mir bist und ich in dir bin, sollen auch sie in uns sein, damit die Welt glaubt, dass du mich gesandt hast." (17,21)

Im Glauben an den vom Vater gesandten Sohn verschmilzt die Gemeinschaft von Jesus und Jüngern zu einer tiefen Einheit. Das reziproke, mystische Ineinander (Präposition ἐν) von Jesus und Jüngern (sie *in* ihm – er *in* ihnen)[4] bringt als Frucht die Liebe hervor (15,9–17). Das von den Jüngern geforderte Glauben (Verbum πιστεύειν), bei Johannes die Bedingung ewigen Lebens, ist sowohl Grund als auch Ziel der mystischen Immanenz: Das In-Christus-Sein setzt Glauben voraus, zugleich vertieft es ihn.

4. Christus für uns (Paulus)

Während die lukanische und johanneische Gemeinschaftsvorstellung wechselseitig konzipiert sind (Jesus mit uns – wir mit ihm; Jesus in uns – wir in ihm), liegt bei Paulus das Gewicht eindeutig auf der christologischen Seite. Prädominanz hat die soteriologische Tat Christi: „Einer ist für alle gestorben, also sind alle gestorben. Er ist aber für alle gestorben, damit die Lebenden nicht mehr sich <selbst> leben, sondern dem, der für sie starb und auferweckt wurde" (2 Kor 5,14f.). Der entscheidende Akt der Beziehung zwischen Christus und Menschen ist die Hingabe Christi *für uns* (Leitpräposition ὑπέρ), die aller menschlichen Gegenleistung vorausgeht. Christus ist für uns gestorben – das ist die Heilstat, die unsere Rechtfertigung, Versöhnung, Erlösung bewirkt hat.[5] Von „Gemeinschaft" redet Paulus in diesem Zusammenhang nicht.

---

4 Eine einschlägige Untersuchung der johanneischen Immanenzaussagen ist K. Scholtissek, In ihm sein und bleiben. Die Sprache der Immanenz in den Johanneischen Schriften (HBS 21), Freiburg/Br. 2000.

5 Viele der formelhaft wirkenden ὑπέρ-Aussagen übernimmt Paulus schon aus älterer Tradition; vgl. G. Hotze, Das Christusbekenntnis im Neuen Testament,

Der Apostel kennt das Motiv der Gemeinschaft (κοινωνία) durchaus, aber es bezieht sich bei ihm hauptsächlich auf die eucharistische Teilhabe am Leib Christi, die nahtlos in die ekklesiale Gemeinschaft des Leibes Christi übergeht (vgl. 1 Kor 10,16f.): Christus gab sich für uns hin; dadurch ist Kirche in ihm Leib Christi.
Die paulinische Soteriologie ist vertikal ausgerichtet. Das Evangelium ist die Botschaft von der rechtfertigenden, gerecht sprechenden Barmherzigkeit Gottes in Christus. Ihr Resultat ist eine neue Gemeinschaft durch Christus mit Gott, auch wenn diese nicht explizit so benannt wird.

5. Um Jesu willen bedrängt (Erster Petrusbrief, Johannesoffenbarung)

Unter Punkt 1 haben wir gesehen, dass Nachfolge Jesu auch Kreuzesnachfolge, d. h. Leidensgemeinschaft bedeuten kann (vgl. Mk 8,34f. parr. im Blick auf den einzelnen Jünger). Schon die Seligpreisungen Jesu beziehen dies auf einen Plural: „Selig seid ihr, wenn euch die Menschen hassen [...] *wegen* (griech. ἕνεκεν) des Menschensohnes" (Q 6,22).

Was die synoptische Tradition für die Jesuszeit beschreibt, gilt späteren Schriften des NT zufolge auch für die nachösterliche Kirche. Im Ersten Petrusbrief werden die Adressaten als um Christi willen Bedrängte angesprochen:

> „*Liebe Brüder, lasst euch durch die Feuersglut, die zu eurer Prüfung über euch gekommen ist, nicht verwirren, als ob euch etwas Ungewöhnliches zustoße. Stattdessen freut euch, dass ihr Anteil an den Leiden Christi habt; denn so könnt ihr auch bei der Offenbarung seiner Herrlichkeit voll Freude jubeln*" (1 Petr 4,12f.).

Vielleicht handelt es sich vorerst noch um Einzelfälle: „Wenn einer von euch leiden muss [...], weil er Christ ist [...]" (1 Petr 4,15f.). Doch

---

in: ders. / T. Nicklas / M. Tomberg / J.-H. Tück, Jesus begegnen. Zugänge zur Christologie (Theologische Module Bd. 3), Freiburg/Br. 2009, 79–118, hier 81; durch die starke paulinische Rezeption werden sie jedoch zu einem Markenzeichen seiner eigenen Theologie.

scheint grundsätzlich bereits die ganze Gemeinde von Diskriminierung bedroht. Allein der Name Christi (vgl. V. 14) provoziert kollektive Stigmatisierung.[6] Die Gemeinschaft mit Jesus Christus stellt sich hier als Schicksalsgemeinschaft dar.

Den Gipfel von Aussagen zu einer Gemeinschaft, die um Jesu willen Bedrängnis und Verfolgung erleidet, enthält die Offenbarung des Johannes.[7]

„Danach sah ich: eine große Schar aus allen Nationen und Stämmen, Völkern und Sprachen; niemand konnte sie zählen. Sie standen in weißen Gewändern vor dem Thron und vor dem Lamm und trugen Palmzweige in den Händen. Sie riefen mit lauter Stimme: Die Rettung kommt von unserem Gott, der auf dem Thron sitzt, und von dem Lamm. [...] Da fragte mich einer der Ältesten: Wer sind diese, die weiße Gewänder tragen, und woher sind sie gekommen? Ich erwiderte ihm: Mein Herr, das musst du wissen. Und er sagte zu mir: Es sind die, die aus der großen Bedrängnis kommen; sie haben ihre Gewänder gewaschen und im Blut des Lammes weiß gemacht" (Offb 7,9f.13f.).

Im letzten Buch der Bibel wird christliche Gemeinschaft in aller Schärfe durch ihr Leiden *wegen Jesus Christus* definiert. Kirche ist die Gemeinschaft derer, die in Entsprechung zum geschlachteten Lamm, ihrem Retter, gegebenenfalls bis zum Martyrium ihr Blut vergießen. Die Verfolgung in Analogie zu Jesus ist das Identität stiftende Merkmal dieser Gemeinschaft.

---

6 Vgl. K. Gabriel, Ausstieg aus der Majoritätsgesellschaft. Soziologische Beleuchtung – im Blick auf den Ersten Petrusbrief, in: M. Ebner / G. Häfner / K. Huber (Hrsg.), Der Erste Petrusbrief. Frühchristliche Identität im Wandel (QD 269), Freiburg/Br. 2015, 49–66; G. Guttenberger, „Teilhabe am Leiden Christi". Zur Identitätskonstruktion im Ersten Petrusbrief, in: ebd., 100–125.

7 Vgl. zur neueren Apokalypseforschung den Sammelband der Tagung der Arbeitsgemeinschaft der katholischen Neutestamentlerinnen und Neutestamentler 2011: Th. Schmeller / M. Ebner / R. Hoppe (Hrsg.), Die Offenbarung des Johannes (QD 253), Freiburg/Br. 2013; hingewiesen sei besonders auf die Beiträge von Stefan Pfeiffer zu Kaiserkult und Kaiserverehrung in Kleinasien (9–31) und Moisés Mayordomo zur Gewaltdarstellung in der Johannesoffenbarung (107–136).

6. Jenseits von Jesus: Institutionalisierung (Pastoralbriefe)

Obwohl geographisch im gleichen Raum wie die OffB, treffen wir in den sogenannten Pastoralbriefen an Timotheus und Titus auf eine völlig andere Welt. Von Martyrium ist dort nicht die Rede. Es findet sich aber auch kein Gemeinschaftsmodell, das sich von Jesus Christus herleitete oder unmittelbar auf ihn bezöge. Zwar besitzen die Pastoralbriefe als Produkte der Paulusschule durchaus eine Christologie, die die des Paulus weiterentwickelt.[8] In erster Linie geht es den Paulusschülern der dritten Generation jedoch um Ämter bzw. Stände (Bischof, Diakone, Älteste, Witwen, Sklaven), um Frömmigkeit und die „gesunde Lehre".

Über das rechte Kirchenbild lässt sich streiten, und gewiss haben die Pastoralbriefe ihr Gutes. Sie versuchen, den Herausforderungen ihrer Zeit um die Wende vom 1. zum 2. Jh. n. Chr. zu begegnen (Stichworte: Parusieverzögerung, Integration in die Gesellschaft des Imperium Romanum, Aufkommen neuer Irrlehren). Die Fehlanzeige bei der Suche nach dem Gemeinschaftsmotiv ist aber bezeichnend. Hier hat offensichtlich *jenseits* von Jesus[9] die Institution den Gemeinschaftsgedanken als Paradigma abgelöst – zweifellos in bester Absicht, um den veränderten Zeitbedingungen Rechnung zu tragen und die Kirche ihnen kompatibel zu machen. Aber wird eine solche Institutionalisierung, wie sie etwa das statische Bild der Kirche als „Säule und Fundament der Wahrheit" versinnbildlicht (1 Tim 3,15), noch jener Nachfolgegemeinschaft gerecht, die von Jesus überliefert ist?

7. Das trotz Jesu Heiligung ermüdete Gottesvolk (Hebräerbrief)

Ein uns nur allzu vertrautes Bild zeichnet schließlich der Hebräerbrief. Gerade wegen seiner Aktualität darf es in dieser Übersicht nicht fehlen. Die mit 13 Kapiteln umfangreiche Schrift wendet sich

---

8 Zur Christologie der Pastoralbriefe vgl. J. Roloff, Der erste Brief an Timotheus (EKK XV), Zürich – Neukirchen-Vluyn 1988, 358–365; L. Oberlinner, Die Pastoralbriefe: Titusbrief (HThK NT 11,2), Freiburg/Br. 1996, 143–159.
9 Die Präposition „jenseits" ist keine Vokabel der Pastoralbriefe, sondern soll hier den Abstand der Briefe vom jesuanischen Ursprung zum Ausdruck bringen.

an eine Gemeinde, die nach anfänglicher Begeisterung offenbar alarmierende Symptome der Ermüdung und des Glaubensabfalls an den Tag legt. Der Verfasser sucht dem dadurch zu begegnen, dass er immer wieder auf die Sühnetat des Hohenpriesters Jesus verweist, der seinen Brüdern gleich wurde (Hebr 2,17) und sein Volk geheiligt hat (13,12). Angesichts dieses großen Vorläufers (6,20) richtet der Autor einen eindringlichen Appell an seine Gemeinde: „Macht die erschlafften Hände wieder stark und die wankenden Knie wieder fest und ebnet die Wege für eure Füße, damit die lahmen Glieder nicht ausgerenkt, sondern geheilt werden" (12,12f.).

Das wandernde Gottesvolk auf dem Weg – so die Kirchenmetapher des Hebr – ist unterwegs müde, schlapp geworden. Die angesprochene Christengemeinschaft (der Brief redet durchgehend im Plural: „Wir" bzw. „Ihr") droht ihre Identität zu verlieren – *trotz* des Hohenpriesters Jesus[10] und seiner Heiligungstat für uns. Ja, der Sohn Gottes wird geradezu noch einmal gekreuzigt und der Schande preisgegeben (6,6). Daher der eindringliche Appell des Hebr-Autors: Der Leidensgehorsam des Sohnes fordert einen entsprechenden Gehorsam der von ihm Geretteten (5,8f.).[11]

Fazit

Die vorgestellten Bilder von Gemeinschaft mit Jesus im Neuen Testament zeigen eine bunte Vielfalt: charismatische Jüngerbewegung (Q/Mt); Tischgemeinschaft (Lk); mystische Einheit (Joh); Gemeinschaft der Gerechtfertigten (Paulus); Leidensgemeinschaft (1 Petr/ Offb); Ordnung anstelle der Jesusgemeinschaft (Past); drohender Verlust der Heilsgemeinschaft (Hebr).

---

10 Die Präposition kommt in diesem Zusammenhang nicht vor, beschreibt aber der Sache nach den Kontrast zwischen Jesus, dem heiligen, makellosen Hohenpriester (7,26), und den ermüdeten Hebräern.
11 „Der Gehorsam des Sohnes wird [...] zum Ansporn für den Glauben derer, die ihm folgen. [...] Konkret gemeint ist die geduldige Bewahrung des Glaubens und seine tatkräftige Bewährung in einer Welt, die zur Fremde wird. Die Adressaten sollen der Versuchung widerstehen, sich vom christlichen Glauben zu lösen, der Leiden in Form gesellschaftlicher Ausgrenzung mit sich bringt." K. Backhaus, Der Hebräerbrief (RNT), Regensburg 2009, 210.

Die Heilige Schrift ist Quelle der Theologie und erhebt den Anspruch, normativ zu umreißen, was Glaube und Kirche ausmacht. Auf die Frage des Forschungsprojekts nach Gemeinschaft und Individualisierung („Was hält Gesellschaft, Kirche und Orden zusammen?") gibt das NT keine einheitliche Antwort. Die Pluralität der Stimmen des Anfangs ist bemerkenswert.

Die ernüchternden Gemeinschaftsbilder der jüngeren Schriften (1 Petr/Offb, Past, Hebr) liegen uns Heutigen vermutlich besonders nahe; sie scheinen geradezu urchristliche Antizipationen gegenwärtiger kirchlicher Miseren zu sein. Aber auch die kraftvollen Modelle des Ursprungs (Evangelien, Paulus) sprechen heute durchaus noch an.[12]

Das Neue Testament ringt also bereits in einem vielstimmigen Chor um die rechte (Jesus-)Gemeinschaft zwischen Charisma und Ordnung, Innerlichkeit und Leiden, Heilsstand und Heilsverlust. Entscheidend bleibt der wie auch immer geartete Bezug zum Herrn. Diese Einsicht gibt uns das NT auf den Weg: Gemeinschaften wie Individuen, Orden, Kirche und Gesellschaft haben keinen Bestand ohne Jesus Christus.

---

12 In einem Workshop mit jungen Ordensfrauen stieß nahezu jedes der Modelle auf Sympathie.

Maria-Barbara von Stritzky

Antonius und Pachomius
Exponenten zweier altchristlicher asketischer Lebensformen

I. Motive und Formen frühchristlicher Askese

Die Suche nach den entscheidenden Impulsen für die Entstehung und Entwicklung christlicher Askese führt zu den neutestamentlichen Schriften, deren Aussagen für eine entsprechende Interpretation offen waren. Dazu zählt die Botschaft von der Vergänglichkeit der Welt, die letztlich alle irdischen Werte in Frage stellt und in der paulinischen Folgerung gipfelt: Der Christ gebraucht diese Welt, als gebrauche er sie nicht (1 Kor 7,31). Dazu tritt eine Reihe von radikalen Nachfolgeworten Jesu, wie sie z. B. in Mk 10,17–31 (Der reiche Jüngling und die Nachfolge, das Verlassen von Familie und Besitz); Mt 6,19–21 (Der Schatz im Himmel); Lk 12,13–21 (Die falsche Selbstsicherheit des reichen Mannes) und 16,19–31 (Der reiche Mann und der arme Lazarus) begegnen.

Jesus selbst lebte ehelos, verzichtete auf eigenen Besitz zur Absicherung seines Lebensunterhalts und verkündete die Armut als einen besonderen Wert. Auch forderte er seinen engsten Jüngerkreis zu einem Bruch mit dem bisherigen Leben auf, was die Aufgabe des Berufs und das Verlassen der Familie bedeutete. Er machte seine Lebensform aber nicht zur bestimmenden Norm für alle, die in seine Nachfolge traten. Doch gab es von Anfang an in den christlichen Gemeinden Männer und Frauen, die aus Liebe zu Jesus auf die Ehe und ein normales Leben verzichteten.[1]

---

[1] Ignatius von Antiochien, Pol. 5,2: „Wenn jemand zur Ehre des Fleisches des Herrn in der Keuschheit zu bleiben vermag, so bleibe er es ohne Selbstruhm. Rühmt er sich, so ist er verloren."

Ein asketisches Leben wurde auch in der Umwelt praktiziert, in der das frühe Christentum heranwuchs. Im Judentum gab es die Essener, die asketisch lebten und keineswegs nur auf Qumran beschränkt waren, wie Flavius Josephus[2], Philon von Alexandrien[3] und Plinius der Ältere[4] berichten. Außerdem praktizierten die Therapeuten, die sich außerhalb von Alexandrien niedergelassen hatten, die Askese in Bezug auf sexuelle Enthaltsamkeit und den Verzicht auf Wein und Fleisch.[5] Auch die griechisch-hellenistische Welt war für asketische Lebensformen aufgeschlossen, deren Programme die Philosophenschulen der Platoniker, Stoiker und Neupythagoreer verkündeten und auch in die Tat umsetzten.[6]

Um die Mitte des 2. Jhs. n. Chr. war das Erscheinungsbild der christlichen Gemeinden in der Öffentlichkeit offensichtlich von Asketen geprägt, denen der Philosoph Galen, der Leibarzt des Kaisers Marc Aurel, seine Achtung zollte und sie den Philosophen gleichstellte, wenn er auch ihren Glauben ablehnte: „Die Leute, die Christen genannt werden, sie ziehen ihren Glauben aus Parabeln und Wundern, und doch handeln sie manchmal so wie jene, die philosophieren. Denn ihre Todesverachtung ist uns jeden Tag offenbar, wie auch ihre Selbstbeherrschung im Zusammenleben. Denn bei ihnen gibt es nicht nur Männer, sondern auch Frauen, die ihr ganzes Leben auf Beischlaf verzichten; und zu ihnen zählen auch einzelne, die in Disziplin und Selbstkontrolle, was Essen und Trinken anbelangt, sowie in ihrem kühnen Streben nach Gerechtigkeit einen Gipfel erreicht haben, der dem echter Philosophen in nichts nachsteht"[7].

---

2 Bell Jud. 2,119–161.
3 Prob lib. 72–91.
4 Nat hist. 5,73.
5 Philon von Alexandrien, Vit cont. 1–11; Eusebius von Caesarea, Hist eccl. 2,16–17, macht aus ihnen christliche Asketen; R. Finn, Ascetism in the Graeco-Roman World, Cambridge 2009, 34–57.
6 K.S. Frank, Geschichte des christlichen Mönchtums, Darmstadt ⁶2010, 13–15; P. Gemeinhardt, Antonius der erste Mönch, München 2013, 41–44.
7 Die Übersetzung des arabisch überlieferten Textes bei A. Merkt, Das frühe christliche Mönchtum, Darmstadt 2008, 16.

Auch für die christlichen Apologeten Justin[8] und Athenagoras[9] gehörten in dieser Zeit Asketen, sowohl Männer wie Frauen, zum prägenden Bild der christlichen Gemeinden. Unterschied sich die asketische Praxis christlicher Gemeindemitglieder in ihren Formen kaum von der, die in ihrer Umwelt üblich war, so ist auf die unterschiedlichen Motive zu achten. Das vorrangigste Motiv war selbstverständlich die Nachfolge und Nachahmung Jesu. Daraus ergeben sich weitere Themenkreise. So bot Hebr 11,33–39 einen neutestamentlichen Ansatz, die Propheten als asketische Gestalten zu betrachten. Unter diesem Aspekt wurden auch die Apostel gesehen, womit das Ideal der vita apostolica zur Anregung für ein asketisches Leben wurde.[10]

Außerdem setzte in Folge der ausgebliebenen Parusie eine Spiritualisierung der eschatologischen Erwartung ein. Besonders anziehend war die Vorstellung, durch Askese könne das jenseitige Leben schon jetzt vorweggenommen werden.

Das Motiv, das mit den Metaphern „wiedergewonnenes Paradies" und „engelgleiches Leben" umschrieben wurde, begeisterte viele Christen für ein asketisches Leben.[11] Nach dem Ende der Verfolgungen – 311 erhielt das Christentum durch den Erlass des Kaisers Galerius den Status einer erlaubten Religion, den Kaiser Konstantin in der Mailänder Konvention 313 bestätigte – wurde auch der Begriff des Martyriums spiritualisiert. Das asketische Leben wurde zum eigenen Martyrium, d.h. zum Zeugnis wirklichen christlichen Lebens, das den Weg zum Heil nicht weniger sichern konnte als die Hingabe des eigenen Lebens für den Glauben an Jesus Christus.[12]

Die Asketen praktizierten ihre Lebensform zunächst innerhalb ihrer Familien und innerhalb der Gemeinden. Doch traten in der 2. Hälfte des 3. Jhs. aufgrund der langen Friedenszeit – zwischen der Verfolgung des Valerian und der des Diokletian lagen mehr als 40

---

8   1 Apol. 15,6–7;29,1–4.
9   Leg. 33.
10 P. Gemeinhardt, Antonius der erste Mönch, a.a.O., 37f.
11 K.S. Frank, Angelikos Bios. Begriffsanalytische und begriffsgeschichtliche Untersuchung zum „engelgleichen Leben" im frühen Mönchtum, Münster 1964, 30–42.
12 Th. Baumeister, Martyrium, Hagiographie und Heiligenverehrung im christlichen Altertum, Freiburg/Br. 2009, 244f.

Jahre – viele Menschen in die Kirche ein; sie wurde mehr und mehr zur Volkskirche, womit notwendigerweise ein Verzicht auf hohe ethische Leistungen verbunden war. So erhielt das Gemeindeleben einen eher durchschnittlichen, mittelmäßigen Charakter, den schon Origenes[13] und Bischof Cyprian von Karthago[14] beklagten. Das bewog die Asketen mit der ihnen eigenen Auffassung von der Distanz zur Welt aus den Gemeinden auszuziehen. Im Einzelfall werden aber auch wirtschaftliche (die Steuerlast) und gesellschaftlich-politische Gründe (Militärdienst und städtische Dienstverpflichtungen) eine Rolle gespielt haben.[15]

Im Rückblick auf diese Entwicklung stellte der Kirchenhistoriker Eusebius in der ersten Hälfte des 4. Jhs. fest, dass es in der Kirche zwei Lebensformen gibt: „Die eine führt über die Natur hinaus, hat nichts zu tun mit der gewohnten normalen Lebensweise. Sie gestattet die Ehe nicht. Sie verwandelt die Lebensgewohnheiten der Menschen von Grund auf und bewirkt, dass sie von himmlischer Liebe angespornt nur noch Gott dienen. [...] Daneben gibt es ein anderes Leben, das die Rechte und Pflichten des staatlichen und sozialen Lebens des Menschengeschlechtes nicht verwirft. Heiraten, Kinder zeugen, seinem Beruf nachgehen, sich den Gesetzen des Staates unterwerfen und in jeder Hinsicht die Aufgaben des normalen Bürgers erfüllen, sind Äußerungen des Lebens, die sich mit dem christlichen Glauben völlig vereinbaren lassen, wenn sie an festen Vorsatz gebunden sind, die Frömmigkeit und die Hingabe an den Herrn zu bewahren."[16]

Wie sieht nun der Ausstieg der Asketen aus der Gemeinde und der Gesellschaft aus?

Der Auszug bzw. Rückzug (Anachorese) aus der kirchlichen und staatlichen Gemeinde führte den Asketen in die Wüste (Eremos), da es außerhalb der Siedlungen im Osten des Imperium Romanum nur unbebautes Land, Einöde, gab. So wird er zum Wüstenbewohner, zum Eremiten. Aufgrund seines Einsiedlerlebens, das seine Freiheit und Autarkie sichert, wird er zum Mönch (Monachos).

---

13 Z. B. Gen hom. 10,3; Num hom. 2,1; Ps 36 hom. 2,4.
14 Laps. 6.
15 Vgl. A. Merkt, Das frühe christliche Mönchtum, a.a.O., 34–39.
16 Dem ev. 1,8.

Die Wüste ist aber nicht nur ein geologischer Begriff, sie wird vielmehr als Alternative zum Leben in den Städten und Dörfern zur Metapher für den Prozess der Loslösung von der Welt. Diese Entwicklung lässt sich besonders gut für Ägypten nachzeichnen, das als Ursprungsland des christlichen Mönchtums gilt.

II. Die prägenden Vorbilder der beiden monastischen Lebensformen

1. Antonius – herausragendes Beispiel des Eremitentums

Aus der großen Zahl der Eremiten ragen zwei Gestalten hervor, die das östliche wie das westliche Mönchtum entscheidend geprägt haben: Antonius, der als Vater des Einsiedlerlebens gilt und Pachomius, der Begründer des monastischen Gemeinschaftslebens, des Koinobitentums.

Antonius verdankt seine Berühmtheit der kurz nach seinem Tod 356 von Athanasius, dem Patriarchen von Alexandrien, verfassten Vita.[17] Die Absicht, die Athanasius mit dieser Schrift verfolgte, bringt er im Prolog deutlich zum Ausdruck: Das vorgestellte Leben des Antonius soll zur Nachahmung aufrufen.[18] Diesen Zweck erreichte die Vita, indem sie zu *der* Werbeschrift des frühen christlichen Mönchtums wurde. Sie fand auch im Westen weite Verbreitung, wie zwei lateinische Übersetzungen nur wenige Jahre nach ihrem Erscheinen beweisen. Es folgten weitere Übersetzungen ins Koptische, Syrische, Armenische und Georgische.[19]

Nach dem Bericht des Athanasius lebte Antonius nach dem Tod seiner Eltern in Kome in Mittelägypten als wohlhabender Bauer. Entscheidend für seine Bekehrung zum asketischen Leben war das Evangelium vom reichen Jüngling (Mt 19,16–21), das er während des Gottesdienstes hörte. Besonders beeindruckte ihn die Stelle Mt 19,21: „Wenn du vollkommen sein willst, verkaufe deinen Besitz und gib

---

17 G.J.M. Bartelink (Hrsg.), Athanase d' Alexandrie, Vie d' Antoine (SC 400), Paris ³2011.
18 VA 82,9–10.
19 A. Merkt, Das frühe christliche Mönchtum, a.a.O., 43f.

das Geld den Armen, so wirst du einen bleibenden Schatz im Himmel haben, dann komm und folge mir nach"! Diesen Aufruf setzte er sofort in die Tat um, verschenkte seinen Landbesitz den Nachbarn, verkaufte die bewegliche Habe und gab das Geld den Armen. Nur einen kleinen Teil legte er für die Versorgung seiner Schwester zurück. Ein weiteres Bibelwort Mt 6,34: „Sorget euch nicht um das Morgen", veranlasste ihn auch dieses Geld wegzugeben und die Schwester bei „vertrauenswürdigen Jungfrauen" unterzubringen.[20] Damit schuf er die Voraussetzung für die Anachorese, den Rückzug aus der Gesellschaft und die Lösung von allen Bindungen. Das entscheidende Grundmotiv war für ihn die Nachahmung der Apostel, die in der Nachfolge Christi standen und für den einzelnen Christen als Vorbild dienten.[21]

Sein Auszug vollzieht sich nach der Vita in mehreren Schritten: Zunächst lebt er am Rand seines Heimatdorfes und wird zum Schüler eines Asketen, der dort von Jugend auf ein Einsiedlerleben führte.[22] Danach entfernt er sich weiter vom Dorf, wo ihm ein leeres Grab als Unterkunft dient.[23] Dann wandert er, um noch einsamer zu sein, in die Wüste auf einen Berg und lässt sich dort in einem verlassenen Kastell nieder.[24] Nach 20 Jahren verlässt er das Kastell und findet eine große Zahl von Nachfolgern, außerdem kommen viele Besucher, die ihn um Rat bitten.[25] Um diesem Zustrom zu entgehen, zieht er nach 313 weiter in die Wüste nahe dem Roten Meer, kehrt aber in regelmäßigen Abständen zurück, um Besuchern, die mit Fragen auf ihn warten, Antwort zu geben. In der Einsamkeit der Wüste stirbt er 356 im Alter von 105 Jahren.[26]

Den größten Raum nehmen in der Vita die Reden des Antonius ein, die Athanasius in einem Stück zusammenfasst.[27] Ein wesentlicher Punkt darin ist der Kampf des Antonius gegen den Teufel und die Dämonen, der gemäß den damaligen Vorstellungen als ein

20 VA 2; 3,1.
21 VA 55,3; P. Gemeinhardt, Antonius der erste Mönch, a.a.O., 38.
22 VA 3.
23 VA 8.
24 VA 11–12.
25 VA 14.
26 VA 89, 1–3; 92,1–2; P. Gemeinhardt, Antonius der erste Mönch, a.a.O., 122f.
27 VA 16–43.

äußerer Kampf geschildert wird, der nachmals Künstler zu ihren Darstellungen inspiriert hat, wovon Hieronymus Bosch und auch der Isenheimer Altar des Matthias Grünewald ein beredtes Zeugnis ablegen. Der Vita geht es aber letztlich nicht um einen äußeren Kampf mit dem Bösen, sondern um den Kampf, den Antonius in seinem Inneren ausfechten muss. Durch Fasten, Beten und die Ausrichtung auf Christus bleibt Antonius Sieger, d. h. nicht er allein besiegt den Teufel und die Dämonen, sondern in seinem Handeln wird das Mitwirken Christi erkennbar.[28] Schließlich ermuntert Antonius die Eremiten, nicht die Stimme des Teufels zu fürchten, da Christus ihn besiegt und „wie einen Drachen am Angelhaken gezogen hat"[29].

Als Mittel gegen die Dämonen empfiehlt er die Gelassenheit, die er als „Ruhe der Gedanken"[30] und als „Seelenruhe"[31] definiert, die aus der dem Asketen von Christus verliehenen Widerstandskraft gegen das Böse resultiert. Ohne Angst kann dieser eine Vision oder Audition daraufhin befragen, ob sie von den Heiligen oder dem Teufel stammt. Aufgrund der Gabe der Unterscheidung der Geister besitzt er ein Kriterium für die Beurteilung der Erscheinungen: Die Dämonen rufen in der Seele Verwirrung, Unruhe und Angst hervor[32], die sich zeigenden Heiligen aber bewirken Ehrfurcht, Freude und Frieden.[33] Die hier aufgezeigten Regeln zur Diakrisis der Geister unterscheiden sich nicht wesentlich von denen, die sich im Laufe der Jahrhunderte als feste Lehre etabliert haben.

Auch die Wundererzählungen dienen zur Illustration des Sieges Christi über das Böse. Antonius betont ausdrücklich, dass das Wirken von Wundern kein Ergebnis seines asketischen Lebens ist, sondern „das Werk des Erlösers, der sein sein Erbarmen denen zeigt, die ihn anrufen"[34]. Antonius ist das Werkzeug, durch den Christus heilt.[35] „Er ist kein „göttlicher Mensch", sondern ein von Christus

28 VA 5; 10.
29 VA 24.
30 VA 36.
31 VA 43.
32 VA 36; 37.
33 VA 35; vgl. M. Viller / K. Rahner, Askese und Mystik in der Väterzeit, Freiburg/Br. ²1989, 87; P. Gemeinhardt, Antonius der erste Mönch, a.a.O., 87–89.
34 VA 54, vgl. 38.
35 VA 14.

beschenkter und getragener „Mensch Gottes" – und insofern ein christlicher Heiliger."[36]

Ein weiteres Thema der Vita ist das Martyrium, das Antonius durch sein Auftreten während der letzten Christenverfolgung in Alexandrien vergeblich zu erreichen sucht. So schildert Athanasius das asketische Leben des Antonius als tägliches unblutiges Martyrium, als Zeugnisablegen für den Glauben, und schafft damit ein Motiv, das von da an das monastische Leben prägt.[37]

Ein wichtiger Gegenstand der Vita ist auch das Bemühen des Antonius um den rechten Glauben. Athanasius, der wegen seines Einsatzes für das nizänische Glaubensbekenntnis fünf Mal in der Verbannung war, stilisiert Antonius in der Vita zu einem Kämpfer gegen die arianische Lehre, die nicht die Lehre der Apostel sondern die der Dämonen und des Teufels sei.[38] Diese Sicht des Athanasius wird durch einen Brief des Antonius bestätigt, in dem dieser die Lehre des Arius verurteilt.[39] Die Rechtgläubigkeit des Antonius zeigt sich zudem in seiner Achtung, die er Bischöfen und Priestern entgegenbringt.[40] Auch das ist ein Appell an die Mönche, den Zusammenhalt innerhalb der kirchlichen Gemeinschaft zu wahren.

Außerdem besuchen drei Mal pagane Philosophen Antonius, der pointiert als Ungebildeter und Analphabet dargestellt wird. Nach ausführlichen Gesprächen[41] vermag er sie zu überzeugen, dass die christliche Religion die wahre Philosophie ist, d. h. die Weisheit des Theodidakten, des von Gott Belehrten, wie Antonius genannt und unter die neutestamentlichen Vorbilder eingereiht wird[42], siegt über die intellektuelle Weisheit, die auf menschlicher Erkenntnis beruht.

Die Vita Antonii, der Protreptikos zu einem asketischen Leben, hat die Christen des Imperium Romanum sowohl im Osten wie im Westen fasziniert. Welche Wirkung sie ausübte, zeigt das Beispiel

---

36 P. Gemeinhardt, Antonius der erste Mönch, a.a.O., 47.
37 VA 46.
38 VA 82; 89.
39 Ep. Ant. 4,17; vgl. Th. Baumeister, Martyrium, a.a.O., 80–85; P. Gemeinhardt, Antonius der erste Mönch, a.a.O., 78f.
40 VA 67.
41 VA 72–80
42 Joh 6,45; 1 Thess 4,9; vgl. P. Gemeinhardt, Antonius der erste Mönch, a.a.O., 119–121.

des Augustinus, der den entscheidenden Impuls zu seiner Bekehrung durch die Erzählung des Ponticianus von der Vita Antonii erhielt, wie er in den Confessiones[43] mitteilt. Offensichtlich traf sie das Lebensgefühl der damaligen Menschen und wurde deshalb vom 5.-7. Jahrhundert zum literarischen Vorbild für andere Heiligenviten.[44]

2. Pachomius – der Begründer des Koinobitentums

Gilt Antonius als Repräsentant des Eremitenlebens, so ist mit dem Namen des Pachomius der Beginn des klösterlichen Gemeinschaftslebens, des Koinobitentums, verbunden.[45]

Die Vita des Pachomius berichtet, dass er als Kind heidnischer Eltern um 292 geboren wurde und sich nach dem Ende seines Militärdienstes in einer christlichen Gemeinde in Mittelägypten taufen ließ. Danach lebte er sieben Jahre lang als Einsiedler unter der Leitung des erfahrenen Mönchs Palamon.

Das Leben der Eremiten bestand nicht in völliger Isolierung, denn die hohen menschlichen Anforderungen, die ein solches Leben stellte, konnte nicht jeder Eremit erfüllen, ohne zu verkümmern oder depressiv zu werden. Aufgrund dieser Einsicht gab es in Ägypten den losen Zusammenschluss von Eremiten zu einer Eremitenkolonie, deren geistiger Mittelpunkt ein angesehener Mönch war, der durch seine Worte zur geistlichen Autorität wurde. Die gemeinsame Teilnahme am sonntäglichen Gottesdienst förderte die Gemeinschaft ebenso wie der genossenschaftliche Verkauf der Arbeitserzeugnisse auf nahegelegenen Märkten zur Sicherung des Unterhalts. So existierten Vorformen eines gemeinsamen monastischen Lebens, auf denen Pachomius aufbauen konnte.[46]

Mit der Klostergründung in Tabennisi schuf er ein Monasterion, in dem die Asketen abgeschlossen von der Welt, aber nicht auf sich allein gestellt, ihr Ideal leben konnten. Als Leitsatz für das gemeinschaftliche Leben galt das Wort des Pachomius: „Alle sollen dir eine

---

43 8,6,15.
44 Vgl. A. Merkt, Das frühe christliche Mönchtum, a.a.O., 50f.
45 K.S. Frank, Geschichte des christlichen Mönchtums, a.a.O., 22–26; A. Merkt, Das frühe christliche Mönchtum, a.a.O., 66–82.
46 K.S. Frank, Geschichte des christlichen Mönchtums, a.a.O., 21f.

Hilfe sein, du sollst allen nützen."[47] Damit waren asketische Höchstleistungen Einzelner, die andere überfordert hätten, ausgeschlossen.

Die Schilderung der Urgemeinde in Apg 4,32–35, die die brüderliche Gemeinschaft der Christen zum Ausdruck brachte, wurde zum Vorbild und konstitutiven Element des gemeinsamen monastischen Lebens.

Pachomius gründete noch weitere Klöster.[48] Am Ende seines Lebens waren es neun Männer- und zwei Frauenklöster mit 7.000–9.000 Mitgliedern. Alle Klöster lagen am Nil nördlich von Theben und Luxor und bildeten einen Klosterverband, eine Koinonia. Das Zentrum dieser Gemeinschaft bildete das zweite von Pachomius in Pabau (Pbow) gegründete Kloster, in dem er bis zu seinem Tod im Jahr 346 blieb.

Das pachomianische Kloster bestand aus einem Gebäudekomplex, der durch eine Mauer von der Außenwelt abgegrenzt und nur durch eine Pforte zugänglich war. Damit wurde einmal die Distanz zur Welt angezeigt, zum anderen bot die Mauer Schutz vor wilden Tieren und Räubern.[49]

Zum Kloster gehörten nach Hieronymus[50] etwa 30–40 Häuser, von denen jedes einzelne 30–40 Mönche unter der Leitung eines Hausoberen beherbergte. Jeder Mönch hatte seine eigene Zelle, einen eigenen persönlichen Bereich, wo er sich in der Zeit, wenn er nicht durch die Gemeinschaft gefordert war, dem Gebet und der Handarbeit widmete.[51] Den Mittelpunkt der Häuser bildete eine Halle, in der die Mönche gemeinsam Gottesdienst feierten.[52] Außerdem vereinte das Refektorium alle Klostermitglieder zu den Mahlzeiten.[53]

Die Hausgemeinschaften waren nach den Berufen ihrer Mitglieder aufgeteilt. Es gab Binsenflechter, Leinweber, Bäcker, Schmiede, Schneider und Kameltreiber.

---

47 L.Th. Lefort, Oeuvres de S. Pachome et ses disciples (CSCO Bd. 159), Louvain 1956, 5.
48 Vita 21; Text bei A. Merkt, Das frühe christliche Mönchtum, a.a.O., 79.
49 Praec. 84
50 Hieronymus, Vorwort zur Regel des Pachomius, 1–3.
51 H. Bacht, Das Vermächtnis des Ursprungs, Pachomius – Der Mann und sein Werk, Würzburg 1983, 33f.
52 Praec. 3;31; 100; 102.
53 Praec. 28;43;91.

Das Charakteristikum der Pachomiusklöster war die Gleichheit aller Mönche durch ihre Bindung an die Regel. Für alle ohne Ausnahme, auch für die Hausoberen und den Abt, galten, wenn sie ihre Autorität nicht gefährden wollten, die dort niedergelegten Vorschriften über Kleidung, Essen, Einrichtung der Zellen, körperliche Arbeit und die Gestaltung des religiösen Lebens.[54]

Um die Regel und die Hl. Schrift, die für das monastische Leben eine besondere Rolle spielten, besser auswendig lernen zu können, waren die Mönche verpflichtet, lesen zu lernen, d. h. Pachomius legte offenbar Wert auf ein gewisses Maß an Bildung., da er diese Forderung mehrfach wiederholt.[55] Der Tagesablauf im Kloster bot genügend Gelegenheit die Schrift zu meditieren, d. h. sie zu rezitieren.

Der Abt trug die Verantwortung für das geistliche Leben im Kloster. Jeden Morgen und jeden Abend kamen alle Mönche des jeweiligen Klosters zum gemeinsamen Gebet zusammen. Dabei wurden sechs Gebete und sechs Psalmen vorgetragen.[56] Samstag und Sonntag feierten sie zusammen die Eucharistie. Drei Mal in der Woche hielt der Hausobere oder der Abt für alle Mönche eine Katechese, die sie, besonders während der Fastenzeit, gemeinsam reflektieren sollten.[57]

Wegen der großen Mitgliederzahlen war eine strenge Disziplin notwendig, die sowohl das Leben des einzelnen Mönchs wie auch den Umgang untereinander regelte, sollte das Gemeinschaftsleben nicht in Unordnung untergehen. Daher besitzt der Gehorsam einen hervorragenden Stellenwert und wird zu einem wesentlichen Element des klösterlichen Lebens, dem sich der einzelne Mönch nicht entziehen kann und das auf ein Leben ganz aus dem Geist Christi abzielt. Dem Gehorsam kam aber im Hinblick auf die Gemeinschaft nicht nur eine erzieherische, sondern auch eine soziale Funktion zu, die ihrem Zusammenhalt diente.[58]

War die Armut in der Form der persönlichen Bedürfnislosigkeit ein Kennzeichen des Eremiten gewesen, über deren Maß er selbständig verfügen konnte, so verzichtet der koinobitische Mönch auf

---

54 H. Bacht, Das Vermächtnis des Ursprungs, a.a.O., 47–51.
55 Praec. 13, 49, 122, 140.
56 Praec. 19; 121.
57 Praec. 20; 138; vgl. H. Bacht, Das Vermächtnis des Ursprungs, a.a.O., 35f.
58 A. Merkt, Das frühe christliche Mönchtum, a.a.O., 70.

diesen Raum eigener Entscheidung. Er kann in Armut, ohne jeden persönlichen Besitz leben, weil das Kloster als Gemeinschaft über Besitz verfügt und dem einzelnen Mönch das zum Leben Notwendige zukommen lässt. Die persönliche Armut des Mönchs wird zur „gesicherten Armut". Sie besteht im Verzicht auf die freie Verfügung über jeglichen Besitz und den unabhängigen Gebrauch der alltäglichen Dinge. Er ist arm, weil er sich mit seiner eigenen Arbeit für den gemeinsamen Besitz einsetzt, dessen Eigentümer Christus ist und daher den Armen dienen soll.[59]

Die Bestimmungen der Pachomiusregel über den Sinn von Armut und Gehorsam sind zum Grundbestand aller nachfolgenden Klosterregeln geworden und damit ein Beweis für ihre fortdauernde Bedeutung.

Die Mönche, ob Eremiten oder Koinobiten, bildeten in einem zunehmend volkskirchlichen Christentum mit ihrem radikalen Christsein einen Kontrast zu dem sich ausbreitendem Mittelmaß und wirkten trotz ihres Auszugs aus den Gemeinden aufgrund ihres Lebenszeugnisses in diese hinein als ein Zeichen des Strebens nach Vollkommenheit und wahrer Liebe zu Gott.[60]

---

[59] K.S. Frank, Geschichte des christlichen Mönchtums, a.a.O., 25.
[60] A. Merkt, Das frühe christliche Mönchtum, a.a.O., 37.

Christian Uhrig

Der christlichen Religion frische Züge verleihen

Inspirationen aus dem spätantiken syrischen Mönchtum

Fragt man einen Kirchenhistoriker nach dem Spannungsfeld von Individualisierung und Gemeinschaft, so rückt schnell das Mönchtum in sein Blickfeld. Für das spätantike Mönchtum lohnt für die Frage nach Gemeinschaft und Individualisierung vor allem eine Auseinandersetzung mit dem syrischen Mönchtum, wo die Mönche, Peter Brown zufolge, „virtuose Kadenzen zu der nüchternen Partitur [geschrieben haben], die ursprünglich von den ‚Großen Männern' Ägyptens geschrieben worden waren."[1] Denn diejenigen, die das asketische „Ideal in der Gesellschaft prägten, kamen aus Syrien und später aus Kleinasien und Palästina – nicht aus Ägypten."[2] Begeben wir uns im Folgenden auf eine Reise ins spätantike Syrien und machen wir uns auf eine Spurensuche nach Virtuosen, die uns Inspirationen für die Antwort auf die Frage geben, was Gesellschaft, Kirche und Orden verbindet und zusammenhält.

Ein Leben, das das der Weltmenschen übersteigt – das Mönchtum in Syrien

Im spätantiken Syrien stößt man auf schillernde Persönlichkeiten und eine sehr radikale Askese: auf Inklusen beispielsweise, die sich

---

1 P. Brown, The Rise and Function of the Holy Man in Late Antiquity, in: *Journal of Roman Studies* 61 (1971), 80–101. [Deutsche Übersetzung: ders., Aufstieg und Funktion des Heiligen in der Spätantike, in: ders., Die Gesellschaft und das Übernatürliche. Vier Studien zum frühen Christentum (Kleine Kulturwissenschaftliche Bibliothek), Berlin 1993, 21–47, hier 24. Zum ägyptischen Mönchtum vgl. den Beitrag von M.-B. von Stritzky in diesem Band.
2 P. Brown, Aufstieg und Funktion des Heiligen in der Spätantike, a.a.O., 24.

in Erdlöchern, Brunnen, Häusern oder Käfigen einschließen, die oftmals so klein sind, dass sie darin nur gebückt oder kniend leben können. Ferner begegnet man Menschen, die sich durch extreme Fastenübungen auszeichnen. Schließlich trifft man Asketen, die sich mit Eisenketten oder -gürteln beschweren, so dass sie nur noch gekrümmt gehen können, oder die einfach nur reglos und erstarrt mit ausgebreiteten Armen verharren oder auf Säulen stehen. Der antiochenische Theologe und Bischof Theodoret von Cyrus (ca. 393–466)[3] hat mit seiner Mönchsgeschichte *Historia religiosa*[4] ein antikes „Who is who"[5] von solchen syrischen Hochleistungsakten geschrieben, von lebenden und bereits verstorbenen Frauen wie Männern, 30 an der Zahl, die er zum Teil selbst kennengelernt hat oder von denen er aus Berichten anderer sichere Kenntnis hat, wie er sagt.[6] Selbst im monastischen Milieu seiner Heimatstadt verwurzelt und dort (theologisch) ausgebildet, schätzt er asketisches Leben hoch und sieht in Asketen „trefflichste Männer [und Frauen]", „Tugendstreiter", ja „Helden"[7], die „ihr ganzes Tugendstreben im eigenen Ich abformend lebendige Bilder und Statuen gleichsam geworden" sind, die es zu ehren gilt und die er mit seiner Mönchsgeschichte vor dem Vergessen bewahren will.[8] Theodoret ist nämlich fest davon überzeugt, dass ihr Leben andere zur Nachahmung drängt und somit von großem Nutzen ist. Mit seiner Erinnerung an Asketen macht Theodoret also auch bei seinen Lesern Werbung für ein asketisches Leben.[9] Da jeder in seiner Lebensführung und seinem Glaubensweg individuell

---

3 Zu Theodoret vgl. P. Bruns, Art. Theodoret von Cyrus, in: LACL [3](2002), 683–685.
4 Text: Théodoret de Cyr, Histoire des moines de Syrie. „Histoire Philothée", 2 Bde., hrsg. von P. Canivet und A. Leroy-Molinghen (SC Bde. 234 u. 257), Paris 1977, 1979 [Deutsche Übersetzung: Theodoret von Cyrus, Mönchsgeschichte. Aus dem Griechischen übersetzt von K. Gutberlet (BKV Bd. 50), München 1926].
5 So D. Weisser, Seelsorge von der Säule herab. Radikales Mönchtum in Syrien, in: WUB 2/2011, 48–53, hier 49.
6 H. rel. Prol.,11. Theodoret weiß, dass es nicht nur in Syrien Asketen gegeben hat, die mit ihrem Leben „geglänzt haben"; er beschränkt sich in seiner Darstellung auf das Morgenland.
7 H. rel. Prol.,1; 6 (Übers.: Gutberlet [wie Anm. 4], 21; 24).
8 H. rel. Prol.,2 (Übers.: Gutberlet [wie Anm. 4], 22).
9 Zu Theodorets Intention vgl. auch P. Canivet, Le Monachisme syrien selon Théodoret de Cyr (ThH Bd. 42), Paris 1977, 67ff.

ist, wirbt Theodoret nicht mit einem bestimmten Typus oder Exponenten aszetischen Lebens, sondern mit der Individualität einzelner Asketen:[10]

> „Ich werde aber nicht ein gemeinsames Lob für alle schreiben; denn verschiedene Gaben sind ihnen von Gott verliehen, wie der selige Paulus lehrt" [1 Kor 12,8–10]; deswegen „müssen wir naturgemäß in gesonderten Erzählungen berichten."[11]

Männer und Frauen, Junge und Alte, sie alle sollen für sie geeignete „Tugendvorbilder haben, und ein jeglicher möge für die von ihm erwählte Lebensform [...] seine Norm und Vorlage finden."[12]

Symeon der Stylit – ein Exempel eines syrischen Mönchs

Die berühmteste Asketenpersönlichkeit, die Theodoret vor dem Vergessen bewahrt, ist Symeon (ca. 385/90–459), „das große Wunder des Erdkreises"[13]. Er überbot in seiner asketischen Hochleistung alle anderen Asketen, die mit ihm kämpften.[14] Was er tat, so Theodoret, „geht über die menschliche Natur"[15]. Schon als Jugendlicher lebt er in einer kleinen Asketenniederlassung in seiner Nachbarschaft, danach fast zehn Jahre in einem Kloster. Hier fällt er durch seine rigorose Askese auf, wird fortgejagt und lebt zunächst in einer ausgetrockneten Zisterne auf einem Berg und anschließend, nach seinem endgültigen Ausscheiden aus dem Kloster, drei Jahre als Rekluse in einer Hütte am Fuße eines Berges. Er eifert in seiner Askese Vorbildern

---

10 Vgl. A. Vööbus, History of Ascetism in the Syrian Orient. A Contribution tot he History of Culture in the Near East. Bd. II: Early Monasticism in Mesopotamia and Syria (CSCO.Sub. Bd. 17), Leuven 1960, 33f.
11 H. rel. Prol.,8 (Übers.: Gutberlet [wie Anm. 4], 26).
12 H. rel. 30,7 (Übers.: Gutberlet [wie Anm. 4], 179).
13 H. rel. 26,1 [Text: Das Leben des heiligen Symeon Stylites, bearbeitet von H. Lietzmann, mit einer deutschen Übersetzung der syrischen Lebensbeschreibung und der Briefe und H. Hilgenfeld (TU Bd. 32,4), Leipzig 1908; Übers.: Gutberlet [wie Anm. 4], 156). Neben der Beschreibung Theodorets gibt es eine syrische und eine griechische Vita. Vgl. P. Bruns, Art. Simeon Stylites der Ältere, a.a.O.
14 H. rel. 26,4.
15 H. rel. 26,1 (Übers.: Gutberlet [wie Anm. 4], 156).

nach: Mose und Elija, und will, ihnen gleich, 40 Tage ohne Essen aushalten. Danach zieht er weiter auf den Berg in einer Umfriedung, mit einer zehn Meter langen Eisenkette an den Berg geschmiedet. Symeon wird zum Star, immer mehr Leute kommen, um ihn zu sehen, nicht nur aus der Region, sondern von weit her, selbst aus dem „äußersten Westen, Spanier und Briten und Gallier", selbst in Rom ist Symeon so bekannt, „daß man in allen Vorräumen von Werkstätten kleine Bilder von ihm aufstellt, die Schutz und Sicherheit verschaffen sollen."[16] Um sich dem Zugriff einer immer größeren Menge Schaulustiger zu entziehen, wird Symeon mit Mitte dreißig dann zum Styliten, zum Säulensteher: zunächst auf einer drei Meter hohen Säule, dann immer weiter hoch hinaus, bis er am Ende achtzehn Meter hoch steht. Auf der Säule betet er Gott an und isst nur einmal pro Woche. Symeon missioniert die Menge, belehrt sie und leistet tätige Hilfe – allerdings immer erst nach der neunten Stunde, denn bis dahin betet er. Von Symeons Säule, so Theodoret, gehen „reicher Segen" und „Strahlen der Gotteserkenntnis" aus.[17] Sein Stehen auf der Säule – „[e]in neuartiges und wundersames Schauspiel für die Welt",[18] ein Event!

---

16 H. rel. 26,11 (Übers.: Gutberlet [wie Anm. 4], 162).
17 H. rel. 26,14 (Übers.: Gutberlet [wie Anm. 4], 164).
18 H. rel. 26,20 (Übers.: Gutberlet [wie Anm. 4], 167). Zur Konstruktion der Säulen der Styliten vgl. I. Peña, Martyrs du temps de paix: Les Stylites, in: Les Stylites syriens (PSBF.Mi 16), Mailand 1975, 21–84, hier 33ff. Wenn Theodoret meint (h. rel. 26,12), Symeon begehre gen Himmel zu fliegen und seinem irdischen Aufenthalt entrückt zu werden, gibt er H. Lietzmann (Das Leben des heiligen Symeon Stylites, a.a.O., 242f.) zufolge wohl eine eigene Deutung ab; die syrische Vita spreche an keiner Stelle von einem solchen Motiv und sage sogar (117), man sei Gott in der Höhe nicht näher als in der Tiefe. Gleichwohl waren nicht alle Asketen von Symeons Weg begeistert. Im Gegenteil erregten seine Neuerungen auch Anstoß und wurden von anderen Asketen als überflüssig angesehen. So berichtet etwa der letzte spätantike Kirchenhistoriker, Evagrius Scholasticus, in seiner *Kirchengeschichte* von Mönchen aus der nitrischen Wüste, die Symeon die Exkommunikation androhten. Symeon solle doch von seiner Säule herabsteigen. Als er es tun wollte, sei den Mönchen jedoch deutlich geworden, dass es Symeon nicht um seinen Eigensinn ginge, sondern sein Weg von Gott sei, woraufhin sie ihn auf seiner Säule verharren ließen (h.e. 1,13 [edd. J. Bidez / L. Parmentier, The Ecclesiastical History of Evagrius, Amsterdam 1964, 20ff.]). In den erhaltenen Lebensbeschreibungen Symeons erfahren wir über diese Begebenheit jedoch nichts. Vgl. dazu auch H. Lietzmann (Das Leben des heiligen Symeon Stylites, a.a.O.), 243f.

Eine schillernde, ja extravagante Persönlichkeit mit einem sehr individuellen Weg, genauso wie die 29 anderen Männer und Frauen, die Theodoret vor dem Vergessen bewahrt hat und verehrt. In Theodorets Mönchsgeschichte erfahren wir von weiteren „Events": von Wundertaten, die die anwesende Volksmenge in Staunen versetzen. Ferner ist von Krankenheilungen und Totenerweckungen[19] die Rede oder von Löwen, derer sich der Einsiedler Symeon der Ältere bedient, um einer Gruppe von jüdischen Geschäftsleuten, die sich verirrt hatten, den Weg zu weisen.[20] Das Leben vieler syrischer Asketen ist ein „Schauspiel", das sich vor den Augen der Öffentlichkeit abspielt[21] und viele Zuschauer anzieht, manchmal auch mit sehr eigenartigen Motiven, wenn etwa eine gaffende Menge den Tod des unter freiem Himmel lebenden kranken Jakobus erwartet, um den Leichnam des siegreichen Kämpfers an sich bringen zu können, ohne auf die Lage des Asketen oder seine Schamgefühle Rücksicht zu nehmen.[22]

Bei aller Individualisierung leben die syrischen Asketen nicht nur allein vor sich hin, sondern sie werden bewusst aufgesucht, etwa um bei ihnen in die Lehre zu gehen.[23] Symeon z. B. hatte 200 Schüler.[24] Manche ziehen umher, durch Dörfer und Städte, wo die Menschen von allen Seiten her zusammenlaufen, um sie dort zu sehen.[25] Andere wirken als Propheten, als Ratgeber und als Fürsprecher in persönlichen Anliegen, z. B. bei dem sehnlichen Wunsch von Eltern um Nachwuchs und Kindersegen.[26] Zuweilen leben Asketen ganz in der Nähe von Dörfern[27] oder gehen sonntags

19 Vgl. h. rel. 1,8.
20 H. rel. 6,2.
21 H. rel. 21,5.
22 H. rel. 21,5.
23 Vgl. h. rel. 2,3.
24 H. rel. 26,8.
25 H. rel. 1,8; 2,18. Auch der Menge an Besuchern zu entkommen, war ein Motiv für das reisende Umherziehen, z. B. im Falle des Kritophagen Makedonius. Vgl. h. rel. 13,2.
26 Theodoret selbst ist ein Geschenk solchen asketischen Bittens seitens des Makedonius (vgl. h. rel. 13,18). Zur Wirkung der asketischen Bewegung auf das Leben der Gläubigen und der Familien vgl. auch R. Hanslik (Ed.), Sexuelle Entsagung, Askese und Körperlichkeit im frühen Christentum (CSEL Bd. 75), München 1994, 333f.
27 Vgl. z. B. h. rel. 7,1.

gemeinsam mit den Bewohnern zum Gottesdienst.[28] Der bereits erwähnte Jakobus lässt sich sogar als Fürsprecher für seine Heimatstadt Nisibis in Dienst nehmen, als sie vom Perserkönig Schapur II. (309–379) angegriffen wird, und bittet Gott, eine finstere Wolke und einen Schwarm Mücken über die Feinde zu schicken, so dass Schapur sich schließlich, „getroffen von dem gottgesandten Schlage", mit seinem Heer zurückzieht.[29] Der Asket also an der Seite seiner Heimatstadt.

Anders als in Ägypten war „[d]ie syrische Wüste [...] nie eine wirkliche Wüste." In Syrien in die Wüste zu gehen, „bedeutete nicht, daß jemand in eine andere, unvorstellbare Welt verschwand. Die Wüste war eine ständige Herausforderung unmittelbar am Rande des Dorfes"[30]. Die syrischen Asketen waren somit alles andere als weltfremd.[31] Sie sind in die Kirche eingebunden, „mit einem starken Zug zu apostolisch-pastoraler Tätigkeit"[32]. Manche Asketen engagieren sich sogar in den theologiegeschichtlichen Auseinandersetzungen des 4. und 5. Jahrhunderts für den „rechten Glauben"[33] und lassen sich vereinzelt auch institutionell für ein Priester- oder Bischofsamt in Dienst nehmen, ohne dabei aber den strengen asketischen Lebenswandel aufzugeben.[34]

---

28 H. rel. 12,5.
29 H. rel. 1,12 (Übers.: Gutberlet [wie Anm. 4], 34).
30 P. Brown, Aufstieg und Funktion des Heiligen in der Spätantike, a.a.O., 25.
31 Vgl. S. Schiwietz, Das morgenländische Mönchtum, Bd. 3: Das Mönchtum in Syrien und Mesopotamien und das Aszetentum in Persien, Mödling 1938, 338.
32 K.S. Frank, Geschichte des christlichen Mönchtums, 5., verb. u. erg. Aufl. Darmstadt 1993, 31.
33 Vgl. h. rel. 1,10.
34 H. rel. 17,11. Gern und bereitwillig waren sie jedoch eher selten zum priesterlichen Dienst bereit. Der Inkluse Akepsimas, der 60 Jahre in einem Haus eingeschlossen lebte, ließ sich z. B. nur zum Priesteramt bewegen, da er wusste, dass er kurz darauf sterben werde (h. rel. 15,4). Salamanes, ein Asket, der am Rand seines Dorfes in einem Haus ohne Tür und Fenster lebte, musste sogar erleben, dass der Bischof sein Haus aufbrach, um ihn zum Priester zu weihen. Doch Salamanes spricht kein Wort, so dass sich der Bischof wieder entfernt und die Öffnung seines Hauses wieder verschließen lässt (h. rel. 19,2f.). Zum Verhältnis des Asketen zu den religiösen Bedürfnissen des Volkes und zu seiner Rolle in der Kirche vgl. ausführlich auch A. Vööbus, History of Ascetism in the Syrian Orient, a.a.O., 316ff.

Das syrische Mönchtum – heute kaum zugänglich?

War es gerade die Extravaganz und Seltsamkeit, die die syrischen Asketen in ihrer Zeit „so zugänglich machte"[35], scheinen sie aufgrund ihrer Absonderlichkeit heute kaum anschlussfähig zu sein. Die Vorstellung irgendwo einen Styliten auf seiner Säule stehen zu sehen, mutet genauso seltsam an wie die Begegnung mit einem „verwilderten und schmutzigen Menschen mit einem kurzen Flaus über den Schultern" – so beschreibt Theodoret die äußere Erscheinung des Einsiedlers Symeon des Älteren.[36] Um solche Gestalten machen die meisten Menschen heute einen großen Bogen, als von ihnen angezogen oder fasziniert zu sein.

Schon westlichen Asketen in der Spätantike waren manche von Theodorets beschriebenen Gestalten suspekt. Der lateinische Kirchenvater Hieronymus etwa, der sich für eine asketische Ausrichtung des christlichen Lebens einsetzte, selbst eine mönchische Lebensform vollzog und in Betlehem ein Männer- und ein Frauenkloster gründete, ließ nur zwei Arten des Mönchtums gelten: *Koinobiten* und *Eremiten*. In Ägypten lernte er noch eine dritte Art von Mönchen kennen, „*Remnuoth*", die (zu zweit oder dritt) „nach eigenem Gutdünken, ohne von jemand abhängig zu sein" leben, und die er für eine „verderbliche Kaste" hält.[37] Benedikt von Nursia, der „Patriarch des abendländischen Mönchtums"[38], kennt in seiner Regel noch eine „vierte Art der Mönche (….)[,] die sogenannten *Gyrovagen*. Ihr Leben lang ziehen sie landauf landab […]. Immer unterwegs, nie beständig, sind sie Sklaven der Launen ihres Eigenwillens und der Gelüste ihres Gaumens" und „noch schlimmer" als die von Hieronymus bereits genannten Remnuoth, die Benedikt „*Sarabaiten*" nennt.[39] Sowohl Hieronymus als auch Benedikt verweisen auf das

---

35 P. Brown, Die Keuschheit der Engel, a.a.O., 336. Zu den einzelnen Elementen, die das syrische Asketenleben kennzeichneten, vgl. auch A. Vööbus, History of Ascetism in the Syrian Orient, a.a.O., 256ff.
36 H. rel. 6,2 (Übers.: Gutberlet [wie Anm. 4], 74).
37 Hier. epist. 22,34f. [ed. I. Hilberg (CSEL Bd. 54), 196ff.; Übers. L. Schade, BKV² 16, 106].
38 A. Böckmann, Art. Benedictus von Nursia, in: DNP 2 (1997), 559–561, hier 560.
39 Bened. reg. 1,10f. [ed. R. Hanslik (CSEL Bd. 75), 20; Übers.: Die Regel des heiligen Benedikt, hrsg. im Auftrag der Salzburger Äbtekonferenz, Beuron ²2008, 36]. [Kursiv-Hervorhebungen im Zitat: Ch.U.]

eigensinnige Leben dieser Mönche und sehen die Individualität solcher Asketen kritisch. Beide hatten im Hinblick auf die asketische Lebensform auch eine klare Präferenz: Hieronymus empfiehlt einem jungen Mann namens Rusticus, der als Mönch leben will, ein Leben im Kloster[40] – aus eigener Erfahrung um die Probleme des anachoretischen Mönchtums wissend und darin gescheitert[41] –; Benedikt hält das Koinobitentum für die „stärkste[] Art" des Mönchtums.[42]

Gregor von Tours berichtet von einem Styliten in unseren Breitengraden. Der gallische Diakon Wulfilaich habe in Trier, auf einem Berg, auf dem das Volk ein heidnisches Götterbild verehrt habe, eine Säule errichtet und von dort aus das Volk zum Christentum bekehrt. Doch die Bischöfe setzten seinem Stylitenleben ein Ende und sagten ihm: „Der Weg, den du einschlägst, ist nicht der rechte [...]. Überdies läßt die Natur dieses Landes nicht zu, daß du diese Peinigung aushältst. Steige also lieber herab und wohne bei den Brüdern, die du um dich gesammelt.'"[43] Auch diese Bischöfe präferieren das Koinobitentum und lassen Wulfilaichs Säule umstürzen: Nicht nur die Wetterverhältnisse, sondern auch das religiöse Klima seien ein völlig anderes als in Syrien.[44]

Und doch: Das syrische Mönchtum als Impulsgeber

Trotz der Argumente, die gegen die individuellen syrischen „Asketenstars" sprechen[45], haben sie für mich etwas Inspirierendes. Ich denke an den Stellenwert, den Individualisierung und Selbst-

---

40 Hier. epist. 125,9 [ed. I. Hilberg (CSEL Bd. 56/1, 127ff.].
41 Vgl. Hier. ep. 2 [ed. I. Hilberg (CSEL Bd. 54), 10ff.].
42 Bened. reg. 1,13 [ed. R. Hanslik (CSEL Bd. 75), 20].
43 Greg. Tur. Franc. 8,15 (ed. R. Buchner, Gregorii Episcopi Turonensis Historiarum libri decem, Vol. 2, Darmstadt ⁹2000, 180; Übers.: ebd., 181.).
44 Zum religiösen Klima, in dem sich das asketische Leben in Syrien entwickelte, vgl. kurz zusammengefasst A. Merkt (Hrsg.), Das frühe christliche Mönchtum. Quellen und Dokumente von den Anfängen bis Benedikt, Darmstadt 2008, 108f. Vgl. auch S. P. Brock, Early Syrian Asceticism, in: *Numen* 20 (1973), 1–19, hier 3ff.
45 Zu verweisen ist auch auf die Gefahr, dass solche Asketen eher persönlichen Motiven folgen, als es mit ihrem Asketismus ernst zu meinen. Schon eines der frühesten schriftlichen Zeugnisse, das wir aus dem syrisch-palästinensischen Raum haben, die wahrscheinlich Anfang des ersten Jahrhunderts entstandene

verwirklichung in unserer Gesellschaft haben. Die syrischen Asketenpersönlichkeiten zeigen, wie individuell es auch im religiösen Leben zugehen darf und wie unterschiedlich die Berufung Gottes sein kann. Sie befreien sich von den Zwängen der Gesellschaft, die in damaliger Zeit „von der Todesfurcht immer weiter getrieben wurde und zur langen Arbeit auf den Feldern verurteilt war."[46] Die Liebe Gottes versetzt sie „in den Stand [...], die Grenzen der Natur zu überschreiten"[47] und ein „engelgleiches Leben" zu führen[48], als „lebendige[s] Zeichen für die Macht Gottes unter den Menschen."[49] Ein derartig von Gott Geliebter wird seinerseits „Liebhaber Gottes [...], schaut einzig auf den Geliebten und zieht seinen Dienst allem insgesamt vor."[50] Simon Peng-Keller spricht von einem „experimentale[n] Charakter" des frühen Mönchtums und verweist auf den englischen Dominikaner Simon Tugwell, der darin den Versuch sieht, „die Grenzen des Menschseins auszuloten: ‚Man kann sich kaum des Gefühls erwehren, dass zumindest einige der merkwürdigen Praktiken, die von manchen Asketen gepflegt wurden, eine Art Experiment darstellten, um Klarheit darüber zu gewinnen, was es heisst, Mensch zu sein.'"[51] Leben ausprobieren, ausloten, was Mensch sein heißt, „sein eigenes Ding machen können", frei sein können von gesellschaftlichen Zwängen und sich nicht vorschreiben lassen, wie man zu leben hat – das ist etwas, was viele Menschen heute motiviert, auch wenn man sich nicht zu einem extremen asketischen Leben berufen fühlt und den Versuch, dabei

Didache, warnt vor Wanderaszeten, die aus persönlichen Motiven wie Geldgier handeln und letztlich nur Pseudopropheten sind, da ihr Leben mit ihrer Lehre nicht in Einklang steht; vgl. Did. 11 [ed. G. Schöllgen (FC 1, 126ff.)]. Unterscheidung der Geister ist also geboten. Man denke auch an den extremen Enkratismus, den es in Syrien gab. Vgl. dazu Brown, Keuschheit, 98ff.

46 P. Brown, Die Keuschheit der Engel, a.a.O., 345.
47 H. rel. 31,4 (Übers.: Gutberlet [wie Anm. 4], 182).
48 Vgl. P. Brown, Die Keuschheit der Engel, a.a.O., 340.
49 Ebd., 341.
50 H. rel. 31,15 (Übers.: Gutberlet [wie Anm. 4], 191).
51 S. Peng-Keller, Himmelsbrot und Lebenswort. Von der spiritualitätsgeschichtlichen Bedeutung des Wüstenmönchtums, in: C.M. Rutishauser (Hrsg.), Wüste als Ort der Wandlung, Edlibach 2011, 49–59, hier 55f. Peng-Keller bezieht sich hier auf das Wüstenmönchtum; es dürfte aber nicht minder für das syrische Asketentum gelten. Vgl. auch S. Tugwell, Ways of Imperfection. An Exploration of Christian Spirituality, London 1984, 14.

die Grenzen der menschlichen Natur zu überschreiten und ein „engelgleiches Leben" zu führen, für zu weitgehend hält.⁵²

Nicht minder interessant ist es, „Helden" zu begegnen. Von Helden zu sprechen ist heute kein Tabu mehr, im Gegenteil, „Helden haben Konjunktur. Beinahe täglich werden in den Medien neue Helden gekürt."⁵³ Besondere Lebensgeschichten, außergewöhnliche Biografien, faszinierende Persönlichkeiten haben für die Menschen von heute einen großen Reiz. Bei Sportlern, bei Fernsehstars, bei Menschen, die vermeintlich Übermenschliches leisten, ist das zu erleben, z. B. bei der Rettung anderer Menschen. Warum nicht auch in religiöser Hinsicht? „In nichts gleichen [...] die Lebensgewohnheiten der Weltmenschen denen der Aszeten."⁵⁴ Das war für Theodoret das Entscheidende, und das war interessant. Ein Ordenschrist mit seiner so ganz anderen Lebensführung als die der „Normalos" von heute, ist gerade aufgrund seiner Andersartigkeit nicht minder interessant. Helden könnten heute auch solche Menschen sein, „die das Leben lebenswert machen, deren bloße Existenz die Gewissheit schenkt, dass der Unsinn nicht das letzte Wort behält, dass, was immer auch geschieht, nicht sinnlos, sondern gut ist."⁵⁵

Bei aller Individualisierung gibt es aber auch ein Bedürfnis nach Gemeinschaft, nach Kollektivität. Dieses Bedürfnis wird heute in

---

52 Ein solches Überschreiten der Grenzen der menschlichen Natur darf nicht als dualistisches Denken im Sinne einer Leibverachtung oder gar Körperzerstörung missverstanden werden. Vgl. dazu P. Brown, Die Keuschheit der Engel, a.a.O., 248ff. Es geht den Asketen vielmehr um ein Freiwerden von unterschiedlichen Bindungen und Abhängigkeiten (darunter auch körperlichen Bedürfnissen), denen sie sich ausgesetzt sehen. Das ändert aber nichts daran, „dass der Körper in den frühchristlichen asketischen Praktiken Mittel zu ‚Erleuchtung' und Vervollkommnung (...) im Sinne eines ‚engelgleichen Lebens' war" (A.-B. Renger / A. Stellmacher, Der Asketen- als Wissenskörper. Zum verkörperlichten Wissen des Simeon Stylites in ausgewählten Texten der Spätantike, in: ZRGG 62 (2010), 313–338, hier 317). Vgl. zum Verhältnis des Asketen zur Zivilisation auch A. Vööbus, History of Ascetism in the Syrian Orient, a.a.O., 22ff.
53 D. Osses, Helden heute. Zwischen Lebensrettung und Casting-Show, in: Helden. Von der Sehnsucht nach dem Besonderen. Katalog zur Ausstellung im LWL-Industriemuseum Henrichshütte Hattingen. 12.3.-31.10.2010, hrsg. vom LWL-Industriemuseum, Essen 2010, 368–403, hier 369.
54 H. rel. 31,3 (Übers.: Gutberlet [wie Anm. 4], 181).
55 H. Zaborowski, Von der Zukunft der Helden, in: M.W. Ramb / H. Zaborowski (Hrsg.), Helden und Legenden. Oder: Ob sie uns heute noch etwas zu sagen haben, Göttingen 2015, 223–232, hier 230.

einer Eventkultur zelebriert, auch im Bereich der Religion. Von Erlebnisreligion ist da die Rede, davon, dass der Glaube erfahrbar ist. Viele sehen eine solche moderne Eventkultur kritisch. Es gehe ihr lediglich um ein Ergriffenwerden, aber nicht mehr um Inhalte. Diese Kritik erinnert an die Kritiker der syrischen Asezeten. Sie waren „Event", sie waren „Schauspiel", auf Jahrmärkten und anderswo. Theodoret sieht darin nichts Kritikwürdiges, im Gegenteil, er sieht Gott selber als „Eventmanager" am Werke. Bei der Beschreibung des Säulenstehers Symeon zeigt sich Theodoret davon „überzeugt, dass dieses Stehen nicht ohne göttliche Fügung von ihm erwählt worden ist." Deswegen sollen Kritiker – Theodoret nennt sie „Motzlöffel"[56] – sich zurückhalten und vielmehr „bedenken, dass der Herr oft solches zum Nutzen der Saumseligen veranstaltet hat."[57] Als Beispiel nennt Theodoret Propheten wie Jesaja, der drei Jahre lang nackt und barfuß umhergeht (Jes 20,2f.), Jeremia, der sich Stricke und ein hölzernes Joch um den Hals hängt (Jer 27,2), Hosea, der eine Hure zur Frau nimmt und mit ihr einen Sohn zeugt (Hos 1,2f.), oder Ezechiel, der sich mit einem Schwert Haare und Bart abschneidet und einen Teil der Haare mitten in der Stadt verbrennt (Ez 5,1–4). Dies alles ist geschehen, „um diejenigen, welche Worten nicht Folge leisten und die Prophezeiung nicht hören wollten, durch wunderliches Schauspiel zu sammeln und zum Gehorsam gegen die Stimme Gottes geneigt zu machen. […] Wie also der Gott des Alls solches befahl, in der Absicht, der Trägheit der Zeitgenossen entgegenzukommen, so hat er auch dieses neue und auffallende Schauspiel herbeigeführt, um alle durch das Ungewohnte anzuziehen und die Herbeikommenden für die ihnen gegebenen Ermahnungen bereitwillig zu machen. […] Man kommt, um zu schauen, und geht fort mit dem göttlichen Worte im Herzen. […] [S]o gibt er König des Alls der christlichen Religion in diesen verschiedentlichen und neuartigen Lebensführungen gleichsam frische Züge und rüttelt damit die Zungen der Glaubenszöglinge sowohl wie die Zunge derer, die an Unglauben kranken, zum Lobpreise auf."[58]

---

56 So übersetzt A. Merkt (Hrsg.), Das frühe christliche Mönchtum, a.a.O., 117, das griechische μεμψίμοιροι. Vgl. zur Kritik an den Asketen auch A. Merkt (Hrsg.), Das frühe christliche Mönchtum, a.a.O., 35ff.
57 H. rel. 26,12 (Übers.: Gutberlet [wie Anm. 4], 162).
58 H. rel. 26,12 (Übers.: Gutberlet [wie Anm. 4], 163).

Der christlichen Religion frische Züge verleihen – das tut not, zu Theodorets Zeiten schon und heute erst recht. So wie sich bereits damals viele gläubige oder nichtgläubige Menschen durch Worte und Prophezeiungen nicht ansprechen ließen und sich in Trägheit ergingen, so gibt es auch heute viele Menschen, die durch traditionelle Inhalte und Formen von Religion nicht mehr erreicht werden. Neue Wege sind nötig – allen damaligen und heutigen „Motzlöffeln" zum Trotz! Auch wenn man nur kommt, um zu schauen, so besteht doch die Chance, mit dem göttlichen Wort im Herzen fort zu gehen. Immerhin! Vielleicht geht bei der einen oder dem anderen aber sogar auf, was Theodoret im Blick auf seine Leser hofft, dass sie nämlich „diese Liebesglut" der von ihm beschriebenen Aszeten „in [sich] einziehen lassen […] und Liebhaber und Beobachter seiner Gebote werden!"[59] – auf welchem individuellen Weg auch immer.

---

59 H. rel. 31,21 (Übers.: Gutberlet [wie Anm. 4], 196). Theodoret glaubt daran, „[d]ass alle Menschen von gleicher Natur sind und dass es leicht ist, wenn man nur will, der Vollkommenheit sich zu befleißigen" (h. rel. 8,1 (Übers.: Gutberlet [wie Anm. 4], 81). Ein tugendhaftes Leben zu führen ist nicht an einen bestimmten Ort wie die Wüste gebunden (h. rel. 4,1).

Klaus-Bernward Springer

Geschichtlicher Wandel in der Glaubensgemeinschaft
Zur Aufklärung und ihren Impulsen im 20. Jahrhundert

1. Geschichtlichkeit der katholischen Kirchen-Gemeinschaft

Wir erfahren in der Gegenwart eine radikale Vergeschichtlichung aller Wirklichkeitsbereiche. Alles ist im Umbruch und im Wandel begriffen, es gibt kaum mehr etwas Festes und Beständiges. Dieser geschichtliche Wandel hat auch die Kirche und ihr Glaubensverständnis ergriffen. Die Kirche, das Lehramt, die Dogmen erschienen vielen bisher als […] der unerschütterliche Fels in den Wogen der Geschichte. Viele glaubten hier einen letzten Halt zu besitzen inmitten des Wechsels der Zeit […]. Besorgt stellen nun viele ernsthafte Christen fest, […] dass die Meinungen und Positionen, für die sie gestern noch zu kämpfen angehalten wurden, und für die sie sich aus Treue zur Kirche angreifen ließen, nun von eben dieser Kirche vermeintlich oder wirklich aufgegeben werden."[1] Dieser Wandel bei einem der ältesten Traditionsträger der modernen Welt ist ein Problem für Gläubige als Individuen wie für ihre Gemeinschaft. Beim Projekt „Gemeinschaft und Individualisierung. Was hält Gesellschaft, Kirche und Orden zusammen?" kommt neben dem sozialen Bedeutungsverlust von Religion und kirchlicher Gemeinschaft seit den 1970er Jahren der rapide Wandel und die

---

1 W. Kasper, Das Evangelium Jesu Christi, Freiburg/Br. 2009, 138. Vgl. auch den von mehreren Autoren gezeichneten Beitrag: Geschichte, Geschichtlichkeit, in: LThK 4 (1995), 553–563. Zum theologisch vielfältig gefüllten Traditionsbegriff vgl. z. B. Y. M. J. Congar, Die Tradition und Traditionen. Bd. 1, Mainz 1960.

damit eindrücklich gewordene Geschichtlichkeit von Kirche und ihrer Lehre in den Blick. Kirchenhistorisch ist der Weg des Volkes Gottes durch die Zeit zu evaluieren. „Wenn wir unsere Gegenwart verstehen wollen, dann müssen wir bei der neuzeitlichen Aufklärung ansetzen. Sie ist die wohl bedeutendste Revolution, welche das Abendland hervorgebracht hat."[2] Die Aufklärung wird befragt, wie sie beiträgt zu einer Antwort auf die Frage, was Gesellschaft und Kirche zusammenhält.

2. Die katholische Aufklärung ist Teil der katholischen Tradition(en)

Die katholische Aufklärung wird, wie die protestantische, als genuin christliche und zusammen mit der jüdischen Aufklärung als Bestandteil und Zweig der allgemeinen Aufklärung gesehen.[3] In der katholischen Kirche war die positive Sicht der Epoche länger aus dem Bewusstsein verschwunden. Vielmehr war der Begriff „in Reaktion auf die Umwälzungen seit Ende des 18. Jahrhunderts zu einem Schimpfwort geworden, ‚Restauration' und ‚Antimodernismus' bestimmten katholische Identität in erster Linie. Noch in unserem Jahrhundert galt bis zum Zweiten Vatikanischen Konzil (1962–1965) eine Nähe zur Aufklärung vielfach als „verdächtige Position"[4] und wurde als „unkirchlich", „kirchenfeindlich" oder gar „atheistisch" erachtet. „Das Bild der europäischen Aufklärung war lange Zeit von Vorstellungen beherrscht, die [...] geradezu den Rang des Selbstverständlichen angenommen haben. [...] Erstens die gesellschaftspolitische These, wonach die Aufklärung zwangsläufig in Revolution umschlagen musste, da ihr sozialer Träger, das aufsteigende

---

2 W. Kasper, Das Evangelium Jesu Christi, a.a.O., 21f.
3 Vgl. V. Speth, Katholische Aufklärung, Volksfrömmigkeit und „Religionspolicey". Das rheinische Wallfahrtswesen von 1814 bis 1826 und die Entstehungsgeschichte des Wallfahrtsverbots von 1826. Ein Beitrag zur aufklärerischen Volksfrömmigkeitsreform, Frankfurt/M. ²2014, 26.
4 H. Zander, Katholische Aufklärung – Aufklärung im katholischen Deutschland. Eine Tagung der „Deutschen Gesellschaft für die Erforschung des 18. Jahrhunderts" vom 16.-18. November 1988 in Trier, in: *Zeitschrift für Kirchengeschichte* 100 [4. Folge 38] (1989), 231–239, hier 231.

Bürgertum, auf Abschaffung des Feudalismus zielte; zweitens die religionsgeschichtliche These, wonach Aufklärung gleichbedeutend sei mit Atheismus und Säkularismus, weil sie sich im Kern als Religionskritik verstanden habe; drittens die modernisierungsdialektische These, wonach die Aufklärung zur Entfremdung des Subjekts geführt habe, indem die Selbstermächtigung der Vernunft zum alleinigen Maßstab des Weltumgangs ihrerseits neue Formen von Abhängigkeit generiert habe. Alle drei Thesen haben sich der neueren Aufklärungsforschung als Klischees erwiesen."[5] Erst in den letzten 50 Jahren kam es kirchlicherseits zu einer positiven Würdigung.

2.1. Aufklärung und katholische Aufklärung

Das Ringen um das Verständnis der Aufklärung war auf katholischer Seite nie absichtslos. Bedeutendstes Beispiel waren die Auseinandersetzungen, welche der Würzburger Kirchengeschichtsprofessor Sebastian Merkle (1862–1945) zu Beginn des 20. Jahrhunderts mit seinen ultramontanen Gegnern Johann Baptist Sägmüller (1860–1942) und Adolf Rösch (1869–1944) über die Beurteilung der katholischen Aufklärung führte.[6] Das komplexe Phänomen bezeichnet die Geistesrichtung, die die Epoche des 18. Jahrhunderts prägte und ihr den Namen gab. Sie wollte prinzipiell alle Bereiche des Wissens wie der individuellen und sozialen Lebenspraxis[7] erfassen. 1784 erklärte Immanuel Kant (1724–1804): „Aufklärung ist der Ausgang des Menschen aus seiner selbst verschuldeten Unmündigkeit. Unmündigkeit

---

5 U. Barth, Aufklärung. Überlegungen zu einer aktuellen Debatte, in: F. W. Graf / C. Levin (Hrsg.), Die Autorität der Freiheit. Akademischer Festakt zum 80. Geburtstag von Prof. Dr. Dr. h.c. mult. T. Rendtorff, München 2011, 38–45, hier 38.
6 Vgl. H. Wolf, Der Historiker ist kein Prophet. Zur theologischen (Selbst-)Marginalisierung der katholischen deutschen Kirchengeschichtsschreibung zwischen 1870 und 1960, in: ders. / C. Arnold (Hrsg.), Die katholisch-theologischen Disziplinen in Deutschland 1870–1962, Paderborn 1999, 71–93, hier 79; K.-B. Springer, Aufklärung und Carl von Dalberg in seiner Zeit als Erfurter Statthalter, in: A. Beutel u. a. (Hrsg.), Aufgeklärtes Christentum. Beiträge zur Kirchen- und Theologiegeschichte des 18. Jahrhunderts, Leipzig 2010, 363–383, hier 363.
7 Vgl. ebd., 365f. Zu Begriff und Themen der Aufklärung vgl. z. B. A. Holzem, Christentum in Deutschland 1550–1850. Konfessionalisierung – Aufklärung – Pluralisierung. Bd. 2, Paderborn 2015, 726–731.

ist das Unvermögen, sich seines Verstandes ohne Leistung eines anderen zu bedienen. Selbstverschuldet ist diese Unmündigkeit, wenn die Ursache derselben nicht am Mangel des Verstandes, sondern der Entschließung und des Mutes liegt, sich seiner ohne Leistung eines anderen zu bedienen. Sapere aude! Habe Mut, dich deines eigenen Verstandes zu bedienen! ist also der Wahlspruch der Aufklärung."[8] Aufklärung ist also ein Denken, das kritisch Autoritäten in Frage stellt, besonders die tradierten religiösen Vorstellungen, Dogmen und Institutionen, deren Begründung und Legitimation verlangt, ferner (religiöse) Toleranz, rechtliche Gleichstellung aller, Selbstbestimmung, persönliche Freiheit und wirtschaftliche Entfaltungsmöglichkeiten wie die Herstellung von Öffentlichkeit durch Meinungs- und Pressefreiheit und eine an einer grundsätzlich positiven Diesseitsgestaltung orientierte Humanität intendiert.[9] Die starke Betonung von Autonomie und Freiheit wie des Vermögens des Individuums und seines „Willens zur Vernunft"[10] führte zur Vielfalt der Aufklärungsphänomene.[11] Für den katholischen Bereich sei hingewiesen auf die Stichworte Gallikanismus, Febronianismus und Josephinismus.[12]

Die regional unterschiedlich datierte katholische Aufklärung von den 1740er Jahren bis ins vierte Jahrzehnt des 19. Jahrhunderts[13] „bezeichnet die von aufklärerischem Gedankengut inspirierten [...]

---

8 Zit. H.-W. Krumwiede u. a. (Hrsg.), Neuzeit. Tl. 1: 17. Jahrhundert bis 1870, Neukirchen-Vluyn ²1985, 146 Nr. 48d). Vgl. H. Reinalter, Aufklärung, Liberalismus und Demokratie, in: ders. (Hrsg.), Aufklärungsprozesse seit dem 18. Jahrhundert, Würzburg 2006, 27–54, hier 27f.

9 Vgl. ders., Einleitung. Der Ausgangspunkt: Die Ambivalenz der Aufklärung, in: ders., Aufklärungsprozesse, 11–23, hier 12f.

10 Ebd., 11.

11 Vgl. Wörterbuch zur Geschichte, hrsg. v. K. Fuchs / H. Raab, München ¹⁰1996, 67f.

12 Vgl. bes. I. W. Frank, Kirchengewalt und Kirchenregiment in Spätmittelalter und früher Neuzeit, in: *Innsbrucker Historische Studien* 1 (1978), 33–60; ders., Zum spätmittelalterlichen und josephinischen Kirchenverständnis, in: E. Kovács (Hrsg.), Katholische Aufklärung und Josephinismus, Wien 1979, 143–172; A. Holzem, Christentum in Deutschland 1550–1850. Bd. 2, a.a.O., 801–813.

13 Vgl. V. Speth, Katholische Aufklärung, Volksfrömmigkeit und „Religionspolicey", a.a.O., 31f. Vgl. z. B. N. Jung, Die Katholische Aufklärung – eine Hinführung, in: R. Bendel / N. Spannenberger (Hrsg.), Katholische Aufklärung und Josephinismus. Rezeptionsformen in Ostmittel- und Südosteuropa, Köln 2015, 23–51.

Vorschläge, Bestrebungen und Aktivitäten, die auf die Modernisierung der Kirchenstruktur, Kirchendisziplin, Glaubenslehre und Frömmigkeitspraxis abzielten zwecks Reattraktivierung der Kirche für die aufgeklärten Eliten der Gesellschaft, zwecks Verbesserung der Seelsorge, Priesterausbildung, Glaubensverkündigung und Kirchenorganisation, aber auch zwecks volkswirtschaftlicher Effizienzmaximierung und Ressourcenmobilisierung. Unter dem Einfluss der protestantischen Aufklärung, unter dem verbreiteten Verdikt einer generellen Rückständigkeit katholischer, insbesonders geistlicher Staaten und unter dem Eindruck sowohl einer theoretischen Infragestellung von Religion und Kirche wie auch von Entkirchlichungstendenzen in aufgeklärt-bürgerlichen Kreisen suchte sie Glauben, Kirche und Frömmigkeitsleben gemäß dem bürgerlichen Wertekanon, dem Volksaufklärungspostulat, den wissenschaftlichen Erkenntnisfortschritten, der kameralistischen Gemeinwohlauffassung und den episkopalistischen Kirchenregimentsvorstellungen zu gestalten, um einen drohenden Bruch zwischen katholischer Weltanschauung und säkularer Kultur abzuwenden, die Abwanderung des Bildungsbürgertums aus dem Kirchenleben zu bremsen, die Kirche vom Odium der Rückständigkeit zu befreien, das Religiositätsniveau der breiten Volksmassen zu heben, die Glaubensvollzüge mit den ökonomischen Entwicklungstendenzen zu harmonisieren und durch die Stärkung der bischöflichen Amtsgewalt die Voraussetzung zu schaffen für die Beseitigung des Benefizial-, Patronats-, Privilegien- und Exemtionswesens, das einer durchgreifenden Reform der von feudalen Abhängigkeiten gefesselten Reichskirche im Weg stand."[14] Das längere Zitat zeigt, dass eine geistlich und religiös inspirierte Fundamentalreform vorgesehen war. Es handelte sich um „eine großangelegte religionskulturelle Innovations- und Akkomodationsoffensive zur Aktualisierung der überkommenen Glaubensinhalte, zur Purgierung der barocken Religiositätsartikulationen und zur Renovierung der alteuropäischen Kirchenverfassung, um die Kirche für die geistig-gesellschaftliche Führungsschicht wieder respektabel, die Glaubenslehren für deren gewandelte Erwartungshaltung und Denkweise anschlussfähiger und die populare Kultpraxis mit

---

14 V. Speth, Katholische Aufklärung, Volksfrömmigkeit und „Religionspolicey", a.a.O., 27f.

den protestantisch-aufklärerischen Arbeitsamkeits-, Sparsamkeits-, Nüchternheits- und Rationalitätsidealen vereinbar zu machen; sie war letztlich eine vom Bemühen um Inkulturation in die Moderne motivierte religiöse Erneuerungsbewegung"[15]. Dieses „Religionsverheutigungs- und Kirchenertüchtigungsunternehmen"[16] konzentrierte sich auf praktische Reformen, betraf aber auch das philosophisch-theologischen Lehrgebäude.

2.2. Päpstliche Verurteilung von Aufklärung und Geschichtlichkeit

Vom Papst abgelehnt wurde die in der Französischen Revolution beschlossene Zivilkonstitution des Klerus mit der Wahl von Bischöfen und Priestern durch das „Volk" wie die Erklärung der Menschen- und Bürgerrechte[17], wodurch Kirche in den Gegensatz zur „modernen Entwicklung" kam. Ab dem Ende des 18. Jahrhunderts wurde das Gedankengut der katholischen Aufklärung marginalisiert gegenüber dem zunächst nur in kleinen Kreisen entstandenen antiaufklärerischen Ultramontanismus.[18] Der „Syllabus errorum" von 1864 verurteilte den Satz: „Der römische Papst kann und muss sich mit dem Fortschritt, mit dem Liberalismus und mit der modernen Kultur aussöhnen und verständigen."[19] Das hatte Gründe, führte aber die katholische Minderheit in eine schroffe Anti-Haltung zur Gesellschaft und zur Ausbildung eigener Philosophie, Denk- und Organisationsstrukturen, die gesellschaftlich als rückständig galten. Für unser Thema der Geschichtlichkeit wichtig war die Ablehnung der „Irrtümer der Gegenwart" im Antimodernisteneid ab 1910: „Deshalb verwerfe ich ganz und gar die irrgläubige Erfindung einer Entwicklung der Glaubenssätze [...] Auch verwerfe ich den Irrtum

---

15 Ebd., 28.
16 Ebd.
17 Vgl. K.-B. Springer, Umbruch an der Basis. Rheinhessische Pfarreien (1787–1818) in: W. G. Rödel / R. E. Schwerdtfeger (Hrsg.), Zerfall und Wiederbeginn. Vom Erzbistum zum Bistum Mainz (1792/97–1830). Ein Vergleich (FS F. Jürgensmeier), Würzburg 2002, 247–276, hier 254f.
18 Vgl. V. Speth, Katholische Aufklärung, Volksfrömmigkeit und „Religionspolicey", a.a.O., 32–34.
19 H.-W. Krumwiede u. a. (Hrsg.), Neuzeit. Tl. 1, a.a.O., 254 Nr. 97.

derer, die behaupten, der von der Kirche vorgelegte Glaube könne der Geschichte widerstreiten"[20]. Die katholische Kirche hatte „sich in den Kämpfen und Schwierigkeiten der Neuzeit durch Verteidigungsstellung und Rückzug einigermaßen unversehrt bewahrt [...], dafür aber die lebendige Begegnung mit der jeweiligen zeitgenössischen Kultur und den gesellschaftlichen Fragen eher eingebüßt"[21]. Die Glaubensgemeinschaft wurde im 19. und 20. Jahrhundert ein markantes Beispiel für Gegenaufklärung.

2.3. Wendepunkt Zweites Vatikanisches Konzil

Das Vatikanum II. öffnete sich der modernen Welt und dem Gedanken der geschichtlichen Entwicklung (vgl. GS 91). „Der Gang der Geschichte selbst erfährt eine so rasche Beschleunigung, dass die einzelnen ihm schon kaum mehr zu folgen vermögen. Das Schicksal des Menschengeschlechtes wird eines und ist schon nicht mehr aufgespalten in verschiedene geschichtliche Abläufe. So vollzieht das Menschengeschlecht einen Übergang von einem mehr statischen Begriff der Ordnung der Dinge zu einem mehr dynamischen, der die Entwicklung betont." (GS 5) Es gilt: „Geschichte und Geschichtlichkeit sind Grundkategorien des christlichen Glaubens. Der christliche Glaube ist geschichtlich seinem Inhalt, seiner Vermittlung und seinem Gesamthorizont nach."[22] Nach dem Konzil mit seiner „Verheutigung" (Aggiornamento) und dem Interesse am Menschen, wie der Welt von heute, kam es zu einer Akzeptanz der Errungenschaften

---

20 Zit. ders. (Hrsg.), Neuzeit. Tl. 2: 1870–1975, Neukirchen-Vluyn ²1986, 53 Nr. 124. Das Dekret des Hl. Offiziums „Lamentabili" vom 3.7.1907 verwarf die Emanzipation der Exegese vom Lehramt (vgl. DH 867f. Nr. 3401–3408) und die Enzyklika „Pascendi" vom 8.9.1907 die „Irrtümer der Modernisten bzgl. der Prinzipien der historischen und kritischen Methode" (vgl. DH 883–885 Nrn. 3494–3498).
21 K. Lehmann, Die „Zeichen der Zeit" im Lichte des Evangeliums erkennen und beurteilen, in: A. U. Müller (Hrsg.), Aggiornamento in Münster. Das II. Vatikanische Konzil: Rückblicke nach vorn, Münster 2014, 35–48, hier 36f.
22 W. Kasper, Das Evangelium Jesu Christi, a.a.O., 148. – Konzilsdokumente (so nicht anders ausgewiesen) werden zit. nach Vatikanum II. Vollständige Ausgabe der Konzilsbeschlüsse mit ausführlichem Stichwortverzeichnis, Osnabrück 1966.

der Aufklärung einschließlich der wissenschaftlichen Erkenntnisse wie der Freiheits- und Autonomieentwicklung. Das Konzil und seine Dokumente waren ohne eine Auseinandersetzung mit der Aufklärung – so im Fall der Erklärung über die Religionsfreiheit – nicht denkbar.[23] Das Konzil hatte das Verhältnis von Kirche und Moderne neu zu bestimmen, die in erheblichem Maß durch die Aufklärung bestimmt gewesen war. Wandte sich katholische Aufklärung gegen „unvernünftige" bzw. als veraltet oder nicht dem Wesen des Christentums angesehene Traditionen, so im Gefolge des Vatikanums II. Christen gegen nicht mehr als zeitgemäß erscheinende „mittelalterliche" bzw. „barocke" Traditionen, etwa eine Protestgruppe 1969 gegen die Würzburger Fronleichnamsprozession.[24]

Ausdruck der Beschäftigung mit der Aufklärung ist das 1970 in München und Mainz herausgegebene Bändchen „Kirche im Prozess der Aufklärung" von J. B. Metz, J. Moltmann und W. Oelmüller. Dies zeigt einerseits, dass Aufklärung Thema war, andererseits verrät der Untertitel „Aspekte einer neuen ‚politischen Theologie'" den spezifischen Focus.[25] Es ging um „Aufklärung" als Ziel und Phänomen der Gegenwart. Davon zu unterscheiden war die historische Erforschung der katholischen Aufklärung. Beim 1993 publizierten wichtigen Tagungsband war im Titel „Katholische Aufklärung – Aufklärung im Katholischen Deutschland?" der Sachverhalt einer katholischen Aufklärung noch offen gelassen worden. Die Erforschung wurde also erst in letzter Zeit verstärkt.[26] Das Verhältnis zwischen Reformkatholizismus und katholischer Aufklärung wäre noch genauer zu bestimmen.[27]

---

23 Vgl. den Hinweis bei H. Zander, Katholische Aufklärung, a.a.O., 231.
24 Vgl. B. Leven, Liturgiereform und Frömmigkeit. Prozessionen und Andachten im Bistum Würzburg 1945–1975, Würzburg 2014, 15, 139–151, 323.
25 Es geht „um die Aufnahme von Fragestellungen, die die europäische Aufklärung zum ersten mal entwickelt hat, die bisher jedoch aus sehr verschiedenen Gründen weder in den Wissenschaften und in der Gesellschaft noch in der neueren Kirchen- und Theologiegeschichte zureichend weitererörtert wurden." J. B. Metz / J. Moltmann / W. Oelmüller, Vorwort, in: dies. (Hrsg.), Kirche im Prozess der Aufklärung. Aspekt einer neuen „politischen Theologie", München – Mainz 1970, 7–9, hier 7.
26 Vgl. N. Jung, Die Katholische Aufklärung – eine Hinführung, a.a.O., 41f. Zur Tagung vgl. die Rez. von H. Zander, Katholische Aufklärung, a.a.O.
27 Vgl. H. Zander, Katholische Aufklärung, a.a.O., 236–238. Zur Verbindung der Kath. Aufklärung mit den Geheimgesellschaften der Freimaurer und Illumi-

3. Einige Beispiele

Es können nur einige wenige Beispiele aus einer Fülle interessanter Sachverhalte vorgestellt werden. Die Relevanz der Anliegen in heutigem Kontext soll erkennbar werden, wobei jede Akzentuierung Relevantes vernachlässigen muss.

3.1. Geschichtlichkeit der biblischen Botschaft

Zur Zeit der Aufklärung ging es erstmals in der Religionsgeschichte wie der Exegese um die geschichtliche Bedingtheit der biblischen Botschaft, ihre Abhängigkeit von literarischen Gattungen, Denk-, Sprach- und Darstellungsformen ihrer Zeit, ihre geschichtliche Entwicklung und die damit verbundenen Problematiken für die „norma normans non normata".[28] Aufgrund des Vorsprungs der protestantischen Exegese erhielt etwa der spätere Mainzer Exegese-Professor Isenbiehl mit Genehmigung des aufgeklärten Erzbischofs eine Ausbildung im protestantischen Göttingen. Doch bei aller Öffnung in der Exegese zu Zeiten der katholischen Spätaufklärung folgte bei zu großer Kritik kirchenamtliches Einschreiten. Isenbiehl verlor 1774 wegen umstrittener Äußerungen zur Beziehung zwischen Jes 7,14 und Mt 1,22 die Professur; seine Schrift „Neuer Versuch über die Weissagung des Immanuel" löste eine heftige Kontroverse aus.[29] Die Befassung mit der Bibel im aufgeklärten Reformkatholizismus war in Rom nicht gern gesehen. 1786 wandte sich der Papst gegen die

---

naten vgl. z. B. K.-B. Springer, Illuminaten, Freimaurer und Dalberg – ein Beitrag zu dynamischen Wissensräumen und zur Buchlandschaft der Aufklärung am Beispiel der kurmainzischen Städte Erfurt und Mainz, in: M. Ludscheidt (Hrsg.), Aufklärung in der Dalbergzeit. Literatur, Medien und Diskurse in Erfurt im späten 18. Jahrhundert, Erfurt 2006, 201–244.
28 Vgl. W. Kasper, Das Evangelium Jesu Christi, a.a.O., 141.
29 Vgl. u. a. P. Walter, Isenbiehl, Johann Lorenz, in: LThK³ 5 (1996), 615; K. Arnold, Internal Church Reform in Catholic Germany, in: J. van Eijnatten / P. Yates (Ed.), The Churches, Leuven 2010, 159–184, hier 160; N. Jung, „... ist es dem Professor allzeit erlaubt, die Übereinstimmung der geoffenbarten Religion mit der Vernunft zu zeigen. Franz Stephan Rautenstrauch und seine Rolle im Fall Isenbiehl, in: R. Bendel / N. Spannenberger (Hrsg.), Katholische Aufklärung und Josephinismus, a.a.O., 215–249.

Auffassung der Synode von Pistoia: „Die Lehre, die besagt vom Lesen der heiligen Schriften entschuldige nur wahre Unfähigkeit [...] ist falsch, leichtfertig, bringt [...] durcheinander und wurde bei anderer Gelegenheit bei Quesnel verurteilt."[30] Ähnlich hätte der Bischof von Mogilew 1816 wissen sollen: wenn die Bibel in der Volkssprache überall ohne Unterschied zugelassen würde, entstünde mehr Schaden als Nutzen.[31] Im Anti-Modernisten-Eid von 1910 heißt es: „Ich verwerfe ebenso eine Weise, die Heilige Schrift zu beurteilen und zu erklären, die die Überlieferung der Kirche, die Entsprechung zum Glauben und die Normen des Apostolischen Stuhls außer Acht lässt, die sich den Erfindungen der Rationalisten anschließt und die Textkritik ebenso unerlaubt wie unvorsichtig als einzige oberste Regel anerkennt."[32] Impulse der Bibelbewegung griff dann die Enzyklika „Divino afflante spiritu" von 1943 auf. Darin heißt es, man solle nicht „alles was neu ist, schon deshalb, weil es neu ist, bekämpfen und verdächtigen"[33]. Auf dem Zweiten Vatikanischen Konzil wurde die Möglichkeit historisch-kritische Exegese in *Dei verbum* festgeschrieben. Dort steht, „dass der historische Kontext der biblischen Schriften von der Exegese berücksichtigt werden muss"[34].

3.2. Gottes-, Welt- und Menschenbild

Das Gottesbild der Aufklärung betonte die Transzendenz und Weltentrücktheit Gottes. Er „verflüchtigte sich zum fernen ‚höchsten Wesen'; der personale omniaktive Allregierer verblasste zum

---

30 DH 689 Nr. 2667.
31 Vgl. DH 700 Nr. 2710. Verurteilung der Bibelgesellschaften erneut 1824; vgl. 338 Nr. 481 (Enzyklika „Ubi primum"); 1829 verurteilte Papst Pius VIII. (1829–30) Bibelübersetzungen; vgl. ebd. 338f. Nr. 482 (Enzyklika Traditi humilitati).
32 Zit. H.-W. Krumwiede u. a. (Hrsg.), Neuzeit. Tl. 2, a.a.O., 53 Nr. 123.
33 Zit. nach H. Halbfas, Glaubensverlust. Warum sich das Christentum neu erfinden muss, Ostfildern ²2011, 81. Vgl. Ch. Dohmen, Divino afflante Spiritu, in: LThK³ 3 (1995), 275–276.
34 Zit. G. Alberigo, Die Fenster öffnen. Das Abenteuer des Zweiten Vatikanischen Konzils. Aus dem Italienischen von A. Ahlbrecht, Zürich ²2007, 221. Vgl. K.-B. Springer, Entwicklungen in der Kirchengeschichte seit dem Zweiten Vatikanischen Konzil, in: K. Glombik / B. Kranemann (Hrsg.), Generationenwechsel in der Theologie / Zmiana pokoleniowa w teologii, Opole 2012, 121–138, hier 121.

kosmosüberwölbenden, abstrakten Allprinzip".³⁵ Die volkstümliche Vorstellung eines anthropomorphen Gottes, der sich durch Sünde beleidigt fühlt und Rache nimmt, aber durch Reue und Buße besänftigt werden kann, wurde verworfen wie die Vorstellung eines absolutistischen Willkürgottes, der nach Belieben wunderwirkend Naturgesetze durchbricht und in seinem unerforschlichen Ratschluss ständig in den Lauf der Dinge eingreift. Die Welt hatte ihre Rätselhaftigkeit, Bedrohlichkeit und Unergründlichkeit verloren; der zu rasche Rekurs auf Gott erschien kurzsichtig. „Seit Kant besteht die Rolle der Philosophie darin, die Vernunft davor zu bewahren, über die Grenzen dessen, was uns durch die Erfahrung gegeben ist, hinauszugehen."³⁶ Kant formulierte das Dasein Gottes als Postulat der praktischen Vernunft.³⁷ Dagegen definierte das Vatikanum I., dass Gott mit den Mitteln der menschlichen Vernunft erfasst werden könne. Heute stellt die „Gottesfinsternis"³⁸ für viele in der katholischen Glaubensgemeinschaft ein gewichtiges Problem dar.

In der Anthropologie des aufgeklärten Reformkatholizismus trat die klassische Erbsündenlehre mit ihrer Negierung personaler Entwicklung und des Entwicklungspotenzials der Menschennatur in den Hintergrund. Nur wo individuelle Entscheidungsfreiheit und damit persönliche Zurechenbarkeit gegeben sei, könne es Schuld und dann auch gerechte Strafe geben. Der Mensch sei nicht wesenhaft vom Bösen korrumpiert, keine sündenverfallene Kreatur und völlig gnadenabhängig, sondern aufgrund von Willensfreiheit und Vernunft zur Tugendhaftigkeit und Gotteserkenntnis fähig. Durch Selbstüberwindung, Erziehung und Bildung könne er sich bessern und seine guten Naturanlagen, seine moralische Leistungskraft und seine Selbststeuerungsfähigkeit verbessern.³⁹ Folge der Aufklärung

---

35 V. Speth, Katholische Aufklärung, Volksfrömmigkeit und „Religionspolicey", a.a.O., 43.
36 M. Foucault, Omnes et singulatim. Zu einer Kritik der politischen Vernunft, in: J. Vogl (Hrsg.), Gemeinschaften. Positionen zu einer Philosophie des Politischen, Frankfurt/M. 1994, 65–93, hier 65.
37 Quellenauszug bei H.-W. Krumwiede u. a. (Hrsg.), Neuzeit. Tl. 1, a.a.O., 143–144 Nr. 48 b).
38 Zur Gottesfrage als aktueller Problemstellung vgl. etwa W. Kasper, Das Evangelium Jesu Christi, a.a.O., 250f.
39 Vgl. V. Speth, Katholische Aufklärung, Volksfrömmigkeit und „Religionspolicey", a.a.O., 44f.

war eine hominisierte und säkularisierte Welt, in der immer weniger die Spuren Gottes und immer mehr die Spuren des Menschen zu sehen sind. Die aufgeklärte Anthropologie führte zu einer ultramontanen Gegenreaktion. In der Pastoralkonstitution über die Kirche in der Welt von heute von 1965 steht hingegen wieder der Mensch im Mittelpunkt; die anthropologische Wende der Aufklärung war kirchlich akzeptiert. Auch in diesem Bereich führte das Vatikanische Konzil zu einem Perspektivenwechsel. Denn GS 3 betont unmissverständlich: „Der Mensch also, der eine und ganze Mensch, mit Leib und Seele, Herz und Gewissen, Vernunft und Willen steht im Mittelpunkt unserer Erörterung."

3.3. Freiheit und Freiheitsrechte

Die Neuzeit und besonders die Phase seit Aufklärung und Französischer Revolution ist dadurch gekennzeichnet, dass der Einzelne in bisher ungewohnter und unerhörter Weise seine Einmaligkeit und Freiheit entdeckt und sich aus herkömmlichen Bindungen und Traditionen auch in religiöser Hinsicht löst. Der Mensch sieht sich unmittelbar vor Gott gestellt, was man auch als Befreiung durch Religion wie als Befreiung von verfasster Religion sehen kann. Als freies Subjekt lebt der einzelne in einer Welt, die mehr und mehr an Eigenbedeutung gewinnt, die der transzendenten Welt nimmt hingegen ab.[40] 1786 schrieb der spätere Mainzer bzw. Regensburger Erzbischof Carl (Theodor) von Dalberg: „In vieler Hinsicht scheint eine Morgenröthe zu dämmern, die vielleicht bald allgemeinere Aufklärung verspricht. Man fängt an zu fühlen, dass unnöthige Beschränkung der Freyheit schädlich ist."[41] Hingegen wurde päpstlicherseits 1832 in

---

40 Vgl. G. Greshake / J. Weismayer (Hrsg.), Quellen geistlichen Lebens. Bd. 4: Die Gegenwart. Mainz 1993, 9f.
41 C. von Dalberg, Verhältnisse zwischen Moral und Staatskunst (1786), in: ders., Ausgewählte Schriften, hrsg. v. H.-B. Spies, Aschaffenburg 1997, 331–349, hier 347f. Der Würzburger Fürstbischof Erthal beauftragte Prof. Berg mit einer Schrift „Über die Folgen der Freiheit zu denken und zu handeln"; vgl. H. Miekisch, Die Rezeption des Josephinismus in den fränkischen Fürstbistümern Bamberg und Würzburg, in: R. Bendel / N. Spannenberger (Hrsg.), Katholische Aufklärung und Josephinismus, a.a.O., 157–166, hier 162. Zu ambivalenten Politik von Fürsten und Kirchenfürsten mit dem Recht zur Gewährung von

der Enzyklika „Mirari vos" festgestellt, es gäbe „keinen schlimmeren Tod für die Seele als die Freiheit zum Irrtum"[42]. In der Erklärung *Dignitatis humanae* betonte das Konzil hingegen die Religionsfreiheit nicht nur als individuelles Recht, vielmehr müsse „die Freiheit als Freisein vom Zwang in religiösen Dingen, die dem einzelnen zukommt, ihnen auch zuerkannt werden, wenn sie in Gemeinschaft handeln"[43]. Allerdings führten die Prozesse der Befreiung des Individuums seit der Aufklärung zu großer Unfreiheit. W. Kasper spricht von der gegenwärtigen Situation als Zeit einer zweiten Aufklärung, einer Aufklärung der Aufklärung, einer Metakritik ihrer Kritik; auch ihr Glaube an Vernunft und Freiheit wie Fortschritt sei zu hinterfragen. So gehört als Grundproblem der zweiten Aufklärung die Frage nach den Bedingungen der Freiheit.[44]

3.4. Das Wesen des Christentums verlangt Schlichtheit und Verständlichkeit

In der Theologie wurde von Vertretern der katholischen Aufklärung besonders nach dem Wesen des Christentums gefragt. Die Folge der Orientierung an der Bibel, dem Urchristentum und der Alten Kirche war ein kultisches Säuberungs- und Vereinfachungsprogramm, gerichtet gegen Äußerlichkeiten und Veräußerlichung wie Prozessionen, Nebenaltäre und vieles mehr; Ziel der Pastoralreform war die Betonung des Gemeindeprinzips. Beim Kult ging es um Einfachheit, Schlichtheit und architektonische Nüchternheit gegenüber barockem Überschwang, ferner um rituell-dramatische Zurückhaltung. Daraus folgte die Entfernung des Körperlichen und an die Sinne Appellierenden, so Passionsspiele, Verwendung bekleideter Figuren und Bilder, Palmesel etc. Der Papst sah es hingegen als leichtfertig

---

Religionsfreiheit, die Toleranz und Freiheit, aber auch staatliche Kontrolle förderten, vgl. H. de Wall / A. Gestrich, Constitutional Complexity and Confessional Diversity, in: K. Robbins (Ed.), Political Legal Perspectives, Leuven 2010, 149–202, hier 152f.
42 DH 707f. Nr. 2731.
43 K. Rahner / H. Vorgrimler (Hrsg.), Kleines Konzilskompendium, Freiburg/Br. ^{31}2004, 665.
44 Vgl. W. Kasper, Das Evangelium Jesu Christi, a.a.O., 29f.

an, dass die Synode von Pistoia 1786 der Auffassung war, in jeder Kirche solle nur ein Altar sein[45] und sich gegen Reliquien auf dem Altar gewandt hatte.[46] Vernunftgemäßheit und Rationalität, vollzogen mit Verstand und Reflexion, wurden aufgewertet gegenüber affektiven und expressiven Devotionsformen, „stumpfsinniger" Andachtsverrichtung oder „stupider" Wiederholung von Gebetsformen und geistesabwesender Absolvierung stereotyper Riten. Dies führte zu Antiritualismus.[47] Er wandte sich gegen die volkstümlichen, mitunter einem magischen Verständnis verpflichteten Weihungen (wie Kräuterweihe), Segnungen (etwa von Vieh und Feldern) und Exzorzismen wie Sakramentalien. Verständlichkeit verlangte in der Liturgie die Volkssprache wie den deutschen Kirchengesang.

Infolge der Individualisierung der Frömmigkeit ging es als Kehrseite der Ritualskepsis um Privatisierung und Spiritualisierung des Glaubenslebens. Themen waren besinnliche Selbstprüfung und nachdenkliche Gottessuche, meditative Andacht und innige Herzenserhebung, also eine Verinnerlichung und Vergeistigung der Devotion. Zwar insistierte die theologische Aufklärung nachdrücklich auf dem Gemeinschaftscharakter des Gottesdienstes, aber unpersönliche, in Massen verrichtete Kollektiv- und Großkulte wie Wallfahrten und Prozessionen sollten an Bedeutung verlieren. Wichtiger wurden Unterweisung, Predigt und Katechese unter Betonung der pädagogischen Funktion des Gottesdienstes gegenüber zeremonieller Adoration, der Anrufung göttlichen Beistandes in irdischen Nöten und gar des Flehens um Höllenverschonung. Laien wurden zu innerer Anteilnahme, zu aktiver Partizipation am Gottesdienstgeschehen, zum geistigen Mit- und Nachvollzug der Liturgie aufgerufen; fromme Selbstbeschäftigung wie Rosenkranzbeten wurde abgelehnt. Die Gottesdienstteilnehmer wurden als organische Gemeinschaft gesehen; die Entfremdung von Liturg und Volk etwa durch Verwendung der Muttersprache als Grundanliegen der liturgischen Erneuerung verhindert werden.[48]

45 Vgl. DH 676 Nr. 2611.
46 Vgl. DH 676 Nr. 2633.
47 Vgl. V. Speth, Katholische Aufklärung, Volksfrömmigkeit und „Religionspolicey", a.a.O., 46f., 54f., 49f.
48 Vgl. ebd., 51f., 45, 57.

Daraus folgte eine Neuformulierung des Klerikerleitbildes: der heilsvermittelnde Kultpriester sollte zum volksbelehrenden Fortschritts-, Lebensreform- und Moralprediger werden. Gebraucht wurde kein Sakramentenspender, Opfervollzieher und Ritenzelebrant, sondern der Tugenderzieher, Seeelenarzt und Seelsorger. Angesichts der Relevanzeinbuße von Religion sollte ihre Nützlichkeit und Unverzichtbarkeit für Staat und Gesellschaft auch etwa in außerreligiösen Bereichen aufgezeigt und legitimiert werden.[49] Die Anliegen des Reformkatholizismus wurden etwa 200 Jahre später auf neue Weise relevant.

3.5. Communio der Bischöfe und päpstlicher Vorrang

Der Episkopalismus in der Form des Gallikanismus in Frankreich wie des Febronianismus in Deutschland griff auf den spätmittelalterlichen Konziliarismus zurück und propagierte die Würde und Bedeutung des Bischofsamtes gegen übersteigerten Papalismus. Es ging in der katholischen Aufklärung etwa um das Konzept der Bischöfe als eigenständiger Nachfolger der Apostel. So erklärte der Mainzer Kurfürst-Erzbischof Erthal 1786 im Rahmen des „Nuntiaturstreits": „Sollte der für München zu erwartende Nuntius nur ein diplomatischer Vertreter des Heiligen Vaters sein, so steht einer Zulassung nichts im Wege; kommt er wieder mit geistlichen Fakultäten ausgestattet, so widerstrebt dies den uneinschränkbaren und unveräußerlichen Rechten der von Christus eingesetzten Bischofsgewalt, so dass man zum Widerstand gezwungen ist."[50] In der Emser Punktation der Erzbischöfe von Mainz, Trier, Köln und Salzburg vom 23. August 1786 steht: „Der römische Papst ist und bleibt zwar immer der Oberaufseher und Primas der ganzen Kirche [...] Allein alle anderen Vorzüge und Reservationen, die mit diesem Primat in den ersten

---

49 Vgl. ebd., 52f.
50 Zit. K. O. Frhr. v. Aretin, Heiliges Römisches Reich 1776–1806. Reichsverfassung und Staatssouveränität. Bd. 1: Darstellung, Wiesbaden 1967, 383; K.-B. Springer, Carl von Dalberg, der letzte kurmainzer Statthalter in Erfurt (1771/72–1802). Ein Beitrag zum Reformabsolutismus im „Erfurter Staat" des Hochstifts Mainz, Habil. theol. masch, Erfurt 2011, 16. Vgl. auch K. Arnold, Internal Church Reform in Catholic Germany, a.a.O., 159f.

Jahrhunderten nicht verbunden, [...] gehören vielmehr in die Klasse der Eingriffe der römischen Kurie, und die Bischöfe sind befugt, sich selbst in die eigene Ausübung der von Gott ihnen verliehenen Gewalt [...] wieder einzusetzen."[51] Am 28. November 1786 verurteilte Papst Clemens XIV. mit dem Breve „Super soliditate petrae" Irrtümer des Febronianismus zur Macht des römischen Pontifex bzw. zum Amt der Bischöfe, darunter die Auffassung: „Jeder beliebige Bischof sei von Gott nicht weniger zur Leitung der Kirche berufen als der Papst und mit keiner geringeren Vollmacht ausgestattet; Christus habe von sich aus allen Aposteln dieselbe Vollmacht verliehen."[52] H. Wolf verwies auf unterschiedliche „Bischofsgenerationen", wobei er die „reformabsoluten" aufgeklärten Oberhirten weniger im Blick hatte: auf die hochadeligen Fürstbischöfe der Reichskirche, deren Machtverlust zur Schwächung episkopalen Selbstverständnisses führte, folgten nach der Säkularisation bis 1830/48 irenische, bürgerlich-spätaufgeklärte Oberhirten als Makler zwischen Kirche und Staat in einer oftmals von beiden Seiten attackierten Position und dann die „tridentinischen" Bischöfe der zweiten Nach-Säkularisations-Generation.[53] Die ultramontane Papstzentrierung sah die Bischöfe als „Helfer" des Papsttums, das im Ersten Vatikanischen Konzil durch die Definition der päpstlichen Unfehlbarkeit wie des Jurisdiktionsprimats gestärkt wurde. Eine Gemeinsame Erklärung der Bischöfe Deutschlands von 1875 machte sich zu eigen, was das

---

51 C. Mirbt (Hrsg.), Quellen zur Geschichte des Papsttums und des römischen Katholizismus, Tübingen ⁴1924, 321 Nr. 461.
52 DH 660f. Nr. 2593. Päpstlich kritisiert wurde auch: „Christus habe gewollt, dass die Kirche nach Art einer Republik verwaltet werde" (ebd., 661 Nr. 2595). Formal ging es um die Verurteilung des vom Wiener Kirchenhistoriker J. V. Eybel 1782 publizierten Werks „Was ist der Papst?", das Prinzipien des Febronius verbreite. 1786 wandte sich der Papst gegen die von der Synode von Pistoia vertretenen Auffassungen, so gegen die „(d)en Bischöfen zu Unrecht zugeschriebenen Rechte" (vgl. DH 605f. Nrn. 2606–2608) wie dagegen, „dass der Bischof von Christus alle notwendigen Rechte für eine gute Leitung seiner Diözese erhalten" (DH 605 Nr. 2606) hätte.
53 Vgl. H. Wolf, „... ein Rohrstengel statt des Szepters verlorener Landesherrlichkeit ...". Die Entstehung eines neuen Rom- bzw. papstorientierten Bischofstyps, in: R. Decot (Hrsg.), Kontinuität und Innovation um 1803: Säkularisierung als Transformationsprozeß. Kirche – Theologie – Kultur – Staat, Mainz 2005, 109–134, bes. 133f.; ders., Krypta. Unterdrückte Traditionen der Kirchengeschichte, München ²2015, 166–170.

„Vaticanische Concil gegenüber den Irrtümern der Gallicaner, Jansenisten und Febronianer [...] neuerdings erklärt und bestätigt"[54] hatte. Die Position gegen die katholische Aufklärung wurde also zur Tradition unter Berufung auf konziliare Sanktionierung. Das Zweite Vatikanische Konzil hingegen wertete die Position der Bischöfe als eigenständige Nachfolge der Apostel und ihrer Ortskirchen auf. Es sprach von ihrer eigenen, ordentlichen und allgemeinen Gewalt im Namen Christi (LG 27) und im Rückgriff auf die Konzilien in LG 22 von einer wesentlich kollegialen Bestimmtheit des Amtes in Gemeinschaft mit dem römischen Bischof und ohne Beeinträchtigung seines Primats; in diesem Kontext wirkt jeder Bischof „in eigener Vollmacht zum Besten ihrer Gläubigen". Eine Nähe zu aufgeklärten Positionen schien gegeben. In einer erläuternden Vorbemerkung zu *Lumen gentium* (nota praevia explicativa) wurde allerdings von „hierarchischer communio" (Gemeinschaft) von Haupt und Gliedern des Bischofskollegiums gesprochen.

3.6. Gottesdienstsprache

Der Papst wandte sich 1786 gegen die Auffassung der Synode von Pistoia, „dass man für die liturgischen Gebete die Volkssprache einführen und gebrauchen soll", und beurteilte dies als „falsch, leichtfertig, bringt die für die Feier der Geheimnisse vorgeschriebene Ordnung durcheinander und leicht recht viele Übel hervor."[55] Für Volkssprache statt der Verwendung von Latein sprach das Ziel der Verständlichkeit von Gottesdienst sowie der katechetische Nutzen. Das Mainzer Generalvikariat bestimmte 1788 zum Kirchengesang: „Wir wollen, dass der lateinische, Allen unverständliche, Choral gänzlich aufhöre [...]"[56] Führte die obrigkeitlich verordnete Einführung deutschen Kirchengesangs damals zu heftiger Ablehnung und zum „Gesangbuchaufstand" im Rheingau, so wurde nach dem

---

54 Vgl. DH 778 Nr. 3113.
55 DH 688 Nr. 2666.
56 Vgl. (auch zum folgend genannten „Gesangbuchaufstand") K.-B. Springer, Ernst Xaver Turin (1738–1810), in: B. Nichtweiss (Hrsg.), Vom Kirchenfürsten zum Bettelbub. Das heutige Bistum Mainz entsteht: 1792 – 1802 – 1830, Mainz 2002, 154–165, hier 158–159.

Zweiten Vatikanischen Konzil die Möglichkeit von Gottesdienst in der Landessprache von vielen als hilfreich und sogar als Befreiung empfunden.

4. Einige Folgerungen

Es wurden nach einem Blick auf verschiedene Themen der katholischen Aufklärung im endigenden 18. Jahrhundert kurz die Situation des Ultramontanismus' wie die Zeit nach dem Vatikanum II vorgestellt, um Wandel und Kontinuität wie Diskontinuität klarer hervortreten zu lassen. Die früher verbreitete Ablehnung von Aufklärung und katholischer Aufklärung weicht zunehmendem Verständnis für die seinerzeit vor allem auf Eliten beschränkten und nur in gewissem Maß realisierten Vorstellungen zur rationalen Bewältigung von Herausforderungen der „Moderne". Der innovative Reformkatholizismus der Aufklärungszeit wollte in vielfältigen Suchbewegungen einen grundlegender Paradigmenwechsel auf der Suche nach einem „modernen" Verständnis von Gott, Mensch und Welt, der Bibel als Quelle der Offenbarung und vielem mehr. Weil Kirche sich im Vatikanum II. der Welt von heute öffnete, gehörten zu den „Zeichen der Zeit" Errungenschaften wie die Tradition der Aufklärung.[57] Das Konzil selbst positionierte sich nachdrücklich im Bereich Freiheit und Religionsfreiheit als zentralem Anliegen von Aufklärung; ferner rezipierte die Pastoralkonstitution die „anthropologische Wende". Vieles im Bereich Aufklärung wurde vom Konzil nicht thematisiert, weil man nicht darum wusste und weil das Bekannte bislang in der eigenen Tradition negativ konnotiert war. Papst Benedikt XVI. forderte auf, die Errungenschaften der Aufklärung wie die Menschenrechte, bes. die Meinungs- und Religionsfreiheit, zu akzeptieren. Am 22. Dezember 2006 sprach er von der „Aufgabe […], wie sie den Christen seit der Aufklärung auferlegt ist und vom Zweiten Vatikanischen Konzil als Frucht eines langen Ringens […] zu konkreten

---

57 „… unsere derzeitige geistige Situation ist ein Ergebnis von Aufklärung, von Aufklärung über die historische Aufklärung." H. Reinalter, Aufklärung, Liberalismus und Demokratie, a.a.O., 17. Zu den „Zeichen der Zeit" vgl. K. Lehmann, Die „Zeichen der Zeit" im Lichte des Evangeliums erkennen und beurteilen, a.a.O.

Lösungen geführt wurde."[58] Die 200jährige Rezeptionsgeschichte aufgeklärten katholischen Gedankenguts bedarf weiterer Aufarbeitung.[59] Sie prägte die Liturgische Bewegung zumindest in gewissem Maß über das deutsche Kirchenlied[60], die deutschen Meßreihen und die „Wessenbergpsalmen".

Die komplexe aktuelle Situation speist sich nicht nur, aber zumindest zum Teil aus Wurzeln der Aufklärung. Da in Kapitel 3 thematische Parallelen zwischen damals und jetzt genannt wurden, ist auch auf Diskrepanzen und Unterschiede hinzuweisen. Keine Parallele zur Gegenwart hat etwa die Kloster- und Ordensfeindlichkeit der kirchlichen Aufklärer, die patriarchalisch-reformabsoluten Freiheitsbegrenzungen eines spätfeudalen Systems und vieles mehr. Heute stehen Kirche und Gesellschaft vor neuen Herausforderungen: so stellen sich nach dem Ende des uneingeschränkten Fortschrittsglaubens aufgrund der „Grenzen des Wachstums" die Problematiken von Armut, Überbevölkerung, Dritter Welt und nachhaltigem Umgang mit Ressourcen. Dies macht „Aufklärung" über die Sachverhalte durch kritische Rationalität nötig.[61] Im Bereich der Theologie vermag die Erinnerung der Aufklärung etwa an ein dem jeweiligen Wissensstand angemessenes Gottesbild hilfreich zu sein. Allerdings ist heute ganz anders und neu von Gott zu reden als zu früheren Zeiten. Das „Projekt der Aufklärung"[62] ist in der Gemeinschaft der katholischen Gläubigen nicht abgeschlossen. Zu berücksichtigen ist dabei deren Dialektik (M. Horkheimer / Th. W. Adorno, 1969) bzw.

58 Zit. H. Wolf, Krypta, a.a.O., 24f.
59 Zum positiv besetzten Begriff von Aufklärung in der ersten Hälfte des 19. Jahrhunderts wie bei Ketteler vgl. H. Zander, Katholische Aufklärung, a.a.O., 234. Zur kirchenhistorischen Rehabilitierung der Aufklärung zu Beginn des 20. Jahrhunderts vgl. K. Arnold, Internal Church Reform in Catholic Germany, a.a.O., 176f.
60 Vgl. H. Kurzke, Kirchenlied II. Textgeschichtlich, in: LThK³ 6 (1997), 23–24; G. Fuchs / W. Schepping, Kirchenlied III. Liturgie- und kirchenmusikgeschichtlich, in: ebd., 24–27, hier 25.
61 „Die bleibende Aktualität der Aufklärung resultiert aus dem permanenten Aufklärungsbedürfnis. Sie ist ein stets erneuerter Versuch, die immer neu wuchernde Pseudowahrheit zu überwinden und ideologiekritisch zu arbeiten." H. Reinalter, Einleitung, a.a.O., 17.
62 Für den gesellschaftlichen Bereich vgl. C. Klinger, Das Projekt der Aufklärung und der Prozess der Moderne. Zusammenhänge und Widersprüche, in: H. Reinalter, Aufklärungsprozesse seit dem 18. Jahrhundert, a.a.O., 297–313.

der Preis von Fortschritt und Wandel: „jeder Fortschritt bedeutet in anderer Hinsicht auch einen Rückschritt und einen Verlust. Die ambivalenten Folgen von Wissenschaft und Technik sind etwa in den Umweltproblemen deutlich geworden. In ähnlicher Weise kann man auch von der Dialektik der Säkuarisierung sprechen. [...] Die emanzipierte Vernunft steht in der Gefahr, zur instrumentellen Vernunft zu werden, die auch fürchterlichem Missbrauch dienstbar gemacht werden kann."[63]

4.1. Leistungen der katholischen Aufklärung im Blick auf die Verheutigung

Auch wenn die Reformen vor 200 Jahren Ablehnung oder häufiger keine größere Breitenwirkung erfuhren, weshalb man keine vorschnellen Traditionslinien konstruieren sollte, handelte es sich beim damaligen „Reformkatholizismus" um Versuche zur „Verheutigung" von Glauben und den Versuch, angesichts rasanten Fortschritts und Wandels wie neuer wissenschaftlicher Erkenntnisse Gott, Mensch und Welt neu denken zu können. Das ist eine immerwährende Aufgabe. Damals wie heute verloren traditionelle Glaubens- und Frömmigkeitsformen ihre Plausibilität.[64] Darauf ist theologisch zu reagieren. Die katholische Aufklärung versuchte Antworten; heute gilt die gleiche Herausforderung.

Jede Epoche steht angesichts je eigener „Zeichen der Zeit" vor der kontinuierlichen Aufgabe der Weitergabe und zeitgemäßen

---

63 Vgl. W. Kasper, Das Evangelium Jesu Christi, a.a.O., 276f.; ferner K. Lehmann, Die „Zeichen der Zeit" im Lichte des Evangeliums erkennen und beurteilen, a.a.O., 43–48. Vgl. auch C. Klinger, Das Projekt der Aufklärung und der Prozess der Moderne, a.a.O., 299: „Der Aufklärungsprozess nimmt [...] im modernen Denken eine ähnliche Stelle ein, wie sie die Theodizee in der Tradition des christlichen Glaubens innehatte: Lautete die Frage der Theodizee, wie die unbezweifelbare Güte und Gerechtigkeit Gottes das Böse und das Leiden in der Welt zulassen könne, so lautet die Frage der Moderne, wie Vernunft und Freiheit mit den vielfältigen Gestalten von Irrationalismus und Unterdrückung einhergehen können."

64 Für das Bistum Würzburg nach dem Konzil vgl. B. Leven, Liturgiereform und Frömmigkeit, a.a.O., 324f.; vgl. 326. – Zur Sicht der kath. Aufklärung als Projekt einer „Verheutigung des Glaubens" bei B. Schneider vgl. N. Jung, Die Katholische Aufklärung – eine Hinführung, a.a.O., 42–45.

Verheutigung des Glaubens. Das Zweite Vatikanische Konzil als bedeutendstes Ereignis der katholischen Kirchengeschichte des 20. Jahrhunderts initiierte mit großem Optimismus eine Erneuerung und einen Reformschub aus dem Geist der Liturgie und aus den biblischen und patristischen Ursprüngen. Für die katholische Gemeinschaft hatte dies positive Folgen: eine tiefer biblisch geprägte Spiritualität, eine lebendigere Mitfeier der Liturgie auch infolge höherer Verständlichkeit, ökumenische Annäherung, Dialog mit der modernen Welt. Das hat die zahlenmäßige Abnahme von Katholiken nicht aufgehalten, wird aber von vielen in der Glaubensgemeinschaft als hilfreich für ein zeitgemäßes Christentum angesehen. Die nach 1968 auftretenden Emanzipationsbestrebungen wurden durch die Öffnung zur Moderne einschließlich der Rezeption von Aufklärung von etlichen Problematiken entlastet und waren eine Basis, von der aus der Dialog wie die Auseinandersetzung mit Säkularität und Postmoderne vielleicht entspannter geführt werden kann.[65]

4.2. Kontinuität und Bruch

Das Konzil wollte laut Papst Johannes XXIII. eine Öffnung; „die nichtbeabsichtige Folge dieses sogenannten ‚aggiornamento' war die Errichtung einer achtspurigen Autobahn mitten durch das katholische Ghetto – jeder und alles fuhr mit Getöse hinein."[66] Geschichtliche Betrachtung impliziert Wandel und damit ein gewisses Maß an Diskontinuität und Abbruch des Vorhergehenden. Vertreter der katholischen Aufklärung hielten den Barockkatholizismus und seine Ausprägungen für antiquiert, vernunftwidrig, fortschrittsretardierend und Etliches für „Aberglauben".[67] Den Ultramontanismus prägten die Absage an die Leitwerte der Moderne und Aufklärungsfeindschaft; es ging um Immunisierung bzw. Schutz der Glaubensgemeinschaft infolge vielfältiger Herausforderungen und Anfeindungen. Im Gegensatz dazu brachte das Vatikanum II. einen erneuten Wandel mit

---

65 Vgl. W. Kasper, Das Evangelium Jesu Christi, a.a.O., 247, 249.
66 P. L. Berger, Sehnsucht nach Sinn. Glauben in einer Zeit der Leichtgläubigkeit, Frankfurt/M. – New York 1994, 50.
67 Vgl. V. Speth, Katholische Aufklärung, Volksfrömmigkeit und „Religionspolicey", a.a.O., 38.

erheblichen Brüchen gegenüber dem Vorhergehenden. Die Abspaltung von Traditionalisten, ihr Insistieren auf der „tridentinischen Messe" und anderen bislang prägenden Inhalten und Formen akzentuiert einen erheblichen nachvatikanisch eingetretenen Bruch etwa zu dem, was unter Pius XII. üblich war. Innerhalb der kontinuierlichen Transformation der Gemeinschaft im Glauben gibt es eine legitime Bandbreite und Pluralität von „Traditionalisten" bis „Progressisten". Die von progressiven Vordenkern erarbeiteten Konzepte trafen zu Ende des 18. Jahrhunderts in erheblichem Maß auf Widerstand bei den Gläubigen; im Gegensatz dazu nahm nach dem Vatikanum II. die Mehrheit der katholischen Glaubensgemeinschaft trotz der nicht abgeschlossenen Diskussion um die Rezeption des Konzils dessen Weichenstellungen an. Bei der historischen Dimension der Weitergabe des Glaubens auf dem Weg des Gottesvolkes auf dem Weg durch die Zeit ist stete Evaluation und Neuausrichtung notwendig. Ziel ist immer wieder und kontinuierlich eine Neuentdeckung des Evangeliums, die zu Änderungen und Wandel im Sinne Jesu Christi beitragen soll. Das Konzil nahm in erheblichem Maß Neuakzentuierungen vor, so dass etwa für viele vielhundertjährige Ordensgemeinschaften grundlegende Änderungen notwendig wurden.

Josef Ratzinger und Kurt Kardinal Koch betonten eine „Hermeneutik der Reform" wie eine „Hermeneutik der Kontinuität" zur Interpretation des Vatikanums II. im Kontext der Weiterentwicklung der katholischen Kirchengemeinschaft.[68] Ähnlich erklärte W. Kasper: „Papst Johannes XXIII. und die Väter des Konzils wollten keine neue Kirche im Bruch mit der Tradition, sondern eine erneuerte Kirche aus dem Geist der ein für alle Mal offenbarten, in lebendiger Tradition überlieferten und bleibend gültigen christlichen Botschaft."[69] Zu beachten ist die Dialektik kirchlicher Reformen:

---

68 Vgl. Benedikt XVI. (Papst), Statt eines Vorworts. Papst Benedikt XVI, zur Hermeneutik und Rezeption des Zweiten Vatikanischen Konzils, in: Papst Benedikt XVI. und sein Schülerkreis / K. Kardinal Koch, Das Zweite Vatikanische Konzil. Die Hermeneutik der Reform, Augsburg 2012, 9–19, bes. 10–12; K. Kardinal Koch, Das Zweite Vatikanische Konzil zwischen Innovation und Tradition. Die Hermeneutik der Reform zwischen der Hermeneutik bruchhafter Diskontinuität und der Hermeneutik ungeschichtlicher Kontinuität, in: ebd., 22–50, bes. 27–29.
69 W. Kasper, zit. nach K. Kardinal Koch, Das Zweite Vatikanische Konzil zwischen Innovation und Tradition, a.a.O., 34.

die Kontinuität der christlichen Tradition verlangt das Wagnis des Neuen und damit den Bruch mit liebgewordenen Traditionen. Da die Kirchengemeinschaft sich als eine ständig zu reformierende sieht (ecclesia est semper reformanda), gibt es notwendigerweise Veränderung, und es kann und soll nicht alles so bleiben, wie es ist, mit dem Ziel der ständigen Weitergabe des Evangeliums Jesu. Für das Vatikanum II. galt: „Diese Kontinuität mit der Tradition wird vom Konzil [...] aber innovativ wahrgenommen, indem es die Tradition mit einer vergegenwärtigenden Interpretation in der neuen Situation, in der die Kirche lebt, verbindet. Insofern schaut das Konzil nicht nur zurück, sondern es blickt auch in die Zukunft, um die Verantwortung des Glaubens in der gegenwärtigen Situation glaubwürdig vollziehen zu können."[70] Die so geschilderte Aufgabe wurde von verschiedenen Zeiten unterschiedlich angegangen und gelöst.

Neben der Geschichtlichkeit gibt es eine „Last der Geschichte", von der die Gegenwart mitunter zu befreien ist.[71] In diesen Kontext gehören der radikale Bruch der Aufklärung mit der Zeit davor aufgrund der Frage nach dem Wesen des Christentums, wie auch die Vergebungsbitten Papst Johannes Pauls II. im Jahr 2000. Es stellt sich die Frage, wie viel Bruch in einer Gemeinschaftsgeschichte möglich, ja sogar nötig ist?[72] Viele Gläubige sehen zwischen vor- und nachkonziliarer Kirche einen erheblichen Unterschied. Doch sind Veränderungen, Weiterentwicklungen und auch Neues nicht mit dem Begriff des Bruches zu belegen. Gleichzeitig fand Kirche durch das Konzil ihren Ort in den Umbrüchen der Gesellschaft. Jeder Neuaufbruch schließt „Abbruch" in sich ein. Kirchenreform ist eine bleibende Aufgabe. Kirchenreform ist dem „Reformkatholizismus" der Aufklärungszeit nicht abzusprechen. Daher war diese Epoche kein prinzipieller Bruch in der Kirchengeschichte; Gleiches gilt für den Ultramontanismus, auch wenn dieser einen Bruch zur katholischen Aufklärung darstellte.

---

70 K. Kardinal Koch, Das Zweite Vatikanische Konzil zwischen Innovation und Tradition, a.a.O., 45.
71 Papst Benedikt XVI. nach K. Kardinal Koch, Das Zweite Vatikanische Konzil zwischen Innovation und Tradition, a.a.O., 49.
72 Vgl. die Diskussionsbeiträge von S. Wiedenhofer und K. Koch in: Papst Benedikt XVI. und sein Schülerkreis / K. Kardinal Koch, Das Zweite Vatikanische Konzil, a.a.O., 52, 55f.

5. Zum Schluss

Stand katholische Aufklärung im 18. Jahrhundert im Kontext einer gesamteuropäischen Entwicklung, so brachte die Rezeption von Aufklärung im Gefolge des Vatikanums II. eine Versöhnung der Kirche nicht nur mit der modernen Gesellschaft, sondern mit der „westlichen" Kultur und ihren Leitwerten unter Preisgabe einer katholischen Sonderkultur. Dazu zählte in besonderem Maß die Freiheit des Individuums und der Gemeinschaft. In der Erklärung *Dignitatis humanae* betonte das Konzil Religionsfreiheit nicht nur als individuelles Recht, vielmehr müsse „die Freiheit als Freisein vom Zwang in religiösen Dingen, die die dem einzelnen zukommt, ihnen auch zuerkannt werden, wenn sie in Gemeinschaft handeln" (DH 4). Der Abschluss des Zweiten Vatikanischen Konzils war das Ende einer Abschottung in der katholischen Kirche. Diese Förderung von Freiheit und Autonomie war ein grundlegender Paradigmenwechsel in der Kirchengeschichte und der Gemeinschaft der Glaubenden hilfreich. Wie erwähnt, wurde auf diese Weise auch Etliches aus dem Erbe der Aufklärung historisch integriert.

Reimund Haas

„Die prophetische und mutige Antwort einer durch das Evangelium Jesu geprägten Gemeinschaft"

Gemeinschaft und Individualität bei den (Neusser) Alexianer-Brüdern im Spiegel von Statuten und Zeugnissen aus über 500 Jahren

Das in der Ordensgeschichte und der Gegenwart der Ordensgemeinschaften[1] im „postmodernen 21. Jahrhundert" grundlegende Spannungsverhältnis von „Gemeinschaft und Individualisierung" soll beispielhaft an der Brüdergemeinschaft der Alexianer im vormals katholischen Rheinland[2], näher hin der Alexianer-Brüder in Neuss, untersucht werden, u. a. weil dort das Neusser Klosterarchiv unter der Leitung des Historischen Archivs des Erzbistums Köln[3] und im „Rahmen des Neusser Modells der subsidiären Pfarrerarchivpflege"[4]

1 Vgl. aktuell: Ph. Vetter, „Ich habe einen starken Chef". Schwester Theodolinde leitet den Orden vom heiligen Vinzenz von Paul – und kontrolliert den Getränkekonzern Adelholzener Alpenquellen. Ein Expertengespräch über Gewinnstreben, in: *Welt am Sonntag* v. 18.10.2015, Nr. 42, 38.
2 Vgl. A. Schavan, Die Kunst des Politischen und der Rheinische Katholizismus, in: *Pax-Bank Note* 2015/3.
3 Vgl. T. Diederich / U. Helbach, Das Historische Archiv des Erzbistums Köln. Übersicht über seine Geschichte, Aufgaben und Bestände (Studien zur Kölner Kirchengeschichte Bd. 31), Siegburg 1998; Überlieferung sichern. Das Historische Archiv des Erzbistums Köln im Dienst an Kirche und Kultur. Begleitheft zur Ausstellung des Historischen Archivs des Erzbistums Köln anläßlich der Verabschiedung des Archivdirektors Prof. Dr. Toni Diederich in der Erzbischöflichen Diözesan- und Dombibliothek zu Köln 16. November bis 15. Dezember 2004, Köln 2004.
4 Vgl. zuletzt R. Haas, Kirchengeschichte und Pfarrarchive in Dormagen. Mit einer Auswahlbibliographie zum „Neusser Modell der subsidiären Pfarrarchivpflege" (1985–2005) (Beiträge zur neueren Ordens- und Frömmigkeitsgeschichte Heft 2), Ilmeau 2005 = http://www.db-thueringen.de/servlets/Docu

in zwei Findbüchern[5] vorbildlich gut erschlossen ist und laut „Presseberichten" aus dem Jahre 2012, die „Alexianer nach über 500 Jahren Neuss" verlassen haben.[6] Zu der aktuell, breit und konstruktiv auf der Hamburger Tagung der Dozierenden der PTH Münster (23./24.10.2015) thematisierten Frage „Was hält Gesellschaft, Kirche und Orden zusammen?" erschien *just in time* das von der Deutschen Provinz der Alexianer herausgegebene und von Karin Feuerstein-Praßer bearbeitete, gut lesbare Buch „800 Jahre Leidenschaft" zur „Geschichte der Alexianer von den Anfängen bis zur Gegenwart"[7]. Auch wenn das „Neusser Kloster" darin u. a. nur in einem zweiseitigen Exkurs und ohne Kenntnis des aktuellen Forschungsstandes in seiner Bedeutung nur kurz dargestellt ist[8], wird im Vorwort vom Provinzial Bruder Benedikt M. Ende CFA betont, „auch wenn in unseren Einrichtungen inzwischen nahezu ausschließlich weltliche Mitarbeiter beschäftigt sind, so ist der ursprüngliche Geist der Alexianer unverändert spürbar: menschliche Wärme und Zuwendung, die auf christlicher Nächstenliebe basieren. Das Leitwort der Alexianer aus dem zweiten Korintherbrief (5,14), ‚die Liebe Christi drängt uns', ruft uns dazu auf, uns aus der Verbundenheit mit Gott den Menschen zuzuwenden"[9].

Auch wenn die bis zum Jahre 2008 und zuletzt in der Provinz St. Joseph selbstständigen Neusser Alexianer eine kleine Ordensgemeinschaft waren, die im Jahre 1937 mit 142 Brüdern ihren

---

mentServlet?id=3004 [Aufruf: 20.1.2016]; ders., „Architekten-Schriftgut" in den Pfarrarchiven des „Neusser Modells der subsidiären Pfarrarchivpflege", in: F.-J. Radmacher / St. Kronsbein (Hrsg.), Archiv und Erinnerung im Rheinkreis Neuss (FS K. Emsbach) (Schriftenreihe des Kreisheimatbundes Neuss Bd. 18), Neuss 2011, 109–125.

5   A. Deiringer / R. Haas, Findbuch zum Klosterarchiv St. Alexius Neuss, Neuss 1990; R. Haas / Ch. Josefs / H. Münchs, Findbuch II zum Klosterarchiv St. Alexius Neuss, Neuss – Köln 2014.

6   Vgl. R. Haas, Caritas Christi urget nos. Mehr als 560 Jahre Archiv- und Rechtskontinuität der Alexianerbrüder in Neuss, in: I.Ch. Becker / D. Haffner / V. Hirsch / K. Uhde (Hrsg.), Archiv – Recht – Geschichte (FS R. Polley) (Veröffentlichungen der Archivschule Marburg Bd. 59), Marburg 2014, 45–82, bes. 46, Anm. 3.

7   K. Feuerstein-Praßer, Alexianer. 800 Jahre Leidenschaft, hrsg. von der Ordensgemeinschaft der Alexianerbrüder / Stiftung Alexianerbrüder, Münster 2015.

8   Ebd., 146f. und Register.

9   Ebd., 6.

historischen Höchststand erreicht hatte[10], haben sie doch eine über 500-jährige Geschichte, die relativ gut erschlossen ist und in der es etwa sieben Regeln bzw. Statuten gegeben hat[11], die wir neben erhaltenen Zeugnissen von Brüdern[12] und in den jeweiligen Epochen zu dieser Fragestellung des Spannungsverhältnisses von Individualität und Gemeinschaft untersuchen könnten. Davon können in diesem begrenzten Rahmen jedoch nur die drei historisch bedeutendsten Regeln exemplarisch auf das jeweilige Spannungsverhältnis von Individualität und Gemeinschaft erstmals kurz analysiert werden.

1. Zum Beispiel eines westfälischen Alexianer-Bruders aus dem „digitalen Zeitalter"

Da die Neusser Alexianer-Brüder seit 2008 mit den Aachener Alexianern die deutsche Provinz der Alexianer-Brüder bilden und wir im „digitalen Zeitalter"[13] leben, blicken wir einleitend zur aktuellen

---

10 R. Haas, Caritas Christi urget nos, a.a.O., 65, listet dazu 108 Profess-Brüder, 27 Novizen und 7 Aspiranten sowie 1.450 Patienten auf; K. Feuerstein-Praßer, Alexianer, a.a.O., 67, spricht pauschal von „150 kurz von dem Zweiten Weltkrieg".
11 Aus der grundlegenden Studie von H. Münchs / U. Dvorak, Geschichte der Alexianer zu Neuss. Von den Ursprüngen bis in die Gegenwart, hrsg. von der Brüdergemeinschaft vom heiligen Alexius Neuss, Neuss 2006, und den archivischen Findbüchern ergeben sich dazu folgende Daten: 1490 (Urkunde der Stadt), 1829 (Erzbischof Spiegel), 1893, 1927, 1959, 1970, und 1990 (Provinz-Statuten).
12 Dazu sind im Archiv der Neusser Alexianer über Personalakten der Brüder (Findbuch I rund 320 Verzeichnungseinheiten, Findbuch II etwa 35) vorhanden, deren Untersuchung für diese Fragestellung ebenfalls den Rahmen des Beitrages überschreiten würde.
13 Zur breiten Diskussion, wie sie beispielsweise im vom Bundesministerium für Arbeit und Soziales im „Grünbuch" Arbeiten 4.0 aktuell (4/2015, auch www.arbeitenviernull.de [Aufruf: 21.1.2016]) behandelt wird, sei vom Hochschultag der PTH Münster (13.11.2014) aus der Vorlesung „Kirchen- und Ordensgeschichte zwischen (überholtem) Faktenwissen und (engagierten) Christengedenken" festgehalten, dass bei den anwesenden Schülerinnen u. a. keine Kenntnisse über kirchen- und ordensgeschichtliche Periodisierungs-Modelle (z. B. Altertum, Mittelalter, Neuzeit) bekannt waren. Auch konnten sie den neuzeitlichen Definitionsversuch von René Descartes (1596–1650) „cogito ergo sum" (ich denke, also bin ich) zunächst nicht übersetzen, stimmten aber dann zu 100% für die Gegenwart der Formel „Smartphone ergo sum" („Mit meinem Smartphone bin ich") zu, konnten diese dann auch übersetzen und zogen alle zur Bestätigung ihre Geräte aus der Tasche.

Selbstdarstellung auf die Homepage der Ordensgemeinschaft der Alexianer-Brüder.[14] Dort fand sich unter dem 24. Juli 2015 unter dem Klosterblog ein Interview mit Bruder Michael Moormann, geboren 1939 in Rheine/Westfalen. Sein Rückblick auf ein bewegtes Leben steht unter der Überschrift „Gemeinschaft spielt immer eine zentrale Rolle", womit eine klare Gewichtung in der Fragestellung getroffen zu sein scheint.

Denn als gelernter Weber hatte Michael Moormann die Alexianer auf einem christlichen Weltkongress in München[15] kennen gelernt, war im Jahre 1961 im Kloster Aachen eingetreten und arbeitete u. a. sieben Jahre in Münster als Krankenpfleger in geschlossenen Stationen. „Wo Menschen Unterstützung brauchen, bin ich im Rahmen meiner Möglichkeiten für sie da; das ist mein Leben", hat er in dem Interview gesagt. Seit dem Jahre 2008 ist er als Konventsoberer in Münster tätig, wo „sein Tagesablauf hauptsächlich von Menschen geprägt ist", aber auch von Tieren. Die Alexianer-Brüder-Gemeinschaft wird in dem Interview jedoch nicht näher thematisiert, und als seine individuelle Perspektive des Ordenslebens bekannte er in dem Interview: „da ich auch ein wenig Egoist bin, nehme ich die Freude, die mir die Arbeit bereitet, gern an". So wird sein Leben als Alexianer-Bruder dargestellt, dass er „mit aller Hingabe den Menschen widmet, die Unterstützung brauchen".

Entsprechend der „Devise" der Alexianer-Brüder aus dem 2. Korintherbrief 5,14 „Caritas enim Christi urget no" („Die Liebe Christi drängt uns ...") ist auf der aktuellen Homepage der Alexianer-Brüder das „Fenster" „Ordensbruder werden bei den Alexianern" überschrieben mit der Maxime: „Manche Schätze entdeckest du nur, wenn du sie teilst". Als mögliches bzw. notwendiges Profil dafür, dass die Alexianer-Brüder die richtige Gemeinschaft für einen „Kandidaten" sein könnten, werden im 21. Jahrhundert auf der Homepage genannt: „Du möchtest bedürftigen Menschen aus deiner christlichen Nächstenliebe heraus helfen. Du suchst eine Lebensalternative, die den Leistungsgedanken und das gesellschaftliche Streben nach immer höheren Zielen nicht an die erste Stelle setzt. Du wünscht dir

---

14 Vgl. www.alexianerkloster.de [Aufrufe: Mai bis Dezember 2015].
15 Vermutlich der 37. Eucharistische Weltkongress vom 31.7. bis zum 7.8.1960 in München.

Zeit für Besinnung und Entschleunigung. Du wünscht dir Freiraum für Spiritualität, Liturgie und deinen Glauben, den Du mit anderen intensiv leben und teilen möchtest". Mit diesem persönlichen Erwartungsprofil stellt sich die deutsche Gemeinschaft der Alexianer-Brüder aktuell als katholischer Kranken-Pflege-Orden vor, der für Alte, Kranke, Behinderte sowie Ausgegrenzte in seinen Einrichtungen und auch außerhalb seiner Institution im „World Wide Web" für neue Brüder werben und sie in ihrer Individualität ansprechen will.

Unter den ebenfalls auf der Homepage der Alexianer-Brüder für das Jahr 2015 genannten historischen Jubiläen, die exemplarisch auf ihre lange Geschichte verweisen, ist zwar Neuss nicht genannt, aber das ältere rheinische Kloster in Aachen mit 680 Jahren[16] sowie drei Jubiläen von Häuser-Gründungen in der Epoche des „neuzeitlichen Ordensfrühlings" im europäischen und deutschen Katholizismus des 19. und frühen 20. Jahrhunderts, nämlich die Jubiläen der Niederlassungen in Krefeld[17] und Potsdam[18] vor 150 Jahren sowie den Hauses in Münster[19] vor 125 Jahren.[20]

Auf die größere und speziellere Ordensgeschichte der Alexianer-Brüder wird auf der Homepage nur mit dem Hinweis verwiesen, dass die ersten Klöster vor rund 800 Jahren in Flandern und den Niederlanden entstanden, so dass für die speziellen Anfänge der

---

16 Vgl. die in Deutschland meist übersehene Festschrift zum 650-jährigen Jubiläum mit den Darstellungen der damaligen Häuser und Klöster: *Alexiana* 5 (1985), XIII, Nr. 9–11; I. Wiegers, Die Aachener Alexianerbrüder. Ihre Geschichte und ihr Ordensgeist, Aachen 1956; W. Schaffer, Die Pflegeanstalt Mariaberg bei Aachen (1885–1990) und der Umbruch der provinzialen Geisteskrankenfürsorge auf dem Hintergrund des „Alexianerskandals", in: *Annalen des Historischen Vereins f für den Niederrhein* 202 (1999), 155–192; B. Cremers-Schiemann, Die Geschichte der Aachener Alexianerbrüder, Münster 1999; Th. Kraus, Aachen – Alexianer, in: M. Groten / G. Mölich / G. Muschiol / J. Oepen (Hrsg.), Nordrheinisches Klosterbuch. Lexikon der Stifte und Klöster bis 1815, Teil 1: Aachen bis Düren (Studien zur Kölner Kirchengeschichte Bd. 37,1), Siegburg 2009, 23–27.
17 *Alexiana* 5 (1985), 45f.; Alexianer Krefeld (Hrsg.), 150 Jahre auf hohem Niveau (FS 2013), Krefeld 2013.
18 *Alexiana* 5 (1985), 35; E. Frantz, St. Josefs-Krankenhaus Potsdam-Sansouci 1862–1912. „Die Liebe Christi drängt uns", Berlin 2012.
19 *Alexiana* 5 (1985), 31f.
20 Vgl. jetzt auch in K. Feuerstein-Praßer, Alexianer, a.a.O., über das Register „Geographische Angaben".

Alexianer-Brüder in Neuss auf die analoge Spezial- und Regionalforschung[21] zurück gegriffen werden muss.

2. Der städtische Vertrag vom Jahre 1490 für die Neusser Alexianer-Brüder

Es kann hierzu nicht näher auf die breiten Spezialforschungen zu den Anfängen der Begarden (und Beginen[22]) in den Niederlanden im ersten Drittel des 13. Jahrhunderts (Löwen 1220, Brügge 1230) eingegangen werden[23], doch ist für das Verhältnis von Gemeinschaft und Individualität festzuhalten, dass die Begarden, die als „Vorläufer" der Alexianer-Brüder angesehen werden, einen „mittleren Weg" zwischen überkommenen Ordensregeln (besonders den zeitgleich aufblühenden Mendikanten-Gemeinschaften der Franziskaner und Dominikaner) und dem „freien Leben in der Welt" in der radikalen Christus-Nachfolge, „allein Gott und ihrem Gewissen" verpflichtet leben wollten.[24]

So gibt es zwar in der Neusser Stadtgeschichte schon eine Notiz vom Jahre 1301 über „ein Haus der Begarden in der Oberstraße", doch konnte von der Stadtgeschichtsforschung kein direkter Zusammenhang zu den ersten Spuren der Alexianer-Brüdern in Neuss hergestellt werden, die aus den Jahren 1451 und 1478 stammen.[25] So

---

21 Vgl. K. Remmen, Die Klosterlandschaft im mittelalterlichen Stadtraum Neuss (Libelli Rhenani Bd. 13), Köln 2005, 104–112; H. Finger / W. Wessel, Orden im Erzbistum Köln. Kostbarkeiten aus der Dominikanerbibliothek St. Albertus Magnus. Eine Ausstellung der Diözesan- und Dombibliothek Köln zum Jahr der Orden 2015 (20. November 2015 bis 2. Februar 2016) (Libelli Rhenani Bd. 63), Köln 2015, 109.

22 Aus der breiten Forschung über die Beginen sei nur genannt das ältere Standardwerk von B. Hotz, Beginen und willige Arme im spätmittelalterlichen Hildesheim (Schriftenriehe des Stadtarchivs und der Stadtbibliothek Hildesheim Bd. 17), Hildesheim 1988, und dass die letzte der alten Beginen in den Niederlandes, Marcella Pattyn, 2013 verstarb, vgl. R. Haas, Caritas Christi urget nos, a.a.O., 49, Anm. 12.

23 Vgl. das ältere Standardwerk von Ch. Kauffmann, Dienst am Kranken. Geschichte der Alexianerbrüder von 1330 bis zur Gegenwart, 2 Bde., New York 1976/1978.

24 Vgl. z.B. M. Werner, Begarden, in: LThK³, Bd. 2, Freiburg/Br. 1994, 139.

25 R. Haas, Frühe Spuren der Alexianer in Neuss, in: *Almanach für den Kreis Neuss* (1991), 49–89, hier 75f.; ders., Die beiden ältesten Urkunden vom Jahre 1518 im Klosterarchiv der Neusser Alexianer, in: Neusser Jahrbuch 1992, 5–10.

vermachte der Bürger Hermann von Scherfhausen am 20. Dezember 1451 testamentarisch u. a. eine Mark Brabanter Denare „auf Dauer und zur Erbschaft den freiwillig armen Brüdern, die in der Landessprache willige Arme genannt werden und in der Brückstraße angesiedelt sind". Und am 28. November 1478 hatte der Neusser Dechant Johanns Kotte unter fünf kirchlichen Einrichtungen in der Stadt Neuss ebenso an vierter Stelle „den Brüdern in der Brückstraße drei Rheinische Goldgulden vermacht".[26] Ohne dass wir Näheres über die (vermutlich kleine) „Kopfzahl" und die Individualität der „Brüder in der Brückstraße" ermitteln können, bestand aus städtischer Sicht jedoch Regelungsbedarf für sie.

Das Original dieses Vertrages ist zwar dem Einsturz des Historischen Archivs der Stadt Köln am 3. März 2009 zum Opfer gefallen[27], aber schon zum 500-jährigen Jubiläum dieses Vertrages im Jahr 1990 (mit einer Ausstellung von 150 Exponaten) waren Abschriften, Fotokopien und Übersetzungen angefertigt worden[28], die nun erstmals unter der Fragestellung von Gemeinschaft und Individuum betrachtet werden sollen. Ausgangspunkt der Übereinkunft war, dass die Oberen der Stadt Neuss mit dem Oberen der Zellenbrüder, Peter van Broeselt[29], den Brüdern zu Neuss, die schon „seit langer Zeit ihren Unterhalt, Haus und Wohnung" in der Stadt haben, „eine eigene Regel" geben.

26 Ders., Caritas Christi urget nos, a.a.O., 53, mit Anm. 27.
27 Da auch sechs Jahre nach dem Einsturz des Historischen Archivs der Stadt Köln die Ursachenforschung noch nicht abgeschlossen ist, sei aus der Fülle der Gelegenheitsliteratur dazu nur verwiesen auf: Der Oberbürgermeister, Bergen, Ordnen, Restaurieren. Der Wiederaufbau des Historischen Archivs der Stadt Köln, Köln 2014; R. Escher, Kölner Fundstücke. Ausstellung im Historischen Archiv der Stadt Köln, 31. Oktober bis 19. Januar 2015; Die Wiedergeburt eines Archivs. Westfalen hilft Köln. Ausstellung Stadtmuseum Münster 30. September 2014 bis 11. Januar 2015; D. Schmalenberg, Aufklärung im Zentimeter-Takt, in: *Kölner Stadtanzeiger* v. 30.11.2015, 7.
28 A. Deiringer / R. Haas, 500 Jahre Alexianerbrüder in Neuss 1490–1990 (Jubiläums-FS anläßlich des Vertragsabschlusses vom 26. August 1490 zwischen der Stadt Neuss und den Alexianerbrüdern), hrsg. von der Kongregation der Brüder vom Heiligen Alexius, Neuss 1990; H. Münchs / U. Dvorak, Geschichte der Alexianer zu Neuss, a.a.O., 220f.
29 Ausführliche „Spekulationen" zu seiner Person bei H. Münchs / U. Dvorak, Geschichte der Alexianer zu Neuss, a.a.O., 16f.

Ausgangspunkt des sieben Punkte umfassenden Vertrages vom 26. August 1490 war, dass die Neusser Stadtoberen die personellen, arbeitsrechtlichen und vermögensrechtlichen Verhältnisse der kleinen Gemeinschaft, die auf acht Brüder begrenzt wurde, umfassend kontrollierten, so dass Münchs/Dvorak sogar gefragt haben, ob es ein „Knebelvertrag" war.[30] In dem zweiten Punkt wurden die Aufgaben der Alexianer-Brüder zunächst allgemein dahingehend beschrieben, „allen Leuten in Nöten und [dem] Letzten" beizustehen, was dann im sechsten Punkt dahingehend präzisiert wurde, wenn „es nötig sei, die Toten zu begraben". Die möglichen Maßregelungen für die Alexianer-Brüder begannen damit, dass sie dieses Begraben der Toten in der Stadt Neuss „ohne Widerrede und Widerwort" durchführen sollten, was sie dann auch bis zum Jahre 1869 taten. Des Weiteren hatten sie in der Stadt Neuss zu bleiben, sollten dort nicht gegen „die alte Freiheit und das alte Herkommen der Stadt" handeln und durften ohne Übereinkunft mit den Stadtherren nicht „woandershin ausgehen". Dieses städtische Kontrollrecht über die Gemeinschaft und den einzelnen Alexianer-Bruder gipfelt im Punkt sechs in der Bestimmung, dass, „wenn ein Bruder nicht genehm ist", kann er mit „Wissen, Willen und Zustimmung des Stadtrates „aus dem Konvent bzw. aus der Stadt entfernt werden".

Durch den Vertragsabschluss von 1490 war den zuvor frei lebenden Brüdern zwar ein Haus und ein Aufgabenfeld zugewiesen worden, für das sie Vergütungen in Form von Naturalien oder Bargeld erhalten konnten, da ihnen nach Punkt vier auch die Annahme von Erbschaften und Renten eingeschränkt worden war. Welches Profil, welche Persönlichkeit und Individualität der einzelne Bruder hatte, spielte in der städtischen Regelung von 1490 eigentlich gar keine Rolle. Es entsprach dem spätmittelalterlichen Selbstverständnis der Städte, derartige religiös-soziale Angelegenheiten in ihren Mauern in eigener Regie zu regeln. Da die Stadt Neuss zum Erzstift Köln gehörte, bekamen die Kölner Erzbischöfe in der Epoche nach dem Trienter Konzil (1545–1563) etwas mehr Einfluss über das Neusser Alexianer-Kloster und konnten beispielsweise Visitationen[31] durchführen; ebenso sind die Visitationsberichte der seit dem Jahr 1585 in

30 Ebd., 23–29.
31 Bisher nur ebd., 111f.

Köln ansässigen päpstlichen Nuntien eine weitere Quelle, die noch näher auf das Verhältnis von Gemeinschaft und Individualisierung zu untersuchen wären.[32] Im Grundsatz bestand dieses städtische Statut vom Jahre 1490 für die Neusser Alexianer-Brüder auch in der „Epoche der Säkularisation" fort, nur war das Alexianer-Kloster in der französisch dominierten Verwaltung der städtischen Armen- und Hospital-Kommission unterstellt, wobei um das Jahr 1810 von den acht Alexianer-Brüdern – neben dem Totengräber-Dienst – „20 Kostgänger" und „darunter 11 Geisteskranke" zu versorgen waren.[33]

3. Die erzbischöflichen Statuten vom 1. Juni 1829

In der im Gefolge der Französischen Revolution von 1789 zunächst im linken Rheinland einsetzenden großen „Klostersäkularisation" gehörten die Neusser Alexianer-Brüder zu den wenigen Ausnahmen (Artikel 20 des Konsularbeschlusses vom 9. Juni 1802), weil sie „ihrer Stiftung nach die Unterbringung von Kranken" als Aufgabe hatten. Als nach dem Ende der französischen Epoche ab dem Jahre 1821 das kirchliche Leben im Rheinland von der preußischen Regierung neu geordnet wurde, wollte der „aufgeklärte" neue Kölner Erzbischof Ferdinand August Graf von Spiegel (1825–1835) in Zusammenarbeit mit dem Neusser Oberpfarrer und Klosterkommissar Jakob Poll auch die Neusser Alexianer-Brüder zusammen mit den Kölner Alexianern reformieren. Doch die Düsseldorfer Regierungsbehörde bestand in einem dreijährigen Ringen nicht nur auf der staatlichen Aufsichtsfunktion, sondern sah die primären Aufgaben der Neusser Alexianer-Brüder in „der Verwahrung geistig kranker Menschen" und dem eingeschränkten

---

32 Vgl. M.F. Feldkamp, Studien und Texte zur Geschichte der Kölner Nuntiatur, Bd. 3: Inventar des Fonds „Archivio della nunziatura di Colonia" im Vatikanischen Archiv (Collectanea Archivi Vaticano, Bd. 32), Città del Vaticano 1995, im Register unter Neuss, Alexianer; R. Haas, Die Kölner Nuntiatur (1584–1794). Bemerkungen zur Michael F. Feldmanns Werk „Studien und Texte zur Geschichte der Kölner Nuntiatur 1–4", in: *Geschichte in Köln* 61 (2014), 274–283.
33 R. Haas, Caritas Christi urget nos, a.a.O., 59.

„Beerdigungsdienst". Die dann am 1. Juni 1829 in Kraft gesetzten neuen Statuten umfassten 34 Artikel.[34] Auch wenn darin die städtischen Rechtsverhältnisse des Vertrages von 1490 und die Vermögensverwaltung durch die Armenpflege-Kommission anerkannt und festgeschrieben wurden, zeigte schon der erste Artikel die kirchlich-nachtridentinische „Berufung" der Neusser Alexianer-Brüder auf, nämlich „nach jener höheren Vollkommenheit zu streben, welche in den heiligen Evangelien vorgezeichnet ist, und namentlich durch die Werke der Barmherzigkeit ihren Mitmenschen nützlich zu werden und sich Verdienste zu sammeln für das ewige Leben. Sich selbst und alle ihre Kräfte" sollten die Brüder „dem Dienst Gottes und erkrankter oder verstorbener Menschen nach einer strengen klösterlichen Ordnung widmen". Als in den weiteren Artikeln von 1829 beschriebene Ämter sind zu nennen: der auf drei Jahre unter dem Vorsitz des Klosterkommissars und im Beisein eines Vertreters der Armenverwaltung von den Brüdern auf drei Jahre zu wählende Obere, „Pater" genannt; dazu kam gegebenenfalls ein Vertreter, der „Unterpater". Der aus den Brüdern gewählte „Ökonom" musste nicht nur von der Neusser Armen-Verwaltung bestätigt werden, sondern unterstand in allen kleineren und größeren Finanzgeschäften der Kontrolle der Armenverwaltung, der königlichen Regierung und der erzbischöflichen Behörde. Schließlich konnte der Pater im Einverständnis mit dem Klosterkommissar den „Novizenmeister" ernennen.

Auch das Aufnahmeverfahren in die Gemeinschaft war in diesen Statuten von 1829 nun genauer geregelt und begann mit den Grundvoraussetzungen mindestens 23 Jahre alt zu sein, stark und gesund sowie geleisteter Militärdienst oder davon befreit zu sein. Die Aspiraten mussten nicht nur ein Bett und Bettzeug mitbringen, sondern im Normalfall mindestens 100 Taler, höchstens 200 Taler, wovon bei geeigneten Kandidaten, die das Geld nicht aufbringen konnten, auch dispensiert werden konnte. Nach dem Ende des einjährigen Noviziates hatten die Brüder darüber zu befinden, ob der Novize in die Klostergemeinschaft aufgenommen würde. Danach holte der Klosterkommissar beim Erzbistum Köln die Zustimmung zur Ablegung

---

34 Text u. a. in: H. Münchs / U. Dvorak, Geschichte der Alexianer zu Neuss, a.a.O., 121–127.

der Gelübde ein. Diese waren zunächst nur als zeitliche Gelübde auf fünf Jahre vorgesehen und konnten wiederholt werden. Ein halbes Jahr vor dem Ende des fünfjährigen Gelübdes konnte ein Bruder den Austritt aus der Klostergemeinschaft ankündigen und erhielt in diesem Fall auch die Hälfte seiner Ausstattung zurück. Denn um die Vereinbarung von Armutsgelübde und ewigen Gelübden gab es noch ein längeres Ringen mit der Staatsregierung, so dass es „den Neusser Alexianern erst im Jahre 1886 gelang, das ewige Gelübde einzuführen". Schließlich regelten die Statuten von 1829 genau die Tagesordnung der Brüder, die mit einer Morgenandacht im Sommer um 5 Uhr begann und um 21 Uhr mit der Nachtruhe schloss.

Durch diese Statuten von 1829, die erstmals in verschiedenen Punkten die Individualität des einzelnen Bruders berücksichtigten und thematisierten, waren die Neusser Alexianer-Brüder „eine eigenständige Genossenschaft". Auch wenn Vertreter der städtischen und staatlichen Behörden ein Mitwirkungs- und Bestimmungsrecht in der Vermögensverwaltung hatten, unterstanden nun auch die Neusser Alexianer-Brüder in geistlichen und juristischen Angelegenheiten dem Kölner Erzbischof und seinen „vor Ort in Neuss" bestellten Klosterkommissar. Mit diesem ausführlichen Statut von 1829, das das „Seelenheil" des einzelnen Bruders ansprach und ein relativ geregeltes Ordensleben bei „anstrengender Arbeit" anbot, bekamen die Neusser Alexianer-Brüder nun auch erstmals die Gelegenheit, sowohl die vormalige städtische Begrenzung auf acht Brüder zu überschreiten, als auch mit einer ansteigenden Zahl der Brüder an dem „Ordensfrühling des 19. Jahrhunderts" teilzunehmen.

4. Das St. Josef Provinzial-Statut vom 14. September 1990

Ohne auf die weiteren Modifizierungen der erzbischöflichen Regel von 1829 bei den Neusser Alexianer-Brüdern in den Jahren von 1893 bis 1970 hier eingehen zu können, sind die in der zweiten Hälfte des 20. Jahrhunderts veränderten kirchlichen sowie gesellschaftlichen Rahmenbedingungen zu beachten. Schon im Jahre 1950 waren die Aachener Alexianer als Kongregation päpstlichen Rechtes ihren aufgeblühten Gründungen des 19. Jahrhunderts in den USA gefolgt und hatten ihr Mutterhaus nach Signal Mountain in Tennessee verlagert.

Nachdem auch die belgischen Alexianer im Jahre 1975 dieser „großen" Kongregation päpstlichen Rechtes beigetreten waren, war die in der Brüder- und Häuser-Zahl „kleiner" werdende „Neusser Provinz St. Josef" unter ihrem „Generaloberen und Provinzial" Pater Wunibald Gillhaus zunächst ab 1989 um „probeweisen Anschluss für drei Jahre" an die „große Alexianerfamilie" bemüht, der dann 1993 mit einem päpstlichen Dekret kirchenrechtlich endgültig vollzogen wurde.[35]

4.1. Flyer über ihre „Geschichte und ihre Aufgabe

Aus diesem geschichtlichen Kontext des letzten Drittels des 20. Jahrhunderts liegen zunächst verschiedene Werbeschriften[36] für den „Alexianer-Beruf" vor, aus denen nur auf einen aus der Zeit um 1990 zu datierten Flyer über ihre „Geschichte und ihre Aufgabe" zurückgegriffen werden soll, in dem „die Brüder Interessierten die Möglichkeit bieten, für eine kürzere oder längere Zeit in ihrer Gemeinschaft Mit-Zu-leben, wenn ernsthaftes Interesse am Ordensleben besteht".

Darin ist dann auch in drei längeren Sätzen wohl erstmals „das Charisma der Alexianer" formuliert. In dem ersten Satz mit der biblischen Grundlage wurde die Selbstbeschreibung der Neusser Alexianer-Brüder als „prophetische und mutige Antwort [der] durch das Evangelium Jesu geprägten Glaubensgemeinschaft" vorgegeben; diese Formulierung wurde deshalb auch zum Titel dieses Beitrages gewählt. Der zweite Satz formuliert die hohe Zielsetzung der Gemeinschaft als „Jüngerschaft mit Jesus" und beschreibt diese als einen „Dienst für die Armen, Kranken und Sterbenden, insbesondere die Außenseiter und Machtlosen". Was das für die Individualität des Bruders bedeutet, besagt der dritte Satz als Ruf „zur Umkehr und

---

35 Ebd., 208f.
36 M. Frisbie, Die Geschichte der Alexianerbrüder, Kehl 1994 u. Strasbourg 1996; sowie ohne genaues Erscheinungsdatum: Alexianer Brüdergemeinschaft. Weg des Glaubens, Wagnis der Hoffnung; Die Philosophie der Alexianerbrüder, hrsg. von der St. Josef-Provinz Neuss u. der St. Alexius-Provinz Aachen; Die Alexianer-Brüder stellen sich vor, hrsg. von der Alexianer-Brüdergemeinschaft Aachen/Neuss.

völliger Hingabe in der Fortsetzung der heilenden und versöhnenden Sendung Jesu in Zusammenarbeit mit anderen".[37]

4.2. Die Provinzial-Statuten vom 14. September 1990

Das letzte Regel-Dokument der bis zum Jahre 2008 selbständigen St. Josef Provinz der Neusser Alexianer unter den beiden letzten Provinzoberen, Bruder Wunibald Gillhaus (1981–2004)[38] und Bruder Dominikus Seeberg (2004–2008)[39], sind die Provinzial-Statuten vom 14. September 1990 (am Fest Kreuzerhöhung). Sie geben uns gleichsam den letzten Einblick in die Fragestellung von Seiten der Provinz in der postvatikanischen Epoche am Ende des 20. Jahrhunderts.[40]

Am Anfang der Aufnahme in den Brüder-Orden steht nach dem ersten Kapitel ein sechsmonatiges „Postulat". Nach dem Postulat wird zwischen dem Novizen und dem Provinzial ein Vertrag geschlossen. Wenn es im letzten Satz des II. Kapitels „Zeitliche Gelübde – Ewige Gelübde" heißt: „Die Jungprofessen sollten bei der religiösen Weiterbildung die ‚Missio canonica' anstreben", erkennt der „Zeitzeuge" und „kirchengeschichtliche Zeithistoriker" daran, dass Pater Wunibald Gillhaus zu den Förderern des damals in Köln bestehenden „Apostelstifts der Deutschen Brüderorden" gehörte, wohin er bis 1991 seine „Jungprofessen" zur Erlangung der „Missio canonica" entsenden konnte. Das Spannungsverhältnis zwischen Individualität und Gemeinschaft ist beispielsweise im V. Kapitel der Provinzial-Statuten unter dem Stichwort „Ordensgewand, Lebensstil und Festtage" geregelt. Dort heißt es u. a.: Das schwarze und weiße Ordensgewand wird generell zu allen Anlässen im Haus getragen, sofern es nicht bei bestimmten Arbeiten unzumutbare Erschwernisse bzw. Behinderungen für die Brüder darstellt. Und weiter heißt

---

37 Alexianer. Ihre Geschichte und ihre Aufgabe (DIN A4-Flyer um 1990 mit Kontaktadressen der Alexianer in Neuss, Aachen und Berlin-Weißensee. Ein Exemplar u. a. Archiv der ChoC-Stiftung (Köln), AEK, Neusser Modell, Alexianer, Nr. 2).
38 H. Münchs / U. Dvorak, Geschichte der Alexianer zu Neuss, a.a.O., 215.
39 Ebd., 215f.
40 St. Josef Provinz, Neuss, Provinzstatuten (Neuss 1990).

es: „Bei Ausgang und Urlaub kann schlichte weltliche Kleidung getragen werden". Im XII. Kapitel „Gebräuche der Provinz" finden sich Punkte zur Anpassung an die Individualisierung des modernen Lebens. So heißt es zunächst unter dem Stichwort „Medien": „Die Brüder bemühen sich um einen gesunden Umgang mit den Massenmedien" und „erhalten kein monatliches Verfügungsgeld", sondern „wenden sich bei Bedarf von Barmitteln an den Hausoberen". Als Schlusspunkte und zugleich „modernste Individualisierung" enden die Provinzial-Statuten mit fünf Punkten zur Urlaubsregelung, u. a. „einen freien Nachmittag in der Woche zur Erholung" und „vierwöchiger Erholungsurlaub mit entsprechendem Urlaubsgeld".

4.3. Das „Rituale Alexianorum"

Als letztes Beispiel soll dazu aus dem „Rituale Alexianorum"[41] aus der Einkleidungs-Liturgie die Bitte des Postulanten zitiert werden: „Ich glaube, dass Gott mich gerufen hat; ich möchte Ihre Ordensregel und das Leben in Ihrer Gemeinschaft kennen lernen. Helfen Sie mir, in der Nachfolge des gekreuzigten Herrn arm, gehorsam und in eheloser Keuschheit zu leben. Führen Sie mich ein in das Leben des Gebets und der täglichen Buße. Helfen Sie mir, der Kirche und allen Menschen zu dienen und die brüderliche Gemeinschaft miteinander zu leben. Helfen Sie mir, mich Leben an den Weisungen des Evangeliums auszurichten."

Vor dem Hintergrund moderner Studien zur Jugend-Orientierung[42] wird in diesem liturgischen Text einerseits das vorausgesetzte hohe Maß an persönlicher Frömmigkeit erkennbar und andererseits die von der Gemeinschaft erbetenen geistlichen Elemente, um den besonderen Dienst als Alexianer-Bruder in radikal christlicher Lebensperspektive realisieren zu können.

---

41 D.M. Hungs c.f.a., Rituale Alexianorum zum Gebrauch der St. Josef-Provinz Neuss [o. D.].
42 Vgl. z. B. M. Calmbach / P. M. Thomas / I. Borchard / B. Flaig, Wie ticken Jugendliche? Lebenswelten von Jugendlichen im Alter von 14 bis 17 Jahren in Deutschland, Altenberg 2012.

Fazit

Sowohl im Rahmen des im Jahre 2015 allgemein begangenen „Jahres der Orden" als auch des mit einem eigenen Gedenkband[43] begangenen (etwa) 800-jährigen Bestehens der Alexianer steht auf der deutschen Homepage der Ordensgemeinschaft im Untermenu „Historische Persönlichkeiten" unter einem Lazarettbild aus dem Ersten Weltkrieg (1914–1918) mit vier dienstbereiten, in ihrem persönlichen Profil aber nur schwach erkennbaren Alexianer-Brüdern erstmals eine Liste historischer Persönlichkeiten aus der Ordensgeschichte, nämlich sechs Alexianer-Obere aus der Zeit des 17. bis zur ersten Hälfte des 20. Jahrhunderts, darunter mit Bruder Alexius Böcker († 1892) auch ein zweimaliger „Generaloberer in Neuss" (1859–1862, 1865–1887).[44] Auch dieser digitale Versuch der aktuellen Homepage der deutschen Alexianer, den geschichtlichen Dienst des Individuums in der Gemeinschaft der Alexianer-Brüder aktuell zu vermitteln, zeigt, wie sich in den Epochen der langen Ordensgeschichte auch bei den Alexianer-Brüdern das Verhältnis von Gemeinschaft und Individualisierung gewandelt hat.

---

43 Vgl. K. Feuerstein-Praßer, Alexianer, a.a.O., passim.
44 http://www.alexianerkloster.de/ordensgemeinschaft-der-alexianerbrueder/ordensgeschichte/historische-persoenlichkeiten [Aufruf: 30.12.2015].

Ludger Schulte

Kommunion „unter vielerlei Gestalten"
Communio als dogmatischer Schlüsselbegriff

Rabbi Skorka, der Rabbi von Buenos Aires, stellt in seinem Gespräch mit Jorge Bergoglio, dem heutigen Papst Franziskus, eine bemerkenswerte These auf: „Jede Kultur entsteht letztlich aus der Antwort auf drei Fragen: Welche Vorstellungen hat sie von Gott, welche vom Menschen, welche von der Natur?"[1]

Grundcode

Im christlichen Communiobegriff berühren sich alle drei Fragekreise: Gott – Mensch – Natur. Er ist dynamischer, als die deutsche Übersetzung „Gemeinschaft" vermuten lässt, da er den Gedanken der Perichorese aus der Trinitätslehre, des gegenseitigen Enthaltenseins und Enthaltens, in sich birgt.[2] Sollte Skorkas These richtig sein, dann entschlüsselt Communio/Communion den Grundcode der christlichen Lebenskultur. Er wäre dann kulturentscheidend für das christliche Leben. Noch mehr: Er entschlüsselt, d.h. fasst zusammen, lässt begreifen und verstehen. Er eröffnet den Raum, worum es im christlichen Glauben geht.

Diese These[3] entspricht zugleich der franziskanischen Urintuition, dass diese Welt nicht ein Arsenal an Möglichkeiten ist, eine

---

1 J. Bergoglio (Papst Franziskus) / A. Skorka, Über Himmel und Erde. Jorge Bergoglio im Gespräch mit dem Rabbiner Abraham Skorka, hrsg. v. D. F. Rosemberg, München 2013, 39.
2 K. Hemmerle, Communio als Denk- und Lebensweise, in: G. Biemer / B. Casper / J. Müller (Hrsg.), Gemeinsam Kirche sein. Theorie und Praxis der Communio (FS O. Saier), Freiburg/Br. 1992, 77–89, hier 87.
3 Die These setzt die ausführliche Begründung bei Gisbert Greshake voraus: ders., Communio – Schlüsselbegriff der Dogmatik, in: G. Biemer / B. Casper /

Welt des Vorhandenen und zu „Händelnden", sondern eine geschwisterliche, eine communiale, d. h. eine beziehungsreiche Welt ist, die in gegenseitiger Verwiesenheit und Rückbindung an Gott zu sich selbst kommt. Sie ist *in* Vielheit zur Einheit und *aus* Einheit zur Vielfalt bestimmt. Sie ist kommunizierende Wirklichkeit, Leben in Verbundenheit.

Die franziskanische Tradition sieht den Grund der „Einheit in Vielfalt" in der Inkarnation Gottes, in seiner Fleischwerdung, weil der Eine uns alle in sich trägt und wir so in ihm zusammengehören, da er teilhat an unser aller Menschsein und Geschöpflichkeit. Dann aber hat umgekehrt unser aller Menschsein, ja die ganze Schöpfung, teil an dem Seinen, und so bedeutet Existenz nunmehr nicht nur Proexistenz, sondern Koexistenz:

> *„Jeder trägt das Ganze in sich selbst und ist gerade in der Weise, wie er das Ganze in sich trägt, als er selbst geprägt. Mein Eigenes ist die mir eigene Anwesenheit aller, des Ganzen. Die Hineinnahme des Menschen [und mit ihm der ganzen Schöpfung; d. Vf.], und die Hineingabe Gottes in den Menschen vollendet sich in der Kenose, in der Selbstentäußerung am Kreuz."*[4]

Tatsächlich ist das Maß der Communion das Sich-gegenseitig-Schenken, ein radikales Loslassen, das, recht verstanden, die Weggabe der eigenen Selbst-Gabe bedeutet. Sie bezeichnet bei Franziskus die geistliche Dimension der Armut. Communion ist teilgeben aneinander: von etwas her auf etwas hin. Die Communion ist eröffnet, indem wir im Sohne sind. „Im Sohn sein" heißt: mit ihm beim

---

J. Müller (Hrsg.), Gemeinsam Kirche sein, a.a.O., 90–121. Vgl. auch ders., Der Ursprung der Kommunikationsidee, in: *Communicatio Socialis* 35,1 (2002), 5–26. Zum Konzept Greshakes: M. Bollig, Einheit in der Vielfalt. Communio als Schlüsselbegriff des christlichen Glaubens im Werk von Gisbert Greshake, Würzburg 2004. Die hier entfalteten Gedanken nehmen ferner Anregungen von Klaus Hemmerle und dessen Relationsontologie auf. Vgl. dazu: M. Böhnke, Einheit in Mehrursprünglichkeit. Eine kritische Analyse des trinitarischen Ansatzes im Werk von Klaus Hemmerle, Würzburg 2000; A. Frick, Der dreieine Gott und das Handeln Gottes in der Welt. Christlicher Glaube und ethische Öffentlichkeit im Denken von Klaus Hemmerle, Würzburg 1998; G. Bausenhart / M. Böhnke / D. Lorenz (Hrsg.), Phänomenologie und Theologie im Gespräch. Impulse von Bernhard Welte und Klaus Hemmerle, Freiburg/Br. 2013.
4 K. Hemmerle, Communio als Denk- und Lebensweise, a.a.O., 85.

Vater sein. Die Kraft der Communio ist der Geist, in dem wir mit dem Sohn beim Vater sind.

„Der Sohn aber hat uns, im Willen und in der Sendung des Vaters, angenommen und in sich genommen, so dass wir, in ihm seiend, beieinander sind, zu ihm gehören, zusammengehören. Diese Gleichzeitigkeit des Einseins mit Jesus und in ihm mit dem Vater im Geist und des Einseins miteinander ist von Jesus gewirkt durch seine Hingabe am Kreuz."[5]

Deshalb ist es Jesu letzter Wille im Hohepriesterlichen Gebet, dass die Glaubenden eins seien, wie Vater und Sohn miteinander eins sind (vgl. Joh 17, bes. 17,21–23).[6]

Theologie der Communio

Die hier im Vordergrund stehende dogmatischen Argumentationsweise (Denkweise) geht nicht, wie sich bereits im bisher Gesagten zeigt, von einem allgemeinen, philosophischen oder soziologischen Gemeinschafts- und Individuumsbegriff aus, sondern vom Glauben(sbekenntnis) und den sich von dort ableitenden Grundsätzen.[7] Gerade so will und kann sie einen eigenständigen Beitrag zum Ringen der Menschheit zwischen Individualität und Gemeinschaft leisten. Sie bestätigt nicht „vordergründige" Wirklichkeiten, sondern sie will eine neue Wirklichkeit begründen, die sich von Gott her erschließt. Sie denkt von dem Ereignis der Offenbarung in Jesus, dem Christus, und ihren Bezeugungsformen aus. Sie will von hier neue und andere Denkräume erschließen. Ihr erstes Ziel ist es, das

---

5 Ebd., 82.
6 Die Sinnspitze der „Einheit" zielt auf das Einssein mit Gott. Sie ist bei dem Evangelisten Johannes theozentrisch ausgerichtet, was der häufige Gebrauch des Zitates in der ökumenischen Bewegung oft ausblendet.
7 Die fundamentaltheologische Debatte um den rechten philosophisch-kommunikationstheoretischen Ansatz zur Aktualisierung des Communiogedankens tritt hier zunächst zurück. Ein solcher muss sich am theologischen Befund bewähren und nicht umgekehrt, bei aller denkerischen Herausforderung, die darin liegt! Vgl. z. B. K. Müller, Subjektivität und communio. Philosophische Rückfragen an ein selbstverständlich gewordenes Theologoumenon, in: F.R. Prostmeier / K. Wenzel (Hrsg.), Zukunft der Kirche – Kirche der Zukunft. Bestandsaufnahmen, Modelle, Perspektiven, Regensburg 2004, 121–144.

christliche Selbstverständnis, die christliche Identität, diachron und synchron zu erheben und ihre Relevanz für die Gegenwart aufzuzeigen. Identität und Relevanz gehören dabei eng zusammen. Theologie ist sie selbst, indem sie über sich hinaus relevant wird. Das christliche Bewusstsein hat sich tief, *in* allen und *trotz* aller Verwerfungen, in die Denktradition des Okzidents eingeschrieben. Das Ringen um Begriffe wie Person, Menschenwürde und Menschenrechte, Individualität, Freiheit, Gerechtigkeit und Gemeinschaft kann nicht ohne das Christentum verstanden werden und es wird diese auch weiter prägen.[8] Gerade sie sind Ausdruck der christlichen Verhältnisbestimmung von Gott, Mensch und Schöpfung – eben von Communio.

Im dogmatischen Kontext wird über Gemeinschaft (griech. Koinonia, lat. Communio) vor allem in der Gotteslehre bzw. Trinitätstheologie, Soteriologie, Eucharistietheologie und Ekklesiologie gehandelt. Von diesen Aussagefeldern her hat sie in der sich zunehmend entfaltenden theologischen Anthropologie ab dem 20. Jahrhundert einen deutlichen Niederschlag gefunden. Alle genannten Traktate entfalten *eine verbindende Kernaussage* in ihren jeweiligen Themenfeldern: *Jeder Mensch ist zur gemeinsamen Teilhabe am Leben Gottes (Heil) berufen, das Gott in Christus und im Hl. Geist schenkt.* Die Pastoralkonstitution „Gaudium et Spes" fasst diese immer wieder tradierte, christliche Grundüberzeugung aktualisierend zusammen: „ (...) der Mensch ist vom Schöpfergott mit Vernunft und Freiheit als Wesen der Gemeinschaft geschaffen; vor allem aber ist er als dessen Kind zur eigentlichen Gemeinschaft mit Gott und zur Teilnahme an dessen eigener Seligkeit berufen." (GS 21)

Diese Berufung ist jedem Menschen angeboten (GS 24) und die unvertretbare Antwort jedes einzelnen führt ihn in eine gemeinschaftliche Vollendung. Hier wiederum – die Tradition erneuernd – „Gaudium et spes":

„Gott, der väterlich für alle sorgt, wollte, daß alle Menschen *eine* Familie bilden und einander in brüderlicher Gesinnung begegnen. Alle sind ja geschaffen nach dem Bild Gottes, der ‚aus einem

---

8 Vgl. z. B. H. Joas, Die Sakralität der Person. Eine neue Genealogie der Menschenrechte, Berlin 2011; Ch. Taylor, Ein säkulares Zeitalter, Frankfurt/M. 2009. Aktuellstes Beispiel: Papst Franziskus, Laudato si'. Über die Sorge für das gemeinsame Haus (Verlautbarungen des Apostolischen Stuhls Nr. 202), Bonn 2015.

alle Völker hervorgehen ließ, die das Antlitz der Erde bewohnen' (Apg 17, 26), und alle sind zu einem und demselben Ziel, d. h. zu Gott selbst, berufen. Daher ist die Liebe zu Gott und zum Nächsten das erste und größte Gebot. Von der Heiligen Schrift werden wir belehrt, daß die Liebe zu Gott nicht von der Liebe zum Nächsten getrennt werden kann: ‚… und wenn es ein anderes Gebot gibt, so ist es in diesem Wort einbegriffen: Du sollst deinen Nächsten lieben wie dich selbst […] Demnach ist die Liebe die Fülle des Gesetzes' (Röm 13,9–10; 1 *Joh* 4,20). Das ist offenkundig von höchster Bedeutung für die immer mehr voneinander abhängig werdenden Menschen und für eine immer stärker eins werdende Welt. Ja, wenn der Herr Jesus zum Vater betet, ‚daß alle eins seien […] wie auch wir eins sind' (Joh 17,20–22), und damit Horizonte aufreißt, die der menschlichen Vernunft unerreichbar sind, legt er eine gewisse Ähnlichkeit nahe zwischen der Einheit der göttlichen Personen und der Einheit der Kinder Gottes in der Wahrheit und der Liebe.

Dieser Vergleich macht offenbar, dass der Mensch, der auf Erden die einzige von Gott um ihrer selbst willen gewollte Kreatur ist, sich selbst nur durch die aufrichtige Hingabe seiner selbst vollkommen finden kann." (GS 24)

Das unterscheidend christliche Gottesverständnis

Hinter dieser visionären Spitzenformulierung verbirgt sich in konzentrierter Weise das unterscheidend christliche Gottesverständnis. Wenn Gott die alles bestimmende Wirklichkeit und er selbst – nicht etwas – das Heil des Menschen ist, wird von seiner Selbstoffenbarung her die ganze Schöpfung durchsichtig und verstehbar. Denn wenn Gott für den Glaubenden vollkommenes communiales Leben, Liebe ist, die sich in der Einheit von Identität und Differenz verwirklicht, dann ist die grundsätzliche Perspektive, die der Glaube zum Verstehen der ganzen Wirklichkeit schenkt, im folgenden hermeneutischen Prinzip zusammengefasst: „sub ratione Dei, qui est communio et communicatio et qui dat omni enti particiaptionem communionis suae"[9].

---

9 Vgl. im Folgenden: G. Greshake, Communio, a.a.O., 114.

Weniger abstrakt gesagt, wird damit behauptet, dass z. B. das ganze Evolutionsgeschehen in seiner steigenden Komplexität bzw. Differenzierung und steigenden Vernetzung, sowie die geschichtliche Dramatik der Menschheit, die sich in politischen, gesellschaftlichen und anthropologischen Prozessen immer um die Frage von Vielheit und Einheit und deren rechten Verhältnisbestimmung bemüht, von dieser Gotteswirklichkeit her zu lesen und zu deuten ist. Sie erhalten von ihm her ihre letzte Bestimmung. Das Ziel der Geschichte besteht darin, dass die ganze Schöpfung und an ihrer Spitze als ihr handlungsfähiges und verantwortliches „Organ der Mensch Gott ähnlicher und das heißt communialer wird."[10] „Himmel" nennt die traditionell theologische Sprache die „soziale Größe", eben das himmlische Jerusalem, wo die Schöpfung auf ewig in der Communio, die Gott selbst ist, „mitspielt" und kein „Fremdkörper" ist.

Anthropologische Konsequenzen

Anthropologisch gewendet bedeutet dies für das Selbstverständnis des Menschen: „Zum Menschen gehört, dass er ein relationales Wesen ist [...] Er ist kein autarkes, in sich allein gerundetes Wesen, keine Insel des Seins, sondern seinem Wesen nach Beziehung. [...] Und gerade in dieser Grundstruktur ist Gott abgebildet. Denn es ist ein Gott, der in seinem Wesen ebenfalls Beziehung ist, wie uns der Dreifaltigkeitsglaube lehrt."[11]

Der Mensch *ist* Beziehungswesen zur Mitschöpfung und zu Gott. Dieses „ist" ist die christliche Revolution.[12] Die Relationalität ist insofern nichts Nachträgliches und Akzidentielles. Deshalb geht es beim Thema Gemeinschaft und näherhin bei der Frage von Beziehungen nicht nur um das freiheitliche Gestalten vom Menschen

---

10 Ebd., 111.
11 J. Ratzinger, Gott und die Welt. Glauben und Leben in unserer Zeit. Ein Gespräch mit P. Seewald, München 2000, 95. Vgl. aber auch das ferne Echo christlicher Tradition bei P. Sloterdijk, Sphären I, Blasen, Frankfurt/M. 1998, 556: in der mystischen Tradition, in der Frage nach Gott und Seele, tut sich der „Abgrund einer Beziehungsbereitschaft" auf.
12 K. Hemmerle spricht von einer „Revolution im Seinsverständnis", in: ders., Glauben – wie geht das?, Freiburg/Br. 1978, 147.

her, sondern auch um das Bezogensein vor aller Eigenaktivität. „Zu erinnern ist jene Bezogenheit, die dem Subjekt unvordenklich vorausgeht. Das Subjekt ist nicht der Anfang seiner Konstituierung."[13]

Noch mehr: der Mensch wird nicht nur durch eine „Vorgabe" gesetzt, sondern er wird immer wieder durch Zustimmung, durch die Bejahung der Liebe eingesetzt. Eine solche Zustimmung ist nicht etwas Gleichgültiges, sondern etwas eigentlich Kreatorisches.[14] Der Mensch „braucht die Setzung seiner Existenz durch Zustimmung, nur so wird er als Mensch in seinem Sein bestätigt und erfüllt."[15] Genau diese Realität ist angezielt mit den Begriffen Communio und Communion.

Abstrahierend gesagt: Einheit (communion) kommt dadurch zustande, dass die Vielen teilhaben an ein und demselben. Sei es, dass dieses ihnen vorgegeben ist (historisch im Begriff liegend: z. B. der gemeinsame Lebensraum der „moenia/Stadtmauer" – Ökologie/Ökonomie/Ökumene; theologisch: alles gründet in Gott, dem Dreifaltigen), sei es, dass sie dieses im Tun hervorbringen (sozialethisch: das bonum commune – „munus"-Aufgabe, Dienstleistung, Geschenk; gnadentheologisch/pneumatologisch: zur Mitwirkung befähigt). Immer aber sagt Communio Vermittlung von Identität und Differenz. Das Andere, der Fremde wird durch die Teilhabe an einem Gemeinsamen zur Einheit (gemeinsame Vorgabe oder gemeinsames Ziel) zusammengefügt, ohne dabei die Differenzen

---

13 E. Dirscherl, Grundriss der Anthropologie. Die Entschiedenheit des Menschen angesichts des Anderen, Regensburg 2006, 150. Das gilt für die menschliche Zeugung, das gilt aber auch für die „Subjektwerdung", die durchaus ein „Subjektsein" voraussetzt, hier aber die Entfaltung durch die Intersubjektivität im Blick hat. Die These Dirscherls muss nicht „aktualistisch" verstanden werden. Vgl. dazu die andere Sicht: K. Müller, Subjektivität und communio, a.a.O., 143f.

14 Dies ist jedoch rein menschlich nicht mehr einholbar. Die Zuwendung und Anerkennung durch endliche Menschen bleibt immer gebrochen durch Versagen, Schuld, Begrenztheit, Fremdheit, Leiden und Tod. Wo ist sie für die, die vor mir gelebt haben und die in Zukunft leben werden? Hier stehen wir vor eine Aporie der zwischenmenschlichen Communio. Der Mensch ist darauf angelegt, in der Communio sein Ganzsein zu gewinnen und doch kann keine menschliche Einrichtung eine solche Gemeinschaft begründen. Ist diese Aporie das letzte Wort?

15 J. Ratzinger, Vorfragen zu einer Theologie der Erlösung, in: L. Scheffczyk (Hrsg.), Erlösung und Emanzipation, Freiburg/Br. 1973, 124–151, hier 148f.

aufzulösen. Die Einheit der Vielen ist nichts Nachträgliches, das sich erst aus der Vereinigung ergäbe, sondern gleichursprünglich wie die Differenz. Hans Urs von Balthasar betont dementsprechend:

> „Die sich in der Communio befinden, treten [...] nicht erst aus eigener Initiative aus einem je privaten Bezirk in solche Gemeinsamkeit ein, deren Ausmaß durch sie als Initiaten festgelegt werden kann, sondern finden sich je schon darin vor, sind immer bereits vorweg, vorgegebenermaßen, apriori aufeinander verwiesen, und zwar nicht nur im gleichen Raum miteinander, sondern auch eine gemeinsame Leistung zu vollbringen [...]. Das faktische ‚physische' Beisammensein ist als Tatsache zugleich eine Aufgabe, die nur geistig, in Freiheit, ‚moralisch' gelöst werden kann und so aus dem Beisammensein erst eine menschliche Form, eben Gemeinschaft gewinnt."[16]

In der Communio geht es nicht um eine „Gesellung", sondern um mehr: „Es geht um die Identitätsfindung der vielen einzelnen in einem Gemeinsamen, um wechselseitige Teilgabe am je eigenen, um Lebensaustausch. Somit will das Wort communio darauf hinweisen, dass es sich hier um eine ganz intensive Form von Beziehung, Liebe und Gemeinschaft handelt, um etwas, das wir emotional mit dem eingedeutschten Wort ‚Kommunion' verbinden: enges Miteinandersein, Lebenseinheit, gegenseitiges Sichdurchdringen."[17]

Communio sanctorum

Die Kommunion in vielfaltiger Gestalt: mit der Schöpfung, mit der Menschheit, mit dem Sohn, mit der Gemeinschaft der Glaubenden, im Sakrament, vor allem der Eucharistie, basiert darin, dass wir zur communio sanctorum gehören, zu denen, denen Gott Anteil gibt an seiner Heiligkeit, d.h. an seinem ureigenen Wesen, das das ganze All erfüllt. Dies geschieht wiederum durch die „communio in sacris", durch die Gemeinschaft auf Grund von Heilsmitteln (an der apostolischen Sendung, dem Wort, den Sakramenten), die das Grundprinzip der Kirche ist. Diese Formulierungen der klassischen Glaubenslehre

---

16 H.U. v. Balthasar, Communio, in: *IKaZ* 1 (1972), 1ff., 5f.
17 G. Greshake, Communio, a.a.O., 96.

bergen einen gesellschaftlich und philosophisch weitreichenden Gedanken. Der Sprengstoff dieser Sichtweise von Gemeinschaft/Communio/Communion liegt in seinem „heißen Kern", den Joseph Ratzinger so pointiert formuliert und denkerisch zu verantworten sucht: „Das Allereigenste – was uns letztlich wirklich allein gehört: das eigene Ich, ist zugleich das am allerwenigsten Eigene, denn gerade unser Ich haben wir nicht von uns und nicht für uns."[18]

Als Subjekte empfangen wir unser Subjektsein und *insofern* gehören wir nicht uns selbst. Ich komme zu mir selbst, indem ich mich in der Zeit auf den Anderen einlasse, und dieser sich auf mich. So finde ich in meine wahre Ursprünglichkeit zurück. Daran geht mir auf, dass sich jede Ursprünglichkeit in eine unvordenkliche, anarchische Vergangenheit hinein entzieht, und jede Zukunft meines Ichs sich noch erweisen muss. So wird die Grenze zwischen Zeit und Ewigkeit überschritten. Meine Ursprünglichkeit ist nicht erinnerbar oder synchronisierbar. Sie ist ein Verweis auf eine unverfügbare Vergangenheit und Zukünftigkeit, mit der es unsere Personalität (die bleibende Bezogenheit jeder Subjektivität) unmittelbar zu tun bekommt.

Wenn das Zweite Vatikanische Konzil im Anschluss an eine breite altkirchliche Tradition (über die Tübinger Schule vermittelt) in verschiedenen Zusammenhängen von der Communio als Zentralkategorie der Theologie gesprochen hat, so geht es am Ende immer um diesen springenden Punkt: die Mehrursprünglichkeit des Ichs. Grundlegend für das Zweite Vatikanum kommt die „Communio" in der Rede von der Sakramentalität der Kirche zur Sprache. Sie ist gleichsam Zeichen und Werkzeug der innigsten Vereinigung der Menschen mit Gott und untereinander (vgl. LG 1). LG 2 spricht von der participatio am göttlichen Leben, DV 1,2 versteht diese als personale Gemeinschaft. GS 19 sieht in der Teilhabe an Gott Würde und Wahrheit des Menschen gegeben, der von der Schöpfung her auf Gott bezogen (GS 32) und in unvertretbare Verantwortung eingesetzt ist. Wenn der Weltkatechismus der Katholischen Kirche daran fest hält, dass sich der Glaube einer konkreten Überlieferungsgemeinschaft verdankt (KKK 1877–1885), geht es ebenso um die Auflösung einer vorrangingen Subjektzentrierung.

---

18 J. Ratzinger, Einführung in das Christentum, München 1968, 149f.

Communio – zwischen Fiktion und Realität

Der Glaube zielt nicht nur inhaltlich auf die Kommunion mit Gott und den Menschen, sondern er wird formal (institutionell) in der „Communio der Glaubenden" bezeugt, weitergegeben, autorisiert und verifiziert. Darin spiegelt sich die neutestamentliche Überzeugung: „Was wir gesehen und gehört haben, das verkünden wir auch euch, damit ihr Gemeinschaft mit uns habt. Wir aber haben Gemeinschaft mit dem Vater und mit seinem Sohn Jesus Christus" (1 Joh 1,3). Das „Ich des Glaubens" ist von einem Wir des Glaubens umfasst. Immer geht es um mehr als die moderne Entgegensetzung von Autonomie und Heteronomie. Dass dies schnell zu einer theologischen Ideologie werden kann, die den Einzelnen im Wir untergehen lässt, ist nicht von der Hand zu weisen, genauso wenig wie die Gefahr der spätmodernen Rede von der Individualisierung, die „das Wir" bagatellisiert. Erwin Dirscherl formuliert im Neuen Lexikon für Dogmatik (2012) wohl deshalb, die neuzeitliche Spannung zwischen Autonomie und Heteronomie im Blick habend, vorsichtig: „Gemeinschaft bedeutet das sinnerfüllte, passiv verfügte und aktiv gewollte Zusammenleben von Menschen, die als Beziehungswesen sowohl aufeinander als auch auf Gott, auf alle Lebewesen und die gesamte Natur bezogen sind. In diesen nicht immer konfliktfreien Beziehungen können sie Individualität in der Spannung von Autonomie und Heteronomie entfalten."[19]

Nichtsdestoweniger, der Communiobegriff ist zum steuernden Hintergrundbegriff – wenn nicht explizit, so dann doch implizit – für alle zentralen anthropologischen Aussagen der Theologie avanciert: Gottebenbildlichkeit des Menschen (Mann und Frau), Person (Mehrursprünglichkeit des Subjekts), Würde (Gottesbezug), Freiheit (ermöglichter Selbststand), Sünde (Beziehungsabbruch), Gnade (Beziehungseröffnung), Erlösung (Leben in und aus Vertrauen).

---

19 E. Dirscherl, Art. Gemeinschaft, in: Neues Lexikon der katholischen Dogmatik, hrsg. v. W. Beinert u. B. Stubenrauch, Freiburg/Br. – Basel – Wien 2012, 243–245, hier 243.

Communio – gegenwärtig denken

Die denkerische Herausforderung des Glaubenszeugnisses von der vielfältigen Communion der Menschen untereinander sowie mit Gott, setzt die Konstitution des Ichs, ja das Seinsverständnis selbst in ein neues Licht, das auch innerhalb der Ratio seine Plausibilität hat. Der Glaube gibt zu denken: „Das Ich, sich geschenkt (Sein kommt ihm als Gabe zu), das Ich, sich verantwortend (in sich selbst stehend), darin aber schon je geöffnet in eine es übersteigende Kommunikation, Untrennbarkeit von Ich und Wir, und schließlich: Ich bin im beständigen Wechselspiel auf das Du hin und von ihm her. Sein Selbststand ist jener der ihm zugedachten Beziehungen, in denen allein ich selber zu denken und mich zu vollziehen vermag."[20]

Die Neuzeit beginnt mit der Entdeckung der radikalen Ursprünglichkeit und Unbedingtheit der menschlichen Freiheit. Selbststand und Autonomie werden die Leitbegriffe. Die Frage nach dem Subjektwerden des Menschen wird zum entscheidenden Kristallisationspunkt neuzeitlicher Anthropologie. Karl Marx formuliert ganz in diesem Gestus: „Ein Wesen gibt sich erst als selbstständiges, sobald es auf eigenen Füßen steht, und es steht erst auf eigenen Füßen, sobald es sein Dasein sich selbst verdankt. Ein Mensch, der von der Gnade eines anderen lebt, betrachtet sich als ein abhängiges Wesen."[21]

Dieses Unabhängigkeitspathos der Ego-Logik ist grundsätzlich durch die Erschütterung zweier Weltkriege (Hiroshima) und deren ideologischen Großsysteme (Auschwitz, Gulags) in die Krise geraten und gerät weiter durch die global immer greifbarer werdenden ökologischen und ökonomischen Verwerfungen unter Druck. In zahlreichen westlichen Diskursen ist die Ego-Logik oder auch die Bio-Anthropo-Logie gekippt und weiß nicht recht wohin. Die beschleunigte Moderne (Postmoderne) hat zur Zersplitterung des Subjekts und seiner Identität bis zu seiner verkündeten Abschaffung bzw. Annihilierung geführt. Man muss diese Diskurse nicht kennen, um die sich dahinter verbergenden Realitäten zu erleben: die überkommenen Grenzziehungen zwischen Geist und Materie,

---

20 K. Hemmerle, Communio als Denk- und Lebensform, a.a.O., 85.
21 K. Marx, Zur Kritik der Nationalökonomie (WW I), Darmstadt ²1971, 605.

Männern und Frauen, Reichen und Armen, Menschen verschiedener Rasse oder geschlechtlicher Orientierung werden dekonstruiert. Dies nicht überall und in gleicher Weise, ja sogar entschieden abweisend. Die Reibungen der Ungleichzeitigkeiten und der unversöhnten Denk- und Lebensweisen sind überall zu spüren.

In einer Zeit, die durch die Offenheit einer hohen (medialen) Präsenz von Pluralität, Virtualität und Alterität gekennzeichneten ist, ist das Verhältnis von Gott-Mensch-Schöpfung herausgefordert, sich neu zu artikulieren. Im Haus des Lebens stehen Ökologie und Ökonomie unter großer Konfliktspannung, ebenso die Ökumene der Religionen. Die Frage stellt sich brennender denn je: Wie soll denn Communio zustande kommen? Wie lässt sich die Freiheit des einzelnen mit seinem Eingefügtsein in ein gemeinschaftliches Mitsein vereinbaren? Wie mit der Freiheit dessen umgehen, der sich der Gemeinschaft verweigert, ja stört oder sogar zerstört? Und was sollte diese Gemeinschaft sein, das Gemeinsame, das hier verbindet, die Sakralität der Person? Sollte es Gott sein?

Der Philosoph Thomas Rentsch hat herausgearbeitet, dass der Gottesgedanke viele Surrogate gefunden hat: die Herrschaft des Übermenschen (Nietzsche), die Kommunistische Gesellschaft (Marx), das Sein (Heidegger), das Mystische (Wittgenstein), das Nicht-Identische (Adorno), die ideale Kommunikationsgemeinschaft (Habermas). Eine ähnliche göttliche Ersatzform lässt sich auch bei Jacques Derrida finden. Er nennt sie: differance, hymen, pharmakon, die Spur (trace), Urspur (archi-trace), die Schrift. Allerdings streichen diese „Ersatzformen" jeden Ersatz durch; sie sind Spur ins Unendliche.

Die Vielfalt der Perspektiven macht deutlich, dass in einer vielstimmigen Welt der Kommunikation(-sidee) höchste Bedeutsamkeit zuwächst. Nicht nur visionär im politischen Wunsch nach einem Weltparlament kommt dies zum Ausdruck, auch im Versuch, alle diese diversen Diskurse in einer idealen, universalen oder schlicht nur medial-digitalen Kommunikationsgemeinschaft zu umfassen. Auf die Aporien der fragmentarischen Kommunikationsfähigkeit des Menschen hat Helmut Peukert in den 1970er Jahren hingewiesen.[22]

---

22 Vgl. dazu H.-U. v. Brachel / N. Mette (Hrsg.), Kommunikation und Solidarität. Beiträge zur Diskussion des handlungstheoretischen Ansatzes von Helmut

Kommunikation kann ohne die Perspektive der Hoffnung auch im Scheitern, im „Vergessen" und „Abschreiben" der Opfer der Geschichte, nicht gelingen. Kommunikation verlangt nach einer umfassenden Solidarität, die Vergangenheit, Gegenwart und Zukunft umfasst. Sie verlangt nach einer religiösen Dimension.

Damit steht die erhoffte „ideale Kommunikation", wie die Anwendung des theologischen Communiobegriffs, unter eschatologischem Vorbehalt, da Gottes Reich im Kommen ist.[23] Das verhindert, dass keine Gemeinschaft zum Zwecke der Vergemeinschaftung den Einzelnen seiner Freiheit so beraubt und in ein Zwangssystem überführt, wie es bedauerlicher Weise die Geschichte immer wieder gezeigt hat, bis hin zu einer integralen, ideologischen Kirchlichkeit.

Aber noch von einem ganz anderen Diskursfeld zeigt sich die Notwendigkeit eines differenzierten, theologischen Communiobegriffs. Die christliche Theologie erinnert daran und beharrt darauf: Der Mensch ist nicht Gott. D.h., so inspirierend der theologische Communiobegriff für das Verstehen der Welt und des menschliche Dasein in Einheit und Vielheit auch sein mag und so sehr er den Menschen als relationales Wesen versteht, geht der Mensch nicht wie der trinitarische Gott in rationalen Vollzügen auf. Sein Personsein ist nicht wie das Personsein Gottes „subsistierende Relation." Der Mensch bleibt stets auch ein substantielles In-sich-Sein, das freilich immer schon geöffnetes Sein ist. Die Substantialität des Menschen als In-Sich-Sein verhindert, dass der Mensch unter dem Projektwort „Verlust des Subjekts" sich selbst in einer subjektlos ablaufenden Wirklichkeit als „irreales Phantom" annulliert, wie es z.B. Michel Foucault nahelegt. Sie verhindert zugleich, dass der Mensch unter dem Projektwort „Pathos des Subjekts" sich in postmoderner Manie in einer radikalen Individualität verliert, die ihn zum „Spielplatz unendlicher Kombinationsmöglichkeiten von Systemfaktoren"

Peukert in Theologie und Sozialwissenschaften, Fribourg – Münster 1985. Auf die Frage der Intersubjektivität und der Herausforderungen einer globalen Welt zuspitzend: H. Peukert / N. Mette / O. John (Hrsg.), Bildung in gesellschaftlicher Transformation, Paderborn u. a. 2015.

23 Vgl. dazu R. Schaeffler, Freiheit, Geist und eschatologische Gemeinde. Die religionsphilosophischen Implikationen der neuzeitlichen Geschichtsphilosophie, in: A. Halder / G. Kienzler / J. Möller (Hrsg.), Spuren der Erlösung, Düsseldorf 1986, 124–151, hier 147.

reduziert oder als ein Produkt intersubjektiver Kommunikationsgefüge versteht, worin er quasi zu seinem eigenen Avatar wird.

Die Fleisch-Werdung Gottes, die Annahme der Endlichkeit, lässt den Menschen in seinem In-sich-Sein vor Gott stehen, ohne ihn in Gott aufgehen zu lassen. Der Mensch bleibt primär auf die Kommunikation mit Gott bezogen, und versteht sich auf ihn hin und schließlich dann auch von ihm her zu einer gelingenden Kommunikation untereinander befähigt, die alle Zeit in der Hoffnung überschreitet. Diese „umwegige Kommunikation" zum Nächsten über und *aus* seiner Gemeinschaft mit Gott, dürfte das unterscheidend Christliche sein, wenn Christen von Kommunion sprechen.

Stephan Winter

„was nun wirklich wertvoll ist ..."
Überlegungen zur Rolle rituell-gottesdienstlicher Vollzüge für die Begründung einer modernen Moral im Anschluss an Charles Taylor

1. Einleitung: Fragestellung und Gliederung

Der Münchner Soziologe Armin Nassehi beschäftigte sich im vergangenen Jahr nach den Attentaten von Paris in einem Text für die Süddeutsche Zeitung mit der Beobachtung, dass angesichts wachsender Migrations- und insbesondere Flüchtlingsbewegungen nach Deutschland wieder verstärkt und nicht selten sorgenvoll bis aggressiv die Frage gestellt werde, wie sich „das Eigene" unserer Gesellschaft noch bewahren lassen soll. Es gelte aufmerksam wahrzunehmen, wie sich Diskussionen darüber entwickeln, was „das Deutsche ausmache, wie man sich ‚hier' angemessen zu verhalten hat, welche zivilisatorischen Standards unsere Lebensform ausmachen, was denn ‚unsere' Kultur sei [...] Ängste und Sorgen, Mahnungen und Warnungen beziehen sich auf diesen Kern des Eigenen, das es zu verteidigen gelte."[1] Nassehis Resümee: Letztlich bleibe auf die Frage „Was ist das Deutsche?" nur eine plausible Antwort: „Hier zu leben. Mehr sollte man darüber nicht sagen müssen. Es kann heute in einer pluralistischen Gesellschaft keine starke und exklusive Selbstverortung mehr sein. Das ‚Hier' wird zu einem ‚Wir' nicht durch kulturelle Oktroys, sondern durch gesellschaftliche Selbsterfahrung, durch eine alltägliche Praxis, die man durch geeignete Maßnahmen auch Einwanderern ermöglichen muss – durch Teilhabe an Bildung,

---

[1] Dieses und die folgenden Zitate: A. Nassehi, Wir müssen reden. Über Fremde spricht es sich leichter als über das Eigene. Das sollte nicht so bleiben, in: *Süddeutsche Zeitung* vom 21./22.11.2015 (Nr. 269), 17.

am Arbeitsmarkt, am konkreten Leben." Kurz: „Das Attraktive an modernen Lebensformen ist, das sie mit möglichst wenig [sic!] Bekenntnissen auskommen können. Daran muss sich jeder orientieren, der Einwanderung gelingen lassen will – und zwar nicht nur Einwanderung, sondern auch das Leben der Autochthonen!"

Die nachfolgenden Überlegungen gehen der Frage nach, was „möglichst wenig" im zuletzt zitierten Satz sinnvoller Weise meinen könnte und was nicht.[2] Das konkrete Ziel: Es soll in den Blick kommen, welche Rolle speziell religiöse Bekenntnisse bzw. besonders deren rituelle Praxis für moderne Lebensformen und deren Gelingen spielen könnten und sollten. Ich wähle zur Bearbeitung dieser Fragestellung als Gesprächspartner den kanadisch-amerikanischen Philosophen Charles Taylor aus. Der Standpunkt, den ich dabei bezüglich der Begründung einer modernen Ethik einnehme, hier aber nicht weiter präzisieren oder gar begründen kann, lässt sich knapp so umschreiben: Mit Kant ist das Faktum der reinen praktischen Vernunft bzw. die formale Forderung der Selbstzwecklichkeit des Menschen als das angemessene Prinzip moderner Moral anzunehmen. Doch ist der „Kantische Dualismus von Vernunft und Gefühl […] zu überwinden" und „das Faktum der Vernunft […] aus seiner Isolierung zu befreien und auf eine breite anthropologische Grundlage zu stellen", denn: „Moral beruht nicht auf der Einsicht in ein abstraktes Prinzip, das man vielleicht mit Argumenten bestreiten kann. Vielmehr sind die Emotionen und die in ihnen enthaltenen moralischen Reaktionen tief in unserem menschlichen Leben verwurzelt und können durch keine theoretische Reflexion, die etwa den Sinn moralischer Normen bestreitet, zerstört werden. Sie sind vor jeder Reflexion, und sie bilden den Anstoß dafür, daß wir überhaupt nach moralischen Normen fragen."[3] Insofern sind alle Ansätze defizitär, die sich bei

---

2 Ich führe damit teilweise Überlegungen aus älteren Arbeiten mit etwas anderer Akzentsetzung weiter. Vgl. bes. S. Winter, Quelle der Solidarität und des Selbst?! Liturgie in der entfalteten Moderne 50 Jahre nach der Verabschiedung von Sacrosanctum Concilium, in: BiLi 87 (2014), 161–178; ders., Braucht die Theologie in der entfalteten Moderne die Liturgie? Methodologische Überlegungen zum Gottesdienst als Lebensform in: O. Wiertz (Hrsg.), Katholische Kirche und Moderne (FTS 73), Münster 2015, 355–402.
3 F. Ricken, Allgemeine Ethik (Grundkurs Philosophie Bd. 4), 5., überarb. und erg. Aufl., Stuttgart ⁵2013, 191f.

der Moralbegründung mehr oder weniger auf deren rein formale Seite beschränken. Darauf haben in den einschlägigen Debatten der vergangenen Jahrzehnte insbesondere Autorinnen und Autoren aufmerksam gemacht, die sich in einer aristotelischen Denktradition verorten, wobei viele – auch Taylor – dem in sich komplexen so genannten Kommunitarismus zuzuordnen sind.[4] Aus dieser Grundrichtung heraus wird zu Recht hervorgehoben: Es geht „in der Ethik jedenfalls nicht nur um das Handeln, sondern auch um das Sein […]. Das Sein bestimmt das Handeln […]. Erst das Gutsein, die Tugend, sichert, daß er beständig und auch in schwierige Situationen gut handelt. Es genügt nicht, daß ein Mensch in seinem Handeln die sittlichen Normen befolgt. Er ist vielmehr erst dann gut, wenn er zu einer stabilen, über die Zeit hin dauernden Einheit gekommen ist, d. h. wenn er die sittliche Forderung in allen Schichten seines Strebens und Fühlens, also aus ganzem Herzen, bejaht. Die Aristotelische Ethik fordert eine Kultur der Gefühle."[5] Zur Ausprägung einer solchen Kultur sind aber dann womöglich doch gemeinschaftliche Praxen zu etablieren resp. zu erhalten, durch die eine ganzheitliche Umprägung des Herzens, der Personenmitte geschieht. Hier beginnt die Suche danach, wo „Bekenntnisse", wie dies Nassehi im eingangs zitierten Aufsatz nennt, eine wohl bestimmte Funktion für das Zusammenleben in modernen Gesellschaften haben.

2. Biblisch begründeter Glaube als Quelle moderner Lebensformen – Charles Taylor

Charles Taylor geht es in seinem umfangreichen Werk vor allem darum, die moralischen Quellen zu rekonstruieren, die für die Herausbildung des neuzeitlichen Selbst-, Sozial- und Weltverhältnisses entscheidend sind, und die aus seiner Sicht wieder erschlossen werden müssen, um Fehlentwicklungen der Moderne zu korrigieren.[6]

---

4 Vgl. K. Müller, Glauben – Fragen – Denken, Bd. II: Weisen der Weltbeziehung, Münster 2008, 451–459.
5 F. Ricken, Allgemeine Ethik, a.a.O., 252f.
6 Vgl. insbesondere C. Taylor, Quellen des Selbst. Die Entstehung der neuzeitlichen Identität (stw 1233) (amerik. Original: Sources of the Self. The Making oft he Modern Identity, Harvard University Press 1989), Frankfurt/M. ²1996; ders.,

Im Gesamtrahmen einer philosophischen Anthropologie bedarf es aus Taylors Sicht einer Ethik des Guten, um unter neuzeitlichen Bedingungen die Frage nach den Gründen für Moralität und Gerechtigkeitsstreben adäquat beantworten zu können, denn: „Eine Anschauung des Guten wird den Menschen einer gegebenen Kultur dadurch zugänglich, daß ihr in irgendeiner Weise Ausdruck verliehen wird. [...] Die hier maßgebliche Vorstellung ist die, daß die Artikulierung uns dem Guten als moralischer Quelle näherbringen, daß sie ihm Kraft verleihen kann."[7] In den Gesellschaften der entfalteten Moderne hat Religion dafür zwar nicht mehr zwingend eine Bedeutung, aber eben auch nicht zwingend keine Bedeutung mehr: „[E]rbärmlich unzulänglich"[8] ist es nach Taylor, die Entstehung der Neuzeit als reine „Substraktionsgeschichte" zu erzählen, „der zufolge die Entwicklung der Irreligiosität einfach auf die Fortschritte der Wissenschaft und der rationalen Forschung zurückzuführen ist"[9]. In „Ein säkulares Zeitalter" entwickelt Taylor deshalb seine alternative Version der „Geschichte dessen, was man normalerweise die ‚Säkularisierung' des neuzeitlichen Abendlands nennt"[10]. Ein zentrales Element seines *grand narrative* ist, dass religiöser Glaube bzw. Unglaube letztlich auf einer unterschiedlichen moralischen Haltung beruhen – und keineswegs auf unterschiedlichen Positionsbestimmungen gegenüber den Ergebnissen der Naturwissenschaften.[11] Glaube und Unglaube sind demnach „nicht als konkurrierende *Theorien* [zu] behandeln", sondern bilden unterschiedliche Auffassungen vom menschlichen Leben, weshalb die diversen Formen des Erlebens zu betrachten sind, „die eine Rolle spielen, wenn man sein Leben auf die eine oder andere Weise begreift". Es geht um „die innere Erfahrung des Lebens als gläubiger oder ungläubiger

---

Ein säkulares Zeitalter (amerik. Original: A secular Age, Harvard University Press 2007), aus dem Engl. von J. Schulte, Frankfurt/M. 2009. (Zu beachten ist jetzt auch die neue wissenschaftliche Ausgabe der WBG, Darmstadt 2012. Hier wird dennoch nach der Ausgabe von 2009 zitiert, im Folgenden mit der Sigle „SZ".)
7 Ch. Taylor, Quellen des Selbst, a.a.O., 175 u. 177.
8 SZ, 455.
9 SZ, 451.
10 SZ, 9.
11 Vgl. SZ, 951.

Mensch"¹². Die innere Erfahrung des Ungläubigen sieht Taylor von einem ganz bestimmten Bild geprägt. Dieses Bild ist – mit Wittgenstein – zu verstehen als der „Hintergrund unseres Denkens, der die Begriffe, in denen sich dieses Denken abspielt, vorgibt"¹³. Gemäß diesem Bild ist die Moderne im Kern ein Prozess, der einen abgeschlossenen immanenten Rahmen gesetzt hat¹⁴, wobei das Bild insgesamt Ergebnis des Zusammenwirkens eines szientistischen Materialismus und einer bestimmten Deutung der ethischen Situation des Menschen ist. Das naturwissenschaftliche Denken fordert und verabsolutiert in seiner szientistischen Form den unpersönlichen Standpunkt. Mündig geworden durch die Preisgabe des religiösen Glaubens können wir uns nun von der Wissenschaft sagen lassen, was moralisch richtig ist. Mündig zu sein meint aus dieser Sicht den „phantasievolle[n] Mut, sich der Leere zu stellen und von ihr zur Schaffung von Sinn ermuntern zu lassen"¹⁵. Negativ gesehen hat „dieses Denken die Tendenz, uns zur systematischen Entwertung intuitiver Einsichten zu veranlassen, von denen die Auffassung der unpersönlichen Ordnung in Frage gestellt werden könnte, also Einsichten, die sich vielleicht aus dem Gebet oder einer Liebesbeziehung ergeben."¹⁶

Taylor hebt drei Aspekte hervor, die dazu verhelfen können, sich von diesem verfehlten Bild zu befreien. *Erstens* müsse deutlich werden, dass es sich bei diesem Bild lediglich um *eine*, keineswegs alternativlose Sichtweise auf die Geschichte handle. Weder ist die wissenschaftliche Vernunft die einzige Vernunftform oder Norm für alle anderen Vernunftformen; noch sind die Werte dieser Vernunftform – (1) die objektivierende Vernunft, (2) der Mut zum Verzicht auf Trost aufgrund religiös motivierter Illusionen und (3) das Vertrauen auf den eigenen Verstand als einzig adäquatem Wirklichkeitszugang – absolute Werte, die alle anderen Werte

---

12 SZ, 18.
13 SZ, 915.
14 Vgl. zu den vier von Taylor so genannten „abgeschlossenen Weltstrukturen" (SZ, 982f.) im Einzelnen SZ, 958f. Wichtig für das Verständnis von Taylors Alternativbild ist auch seine Unterscheidung dreier Säkularisierungsbegriffe; vgl. SZ, 13–15.
15 SZ, 981.
16 SZ, 925.

relativieren. *Zweitens* sei das hier von Moderne gezeichnete Bild als Kampfplatz von Glaube und Unglaube massiv unterkomplex. Taylor spricht diesbezüglich von Fragilisierung: „Es ist eher zutreffend zu behaupten, daß in unserer Welt eine Vielzahl an Positionen irgendwo in unserer Gesellschaft vertreten und verteidigt wird. Die Skala der Möglichkeiten reicht vom militanten Atheismus bis hin zum orthodoxesten traditionsverhafteten Theismus und deckt alle erdenklichen Zwischenpositionen ab."[17] Und *drittens* löst das nachgezeichnete Bild ein emotionales Unbehagen aus, weil bestimmte Aspekte eines erfüllten menschlichen Lebens darin nicht treffend unterzubringen seien. So seien es vor allem drei Erfahrungen, die das Bild nicht aufzunehmen vermöge[18]: (1) die Erfahrung, „nicht bloß determinierte Wesen […], sondern aktive, aufbauende, kreative und gestaltende Akteure" zu sein; (2) die Erfahrung, dass wir „höhere Motive ethischer oder spiritueller Art" haben; (3) die ästhetische Erfahrung, in der wir „einen tieferen Sinn [empfinden] und […] unsere ‚ästhetische' Resonanz nicht als eine Form lustvoller Reaktionen neben anderen deuten" können.

Tatsächlich strebt jede Person und jede Gesellschaft Fülle (*fullness*) an[19], mit Aristoteles: die *eudamonia*, das Glück bzw. die Glückseligkeit.[20] Was konkret darunter verstanden wird, hängt allerdings von den menschlichen Lebensformen ab.[21] Deutlich dürfte geworden sein: „Die stürmische Auseinandersetzung zwischen Glauben und Unglauben sowie zwischen verschiedenen Spielarten beider Positionen kann […] als eine Debatte gesehen werden, bei der es um die Frage geht: Worin besteht die wirkliche Fülle?"[22] Und bislang hat sich gezeigt: Das Bild, an dem sich die nichtreligiöse Lebensform orientiert, ist hinsichtlich der Integration bestimmter menschlicher Erfahrungen zumindest unbefriedigend. Doch es geht noch um mehr: um die divergierenden Vorstellungen von unserer prekären ethischen Lage (*conception of our ethical*

---

17 SZ, 927.
18 Vgl. SZ, 994; die folgenden Zitate ebd.
19 Vgl. SZ, 38.
20 Vgl. NE I 1, 1095a17–20.
21 Vgl. NE I 3. Vgl. zu den nur angedeuteten Eckdaten Aristotelischer Ethik genauer F. Ricken, Allgemeine Ethik, a.a.O., 222f. u. 245–258.
22 SZ, 1000.

predicament).²³ Diese jeweiligen Vorstellungen geben Antwort auf die Fragen
- nach den Motiven, die die Fülle zu bringen vermögen;
- nach den Motiven, die ihre Entfaltung behindern;
- nach dem Grad der Erreichbarkeit der *fullness* und:
- nach den Möglichkeiten, entgegenstehende Motive zu überwinden, sowie
- nach dem Preis, der dafür zu entrichten ist.²⁴

Die Qualität einer *conception* zeigt sich daran, wie sie mit einschlägigen Dilemmata der Moderne umzugehen vermag, etwa dem Dilemma, dass der Kampf gegen Leid und Böses offensichtlich seinerseits immer wieder Böses in Kauf nehmen muss.²⁵ So erlaubt etwa die Konzeption des Unglaubens dem Individuum durchaus, eine heroische Haltung einzunehmen, indem es sich trotz der Absurdität des Ganzen unabänderlich solidarisch zeigt. Diese Haltung hat etwa Albert Camus u. a. in der Figur des Sisyphos vor Augen gestellt. Taylor hält dem entgegen, dass damit womöglich nicht schon das höchste Maß an Vortrefflichkeit erreicht sei. Eine gläubige Vorstellung vom Guten führe zu ganz anderen Reaktionen: „Nehmen wir jedoch an, das höchste Gut bestehe in der Gemeinschaft, im wechselseitigen Geben und Nehmen, wie es durch das Vorbild des eschatologischen Mahls veranschaulicht wird."²⁶ Hier bildet die in Camus' Konzept ausgeschlossene Wechselseitigkeit die entscheidende Kategorie. Christlich gesehen ist *fullness* nur über eine von Liebe geprägte Beziehung zu erlangen: „Das ist eine Bindung, bei der jeder für den anderen eine Gabe ist, bei der jeder gibt und empfängt und bei der die Grenze zwischen Geben und Nehmen verschwommen ist."²⁷ – Sowohl das vom Unglauben als auch das vom Glauben angenommene Konzept der *fullness* und des *ethical predicament* können also offensichtlich solidarische und humanitäre Handlungen generieren – und dennoch lässt

---

23 Vgl. zum Folgenden F. Ricken, Ethik des Glaubens, in: M. Kühnlein /M. Lutz-Bachmann (Hrsg.), Unerfüllte Moderne? Neue Perspektiven auf das Werk von Charles Taylor (stw 2018), Berlin 2011, 350–370.
24 Vgl. SZ, 1006f.
25 Vgl. SZ, 1120–1178.
26 SZ, 1164.
27 SZ, 1164f.

sich mit Taylor fragen: Welche von beiden bildet eine reichere „moralische Quelle"? Für die Antwort ist entscheidend, dass die Phronesis, das praktische Urteilsvermögen im Sinne des Aristoteles, mit dem der Handelnde die praktische Wahrheit oder das sittlich Richtige erkennt[28], in konkreten Situationen unverzichtbar ist, und dass es eine Vielfalt von Gütern und dementsprechend ganz unterschiedliche Anforderungen an Verteilungs- und Entscheidungsprozesse gibt: „Freiheit und Gleichheit, Gerechtigkeit und Barmherzigkeit, ausgleichende Gerechtigkeit und Wechselseitigkeit [...] – und so weiter"[29]. Im konkreten Einzelfall könne nun, so Taylor, für ein Dilemma auch mehr als eine Lösung zur Verfügung stehen, weil die beteiligten Parteien ihre jeweiligen Ansprüche unterschiedlich interpretieren. „Doch wenn man die Interpretation in eine bestimmte Richtung verschiebt, kann dasselbe Dilemma in einer Weise gelöst werden, die im Hinblick auf beide Güter weniger kostspielig ist."[30] Während nun sozusagen in der Horizontalen jede Partei erhält, was ihr zusteht, wird in der vertikalen Dimension nach einer Interpretation gesucht, die beide konkurrierenden Güter möglichst wenig beschädigt, und diese Dimension ist eine solche „der Versöhnung und des Vertrauens": „Der christliche Glaube „plaziert [sic!] unsere Handlungen stets in zwei Dimensionen – in einer Dimension des richtigen Handelns und in einer eschatologischen Dimension. Das ist ebenfalls eine Dimension der Versöhnung und des Vertrauens, die jedoch über jede nur innerhistorische Perspektive einer möglichen Versöhnung hinausweist."[31] Biblisch gesprochen: „Er wurde geschmäht, schmähte aber nicht; er litt, drohte aber nicht, sondern überließ seine Sache dem gerechten Richter." (1 Petr 2,23) Diese Weitung ins Eschatologische hinein lässt Menschen dazu bereit werden, „das durch Leiden erworbene Recht nicht in Anspruch zu nehmen"[32], ohne dass sie dabei das Konzept der Gerechtigkeit aufgeben.

---

28 Vgl. Nikomachische Ethik (NE) VI 5, 1140b21.
29 SZ, 1168. – Vgl. dazu auch C. Taylor, Wesen und Reichweite distributiver Gerechtigkeit, in: ders., Negative Freiheit? Zur Kritik des neuzeitlichen Individualismus, übers. von H. Kochyba. Mit einem Nachw. von A. Honneth (stw 1027), Frankfurt/M. 1992, 145–187.
30 SZ, 1170 (Übersetzung F. Ricken).
31 SZ, 1171f.
32 SZ, 1176.

Eine solche Vorstellung von der eschatologischen Ausrichtung moralischen Handelns geht damit über den Gedanken Kants hinaus, dass der praktische Glaube aus Perspektive der Vernunft sowohl möglich als auch geboten ist, weil das notwendige Handlungsziel einer vollkommenen Einheit von Glückswürdigkeit und Glückseligkeit innerweltlich nicht erreichbar ist. Die christlich motivierte Vorstellung schafft zusätzlich „eine kritische Distanz gegenüber den eigenen Rechtsansprüchen, indem sie diese dem Urteil dessen überlässt, der allein sie in den umfassenden Rahmen der Güter stellen kann und der allein die Schuld dessen, der diese Ansprüche erhebt, im Letzten kennt."[33] Dieses Verständnis hat gegenüber dem Kants den Vorteil, dass es nicht nur beantwortet, was beim Rechthandeln für den Menschen letztlich herauskommt. Es kann auch noch etwas dazu sagen, wie ich mich verhalten soll, wenn mir Unrecht geschehen ist. „Damit wird die Phronesis um eine Dimension erweitert; es geht nicht nur darum, daß die berechtigten Ansprüche erfüllt werden; vielmehr sind die gegenseitigen Ansprüche zunächst im Geist des Vertrauens und der Versöhnung zu interpretieren. Die eschatologische Dimension wird in die Güterabwägung einbezogen; sie ist das Vertrauen, dass ich meine Sache ‚dem gerechten Richter' überlassen kann, und der Glaube, dass nur er, der ‚Herzenkündiger', letztlich imstande ist, die gegenseitigen Ansprüche richtig zu interpretieren."[34] Doch wie lässt sich etwa die Leitvorstellung vom eschatologischen Mahl auch faktisch als Quelle moralischen Handelns etablieren und fruchtbar machen?

3. Rituell-gottesdienstlich geprägte Gemeinschaften als Orte moralischer Herzensbildung

Innerhalb der teleologischen Konzeption Kants hat – wie ich an anderer Stelle gezeigt habe – der rituelle Gottesdienst gerade keinen originären Platz. Er gehört vielmehr gemäß der *Religionsschrift* zu den Elementen einer Offenbarungsreligion, die nicht als solche bewahrenswert sind, sondern nur in Hinordnung auf die Entwicklung

---

33 F. Ricken, Ethik des Glaubens, a.a.O., 369.
34 Ebd., 370.

der einen Vernunftreligion.³⁵ Für Taylor liegt die Sache von seinem Ansatz her ganz anders. Für ihn existiert kein grundsätzlicher „Riss zwischen Weltwissen und Offenbarungswissen"³⁶ in dem Sinne, dass die Offenbarung für die Philosophie zwingend „eine kognitiv unannehmbare Zumutung" bleibt. Auch für Taylor sind zwar die semantischen Gehalte einer Offenbarungsreligion philosophisch so zu artikulieren, dass sie möglichst universal verstehbar und als vernünftig begründbar angesehen werden können. So müsse man etwa durchaus „zu *sagen* versuchen, worin der zugrundeliegende Sinn des Guten besteht"³⁷. Doch der Gebrauch deskriptiver Sprache an dieser Stelle dient eben dazu, „die spezifischere Bedeutung der Artikuliertheit für unser Gefühl des Guten"³⁸ herauszustellen: „Die hier maßgebliche Vorstellung ist die, daß die Artikulierung uns dem Guten als moralischer Quelle näherbringen, daß sie ihm Kraft verleihen kann." Solches vermag dann aber auf ihre spezifische Weise etwa der rituelle Gottesdienst ebenfalls zu leisten – und zwar innerhalb im obigen Sinne fragiler Verhältnisse auch auf Dauer:

> *„Ein Gefühl für das Gute findet [...] nicht nur in sprachlichen Beschreibungen Ausdruck, sondern auch in anderen Sprechakten. Wenn wir [...] uns in den Bereich der Liturgie begeben, erkennen wir, daß der Ausdruck über die Grenzen der Sprache im normalen und engen Sinne hinausgeht. Die Gestik des Ritus, seine Musik, seine Darbietung sichtbarer Symbole – alle diese Elemente führen in ihrer jeweils eigenen Art und Weise unsere Beziehung zu Gott vor. Da kann es wirklich vorkommen, daß wir zu der Ansicht gelangen, die in prosaischer Sprache gehaltene Beschreibung sei das ausdrucksärmste Medium, dem es nicht einmal annähernd gelinge zu erfassen, was wir, wie die Vertreter der negativen Theologie glauben, in anderer Weise spüren und wozu wir eine Beziehung herstellen können. Deutlich ist außerdem, daß die neben der erzählte Überlieferung wichtigsten*

---

35 Vgl. I. Kant, Die Religion innerhalb der Grenzen der bloßen Vernunft, in: ders., Werke, Bd. 8, hrsg. v. W. Weischedel, Frankfurt/M. ⁹1991, 645–879, XXI–XXII u. 659.
36 J. Habermas, Ein Bewusstsein von dem, was fehlt, in: Ein Bewusstsein von dem, was fehlt. Eine Diskussion mit Jürgen Habermas, hrs g. v. M. Reder / J. Schmidt, Frankfurt/M. 2008, 26–36, hier 28.
37 SZ, 176.
38 Dieses und das nächste Zitat: SZ, 177.

> *Medien, durch die die weitaus meisten Gläubigen in der abendländischen Kirche über Jahrhunderte hinweg zum Verständnis ihres Glaubens gelangt sind, diejenigen des Ritus und der sichtbaren Darstellung durch Kirchenfresken und Fenstermalereien waren."*[39]

Was es insgesamt durch die Wiederentdeckung des Zusammenspiels verschiedener Artikulationsformen des Guten wiederzugewinnen gilt, ist ein menschliches Welt- und Selbstverhältnis, das höhere, jenseits seiner selbst und des rein innerweltlichen Wohlergehens liegende Ziele für das menschliche Leben gerade nicht ausschließt. Was es dabei aber zugleich wiederzugewinnen gilt, ist eine Vernunft, die gerade nicht ausblendet, dass sie immer nur als situierte Vernunft existiert. Wie oben gezeigt, befördert das Bild einer rein immanent gedachten Moderne das Modell einer von Taylor so genannten „desengagierten Vernunft". Er spricht in Bezug auf die in dieser Hinsicht paradigmatische Philosophie Descartes' davon, dass sie ein „Desengagement von Welt und Leib sowie eine instrumentelle Haltung zu ihnen"[40] verlange, damit man um des Wohles aller willen sowohl auf dem Feld der theoretischen wie der praktischen Vernunft möglichst allgemeinen Gesetzen und Prinzipien zu folgen vermag. Wo dieser Ansatz leitend ist, entwickelt sich ein „abgepuffertes Selbst": „Als begrenztes Ich kann ich die Grenze als Puffer auffassen, so daß mich die Dinge jenseits dieser Grenze nicht ,erreichen' müssen [...]. [...] Dieses Ich kann sich selbst als unverwundbares Wesen sehen, als Gebieter der Bedeutungen, die die Dinge für uns haben."[41] Ein desengagiertes Selbst-, Sozial- und Weltverhältnis führt aber schlussendlich zur Exkarnation: Auf diesem Weg entfernen wir uns „von unserer körperverhafteten Auffassung der Dinge [...], um zu klaren und deutlichen Erkenntnissen vorzudringen"[42], wobei das Erkenntnissubjekt einen „Untersuchungsgegenstand als etwas von uns völlig Unabhängiges begreift, so daß wir die Sache nicht dadurch verstehen, daß wir uns auf sie oder die Bedeutung einlassen, die sie in unserem Leben hat"[43]. Hingegen geht der Glaube ausdrücklich der Erfahrung

---

39 SZ, 176.
40 Ch. Taylor, Quellen des Selbst, a.a.O., 283.
41 SZ, 73.
42 SZ, 1023.
43 SZ, 1233.

nach, dass es einen höheren Wert gibt als die Werte, die innerweltlich durch den Menschen selber zu realisieren sind; dass den Dingen eine Bedeutung zukommt, die ihnen Menschen aus sich heraus nicht beizulegen vermögen: „Im Fall des Christentums kann man diesen Wert als Agape begreifen, als die Liebe Gottes zu uns, an der wir durch seine Kraft teilhaben können. […] Uns wird eine Möglichkeit der Verwandlung gegeben, die uns über die bloß menschliche Vollkommenheit hinausführt."[44] Die Vorstellung von einem höheren Gut, das der Mensch erreichen kann, setzt aber den Glauben daran voraus, dass eine Macht existiert, die ihm dieses Gut überhaupt zugänglich zu machen vermag, was wiederum mit der Überzeugung gekoppelt ist, „daß wir unser Leben als eines begreifen, das über die Grenzen seiner ‚natürlichen' Spanne zwischen Geburt und Tod hinausgeht: Unser Leben reicht weiter als ‚dieses Leben'". Die Möglichkeit eines entsprechenden Zugangs zur Agape ist dabei aus biblischer Sicht in der Gottebenbildlichkeit des Menschen und insofern schöpfungstheologisch begründet.[45] Die göttliche Bejahung des Menschlichen im jüdisch-christlichen Theismus ist bereits so umfassend, dass sie Menschen aus sich heraus gar nicht erreichen können[46], und für diese Bejahung bzw. den bejahenden Gott gilt es ein Gefühl zu entwickeln, zu „spüren, wie er auf mein Dasein einwirkt"[47] – eben vermittelt durch ein Selbst, dass sich von einem desengagierten Dasein verabschiedet hat zugunsten einer Existenzweise, innerhalb der „die Quellen seiner eindringlichsten und wichtigsten Gefühle außerhalb des ‚Geistes' liegen. […] Sinnlos ist schon die Vorstellung, es gebe eine scharfe Grenze, die es uns erlaubt, eine innere Basis zu definieren, auf die gestützt es möglich wäre, sich von allem übrigen zu lösen"[48]. Diesem Ansatz entspricht dann die zentrale Stellung des Inkarnationsglaubens. Am Beispiel des barmherzigen Samariters erläutert Taylor, wie auf Grundlage einer gespürten Berührung Gottes neue Berührung der Menschen untereinander möglich wird auf „Grundlage eines wechselseitigen Passens"[49]:

---

44 SZ, 45; dort auch die nächsten beiden Zitate.
45 Vgl. Ch. Taylor, Quellen des Selbst, a.a.O., 891.
46 Vgl. ebd., 899.
47 SZ, 948.
48 SZ, 72f.
49 SZ, 1223.

> *"Es kommt von Gott her, von der Agape, und wurde möglich, weil Gott Fleisch geworden ist. Die Fleischwerdung Gottes erstreckt sich nach außen und reicht durch neue Verbindungen, wie sie der Samariter zwischen sich und dem Juden herstellt, bis in ein Netzwerk, das wir die Kirche nennen. Doch dies ist ein Netzwerk, keine kategoriale Gruppierung. Das heißt, es ist ein Knäuel von Beziehungen, das einzelne, einzigartige Personen aus Fleisch und Blut miteinander verbindet"*[50].

Der sich inkarnierenden Agape Gottes aber entspricht dann das Christentum gerade dort nicht, wo es den modernen Tendenzen zur Exkarnation selber nachgibt.[51] Die gegenläufigen Bewegungen zu fördern müsste dementsprechend heißen, die Praxis des Glaubens wieder stärker zu einer rituell-gottesdienstlichen Praxis werden zu lassen, in der die Gemeinschaft der Glaubenden tatsächlich als aus der Kraft göttlicher Agape sakramental gestiftete Gemeinschaft erfahrbar wird.[52] Taylor spricht konkret von der zentralen Rolle von Festen: „Die Menschen suchen nach wie vor jene Augenblicke der Verschmelzung, die uns aus dem Alltag herausreißen und mit etwas Jenseitigem in Verbindung bringen."[53]

Ob sich innerhalb der Feier des Festes mehr ergibt als eine diffuse Ahnung von etwas, das eigenes Selbst und innerweltliche Werte übersteigt[54], also etwa eine Begegnung mit dem biblisch bezeugten Gott, hängt maßgeblich davon ab, unter welchen konkreten Rahmenbedingungen sich die Einbindung ins Netzwerk der Agape ereignet, „die ihrerseits nur durch Verkörperung zustande kommen kann"[55]. Geistliche Gemeinschaften und Orden bilden dabei mit ihren spezifischen rituell-gottesdienstlichen und geistlichen Kompetenzen zweifellos entscheidende Orte, um Quellen

---

50 SZ, 1222.
51 Vgl. pointiert SZ, 923.
52 Welche Konsequenzen sich aus der Orientierung am durch die Feier der Eucharistie etablierten Mahlmodell für moderne Gesellschaften ergeben könnten, wird auch überzeugend dargestellt in Th. Ruster, Wandlung. Ein Traktat über Eucharistie und Ökonomie, Ostfildern 2006.
53 SZ, 863.
54 Vgl. dazu SZ, 863–873.
55 SZ, 1225.

moralischer Herzensbildung aus biblischem Geist in der entfalteten Moderne wieder neu zu öffnen und sprudeln zu lassen – gerade auch für den von Taylor (und anderen) sogenannten „suchenden Pilger"[56], der „von persönlicheren und engagierteren Formen der religiösen Frömmigkeit und Praxis bewegt" wird, als sie das lateinische Christentum in der Vergangenheit generiert haben mag. Ja: „[W]as nun wirklich wertvoll ist", so die weit verbreitete Einstellung der Gegenwart, „sind spirituelles Verständnis oder Empfinden. Dieses Empfinden wird sich unweigerlich auf eine Sprache stützen, die bei der betreffenden Person Widerhall findet. Daher dürfte das Gebot lauten: Jeder folge seinem eigenen Weg der spirituellen Inspiration. Man soll sich nicht durch den Vorwurf abbringen lassen, dieser Weg stimme mit einer bestimmten orthodoxen Lehrmeinung nicht überein."[57] Doch gerade deshalb müssen die neuen Suchbewegungen nach Taylors Überzeugung die Ressourcen der Glaubenstradition offensiv nutzen, um nicht (alleine) die konsumorientierte Massenkultur zu bedienen: Auch im Zeitalter der „suchenden Pilger" geht „die Debatte zwischen verschiedenen Formen des Glaubens und des Unglaubens"[58] weiter. Umso mehr tut eine produktive Verknüpfung der neuen Sensibilität für spirituelle Erfahrungen mit den Reflexionspotentialen der Glaubenstradition not: „Die nachlassende Verbindung mit vielen traditionellen Sprachen des Glaubens scheint künftigen Niedergang zu prophezeien. Aber gerade die Intensität der durch diesen Verlust ausgelösten Suche nach angemessenen Formen spirituellen Lebens kann verheißungsvoll sein."[59] Rituellgottesdienstliche Erfahrungsräume, wie sie sich in den Kirchen z. T. über Jahrhunderte herausgebildet und immer wieder transformiert

---

56 SZ, 891. Vgl. zum Pilgerbegriff in diesem Sinne auch D. Hervieu-Leger, Pilger und Konvertiten: Religion in Bewegung. Mit einer Einleitung von C. de Galembert, aus dem Franz. übers. von D. Escudier (Religion in Gesellschaft Bd. 17), Würzburg 2004, und zum Folgenden auch M. Lutz-Bachmann, Religion in den Ambivalenzen der Moderne, in: M. Kühnlein / M. Lutz-Bachmann, Unerfüllte Moderne?, a.a.O., 371–387; M. Kehl, Kirche und Orden im Umbruch Referat auf dem Symposion der deutschen Provinz der Jesuiten, 30. März 2005 in Vierzehnheiligen, zugänglich im Internet: http://www.sankt-georgen.de/kehl/kehl9.pdf [Aufruf: 15.1.2016].
57 SZ, 816.
58 SZ, 892.
59 SZ, 893.

haben, können in diesem Zusammenhang mittels der ihnen eigentümlichen „Ästhetik gebrochener Gegenwart"[60] Berührung mit dem biblisch bezeugten Gott ermöglichen. Das darf keinesfalls die Glaubenden in falsche Sicherheit wiegen. „[W]ir alle", Ungläubige wie Gläubige, „wären erschüttert, fassungslos und beunruhigt, wenn wir Gott von Angesicht zu Angesicht gegenüberstünden – jetzt, plötzlich"[61]. Der Vorteil des Gläubigen ist (lediglich): Er kann sich in solche Begegnung über die ästhetischen Erfahrungsräume des rituellen Gottesdienstes bewusst einüben. Die Feier des Glaubens macht dann im besten Fall ausdrücklich, dass (aus Sicht des Glaubens) der innerweltlich vorhandene Sinn für die Fülle des Daseins immer schon Resonanz auf Begegnung mit dem Geheimnis unverbrauchbarer Transzendenz ist.

---

60 Vgl. M. Weiland, Ästhetik gebrochener Gegenwart. Zur Bedeutung der repräsentativen Dimension sakramentalliturgischen Handelns im Gespräch mit Dieter Henrich (Ratio fidei Bd. 44), Regensburg 2011.
61 SZ, 1273.

Hans-Gerd Janßen

„Selbstverwirklichung und Allgemeinheit"
Überlegungen im Anschluss an Michael Theunissen

Gegen jegliche Form universalistischer Vernunftansprüche hat sich postmodern ein privatisierender Individualismus breit gemacht, dem die faktische Pluralisierung der Sinnangebote und Lebensformen zur Vermeidung jeglicher Festlegung gerät: *„Hier stehe ich, ich kann auch anders. Ich bin nie nur meiner Meinung."* (Odo Marquard) Damit ist bereits die bloße Frage nach Allgemeinverbindlichkeit und Objektivität, kurz: die nach Wahrheit suspendiert. Eben das, was Hegel noch als Katastrophe erschien und dem er deshalb seine ganze Denkanstrengung widmete, feiert die Postmoderne als Gewinn: das Zerbrechen von Identität, die Auflösung des Ich und der Verlust der Wahrheit.[1] Ein verbindliches, d. h. über alle Differenzen hinweg die Individuen doch verbindendes Deutungs- und Handlungswissen ist dahin und dementsprechend gehen die Tagungsveranstalter *„davon aus, dass die Frage nach dem gesellschaftlichen Zusammenhalt unter dem Druck gesellschaftlicher Pluralisierungsphänomene nicht mehr einfach normativ beantwortet werden kann."*[2] Was also geht noch? Vielleicht das: Wenn wir uns nicht mehr darüber einigen können, was und wohin wir wollen, so lässt sich vielleicht doch ein Konsens darüber herstellen, wovon wir weg wollen, was es also unbedingt zu vermeiden gilt.

---

1 Vgl. A. Halbmayr, Polytheismus oder Monotheismus? Zur Religionskritik der Postmoderne, in: H. Schmidinger (Hrsg.), Religiosität am Ende der Moderne. Krise oder Aufbruch?, Innsbruck – Wien 1999, 228–264, hier 231.
2 Th. Dienberg / Th. Eggensperger/ U. Engel / B. Kohl, Gemeinschaft und Individualisierung. Was hält Gesellschaft, Kirche und Orden zusammen? Forschungsprojekt der PTH Münster und des Institut M.-Dominique Chenu Berlin 2014–2016, in: Institut M.-Dominique Chenu Berlin, Jahresbericht 2013/14, 30–33, hier 30.

Im Folgenden beziehe ich mich auf Michael Theunissens bereits 1982 erschienene kleine Schrift „*Selbstverwirklichung und Allgemeinheit. Zur Kritik des gegenwärtigen Bewußtseins*"[3], die zu unserer Frage m.E. immer noch einen bemerkenswerten Beitrag liefert.

1. Nach dem Verlust einer allgemeinen Bestimmung des Menschen: suchend-experimentelle Selbstverwirklichung

In der nachhegelschen Philosophie, ausdrücklich in der Existenzphilosophie Kierkegaards und Heideggers, ist Theunissen zufolge der Verlust einer allgemeinen Bestimmung des Menschen zu konstatieren: Was er ist, woher er kommt und wohin er geht. Das allgemeingültig auszusagen, scheint nicht mehr möglich. Also begibt man sich auf die Suche nach der Verwirklichung des Menschlichen, und das heißt angesichts des Verlusts gesellschaftlich verbindlicher Allgemeinheit: auf den Weg der Selbstverwirklichung. Da diese nicht mehr teleologisch begründet werden kann, also im Sinne der „*althergebrachte[n] Forderung, uns in unserem Menschsein zu verwirklichen*"[4], muss Selbstverwirklichung nunmehr verstanden werden „*als ein Mit-sich-Experimentieren, als ein eigentlich zielloser Weg, auf dem das Individuum erst erfährt, was es ist*".

Verbunden ist dieses seit den Umbrüchen der Moderne geltende Konzept von Selbstverwirklichung zumeist mit der im Folgenden zu problematisierenden Meinung, „*der Mensch könne seine Individualität nur entfalten, wenn er sich aus gesellschaftlichen Verhältnissen löst oder sich gar von allen zwischenmenschlichen Beziehungen zurückzieht.*"[5]

---

3 M. Theunissen, Selbstverwirklichung und Allgemeinheit. Zur Kritik des gegenwärtigen Bewußtseins, Berlin – New York 1982. Der Untertitel meines Beitrags „Überlegungen im Anschluss an Michael Theunissen" soll darauf hinweisen, dass ich Theunissens Darlegungen, die er im Anschluss an seine Hegel-Rezeption gewinnt, hier nicht einfach referieren, sondern seine Grundthesen für die Diskussion unseres Tagungsthemas fruchtbar machen will; d.h. auch, dass ich einige Überlegungen seiner sehr komplexen, dichten, gleichwohl kleinen Schrift (ca. 50 Seiten), die auch wahrheitstheoretische und gesellschafts- wie staatsphilosophische Reflexionen umfasst, nicht wiedergebe bzw. in veränderten Argumentationszusammenhängen verwende. Unzulänglichkeiten gehen daher auf mein Konto.
4 M. Theunissen, Selbstverwirklichung und Allgemeinheit, a.a.O. 18.
5 Ebd., 2.

Diese Meinung spiegelt und radikalisiert zugleich die Individualisierung der Lebenskonzepte und folglich die Pluralität der Wege und den Verlust gemeinschaftsbezogener Existenz.

Gleichwohl lassen sich Subjektivismus und Beliebigkeit vermeiden, wenn es gelingt, die in diesem Konzept behauptete strikte Entgegensetzung von individueller Selbstverwirklichung und Allgemeinheit zu überwinden. Wohlgemerkt: Nicht einer (woher auch immer) vorgegebenen Idee vom Menschsein soll sich das Selbst in seiner Verwirklichung angleichen, sondern die Selbstverwirklichung, sofern sie sich als ethisch qualifizierte reflektiert, unterstellt sich der Forderung einer Realisierung intersubjektiver Allgemeinheit.

Zunächst wäre die Frage zu stellen, ob bei dem genannten Verlust einer allgemeinen Bestimmung des Menschen uns wirklich etwas verlorengegangen ist, was wir zuvor hatten, oder – was für Theunissen wahrscheinlicher ist – ob wir nunmehr bloß bemerken, dass wir sie in Wirklichkeit nie besessen haben. Wie dem auch sei: Nach dem Verlust aller traditional vorgegebenen, metaphysisch begründeten Bestimmungen des Mensch-seins scheint *„das experimentelle Verständnis von Selbstverwirklichung […] unserer geschichtlichen Lage am angemessensten"*[6]. Darin liegt das Recht der postmodernen Pluralisierung und des damit verbundenen Freiheitsgewinns des Subjekts für sein Selbstsein.

2. Selbstwiderspruch des postmodernen Lebenskonzeptes

Freilich dürfen die Gefahren eines ausufernden Individualismus, der heute beobachtbaren Steigerung des Selbstbezugs bis hin zur Sakralisierung des Selbst nicht unterschlagen werden. *„Wo Identitätsfindung zum letzten Sinnhorizont und das Selbst zum Gegenstand letzter Verehrung werden, tun sich für die Lebensbewältigung leicht unhintergehbare Paradoxien auf. […] Die Sakralisierung des Selbst […] hat die Tendenz, die Menschen mit nicht einlösbaren Allmachtsfantasien auszustatten. In ihr lebt in individualisierter Form die moderne Idee der Weltbeherrschung und der absoluten Kontrolle über die eigene Umwelt fort."* Wenn dem so ist, dann bleibt im postmodernen Konzept pluraler Identitäten jene

---

6 Ebd., 10.

auf Vereinheitlichung durch Beherrschung und Kontrolle ausgerichtete Rationalität der Moderne noch erhalten, von der sich die Postmoderne mit ihrer Kritik der universalisierenden Vernunft gerade absetzen wollte.

Diese Feststellung, dass die auf Realisierung des Individuums als einzelnes zentrierte Selbstverwirklichung von dem affiziert bleibt, wovon sie sich abstoßen will, kennzeichnet den entscheidenden (Selbst-)Widerspruch des postmodernen Lebenskonzeptes.[7] Dieser Widerspruch äußert sich denn auch in der realen Lebensführung der Menschen: *„Der unbegrenzte Kontroll- und Freiheitsanspruch führt in neue Abhängigkeiten hinein: von der ewiges Leben in Aussicht stellenden Medizin, von einem asketischen Sportprogramm, vom Konsum, von der Unterhaltungsindustrie und vom ‚fun' ohne Ende [...]."*[8]

Solche Tendenzen verweisen darauf, dass sich das in der experimentierenden Selbstverwirklichung Gesuchte im vorgegebenen, gesellschaftlich angebotenen Leben nicht oder nur unzureichend finden lässt, sofern dieses angebotene Leben das individuelle Glück als Konsumgut propagiert.

3. Dialektik des Ich-Sagens: Verpflichtung auf gegenseitige Anerkennung

Gegen diese Tendenzen kann aber an ein neben der Idee des Individuums weiteres Moment im Selbstverständnis der bürgerlichen Gesellschaft erinnert werden, ein Moment, das auf Allgemeinheit zielt und für die Auflösung jenes Widerspruchs fruchtbar gemacht werden kann. Theunissen bezieht sich hier auf die von Hegel formulierte *„Dialektik des Ich-Sagens"*[9], die Einzelheit und Allgemeinheit vermittelt: *„Allgemeinheit meint da erstens Allheit. Zum Verständnis meiner selbst als eines Ichs gehört offenbar wesentlich, daß ich im Ich-Sagen zu*

---

7 Vgl. ebd., 28–45. Die Ausführlichkeit und Weite, mit der sich Theunissen diesem Selbstwiderspruch und seiner Dialektik widmet, kann ich hier nicht wiedergeben.

8 K. Gabriel, Formen heutiger Religiosität im Umbruch der Moderne, in: H. Schmidinger (Hrsg.), Religiosität am Ende der Moderne, a.a.O., 193–227, hier 207f.

9 M. Theunissen, Selbstverwirklichung und Allgemeinheit, a.a.O., 19.

mir sage, was alle Subjekte als solche zu sich sagen, nicht nur viele. Allgemeinheit impliziert da zweitens Gleichheit. Mit der Einzelheit vermittelt ist im Ich-Sagen eine Allheit von Subjekten, die darin gleich sind, daß sie Subjekte sind. Danach würde eine ethisch qualifizierte Selbstverwirklichung bedeuten: sein Leben an der Allheit gleicher Subjekte ausrichten"[10], also ihrem Recht auf Leben im eigenen Lebensvollzug in gegenseitiger Anerkennung Rechnung tragen und sich so der ethischen Forderung einer Realisierung intersubjektiver Allgemeinheit unterstellen. Hier gilt das bereits von Kant unübertrefflich formulierte „*Prinzip der Teilnehmung:* [...] ,*ich bin ein Mensch; alles, was Menschen widerfährt, das trifft auch mich*'".[11]

Aus dieser Einsicht erschließt sich jenes eben genannte entscheidende Moment im Selbstverständnis der bürgerlichen Gesellschaft, nämlich ihre „*Selbstverpflichtung* [...], *auch nach innen alles in sich aufzunehmen, was Menschenantlitz trägt*".[12] Es ist diese dem modernen Selbstverständnis des Individuums inhärente Verpflichtung auf gegenseitige Anerkennung, die normativ bleibt auch für das suchend-experimentelle Verständnis von Selbstverwirklichung, d.h. diese steht unter der ethischen Forderung einer Realisierung intersubjektiver Allgemeinheit, impliziert also gegenseitige Anerkennung der Subjekte: den Willen zu Freiheit und Gerechtigkeit für alle. In ihnen findet eine ethisch verantwortete Selbstverwirklichung „*das Antreibende und Anleitende allen ethisch anspruchsvollen Strebens*"[13], das der experimentierenden Suche die Richtung zu weisen vermag.

4. Öffnung auf die heutigen Weltprobleme

Und auch noch eine inhaltliche Bestimmung jener Allgemeinheit lässt sich nach Theunissen formulieren: Selbstverwirklichung realisiert Allgemeinheit angesichts der gegenwärtigen geschichtlich-gesellschaftlich spannungsvollen Lage in der Öffnung auf die heutigen Weltprobleme: „*Die Selbstverwirklichung, die von uns gefordert*

---

10 Ebd., 22.
11 I. Kant, Metaphysik der Sitten. Werke in zehn Bänden (W. Weischedel). Bd. 7, Darmstadt 1975, 598.
12 M. Theunissen, Selbstverwirklichung und Allgemeinheit, a.a.O., 11.
13 Ebd., 29.

ist, konkretisiert sich heute also in der Bekümmerung um die weltweite Ausbeutung der Natur, in der Betroffenheit vom Hunger in der Welt, in der Sorge um den Weltfrieden."[14] Diese Weltprobleme definieren verbindlich das, wovon wir weg wollen sollen: Wir müssen auch in der eigenen Lebensführung, in den Formen unserer Selbstverwirklichung nach Wegen aus diesen Problemen suchen, wenn wir nicht wollen, dass sie als Katastrophe über uns kommen. Nicht nur ein ökonomischer und ökologischer Bankrott droht, sondern auch ein moralischer.

Durch das so bestimmte Postulat der Realisierung von Allgemeinheit ist Selbstverwirklichung davor geschützt, zur bloßen egozentrischen Selbstbehauptung (von Individuen, Gruppen, Nationen) zu verkommen, obwohl sie nicht zu verstehen ist als nachahmende Realisierung einer (sei es ontologisch, sei es gesellschaftlich oder religiös) vorgegebenen Bestimmung, sondern als geschichtlich-gesellschaftliche Suche nach dem, was es heißt, wahrhaft menschlich zu existieren. So könnte das Recht des neuen Sinns für Vielfalt, Besonderheit, Toleranz, Lokalem und Zeitgebundenem gegenüber einem universalisierenden Rationalismus festgehalten werden, ohne zugleich in die postmoderne Absage an vernünftige Allgemeinheit und die damit verbundene Beliebigkeit zu verfallen.[15] Die Devise „global denken, lokal handeln" ist schließlich auch eine Formel, die Allgemeinheit und Besonderheit vermittelt.

5. Theologische Implikationen und Folgerungen

Gerade die jüdisch-christliche Gestalt der Vernunft als anamnetische kann in diesem Kontext ihre kritische Kraft entfalten: *„Die memoria passionis bricht sowohl jeden abstrakten Vereinheitlichungszwang zur ‚einen Geschichte' unter dem Diktat totalitärer Universalismen wie auch den postmodernen Zerfall der realen Geschichte der Menschen in eine beziehungslose*

---

14 Ebd., 46.
15 Vgl. H.R. Schlette, Von Leviathan zu Liliput. Stephen Toulmin und die Humanisierung der Moderne, in: Orientierung 57 (1993) 167–170; J. Kunstmann, Christentum in der Optionsgesellschaft. Postmoderne Perspektiven, Weinheim 1997.

Pluralität von Geschichten."[16] Die Erinnerung der Leidensgeschichte braucht die Kontextualität solchen Erinnerns nicht verleugnen, bleibt aber ausgerichtet auf die Universalität der göttlichen Zusage der Befreiung zu Freiheit und Gerechtigkeit und ermöglicht so Verständigung trotz anzuerkennender Andersheit.[17] Und nicht zuletzt kann dann auch daran erinnert werden, dass das Interesse an subjekthafter Freiheit, wie es in der europäischen Moderne zum Tragen gekommen ist, sich dem Geist des biblischen Bundesdenkens verdankt.[18]

Theunissen zieht aus seiner Analyse der heute unumgänglichen experimentierenden Selbstverwirklichung eine theologisch relevante Schlussfolgerung: Eine „*Reflexion auf die religiöse und speziell die christliche Existenz [wird] nur dann der Moderne entsprechen, wenn sie berücksichtigt, daß wir mit uns experimentieren müssen. Sie kann dann nicht den metaphysischen Gott beanspruchen, der uns vermeintlich in unserem eigenen Grunde gegeben ist; vielmehr muß sie Gott als den denken, durch den wir auf unserem Wege letztlich gesagt bekommen, wer wir sind.*"[19] Dieser Gedanke ist theologisch auszuloten, etwa unter Rückgriff auf die biblische und patristische Wegmetaphorik.[20] Gott ist dann auszusagen als der „Gott bei und mit uns" auf unserem Weg der Suche nach dem allen Menschen gerecht werdenden Humanum und als der „Gott vor uns", auf den wir zugehen, indem wir seine Zusage an uns als die uns bestimmende Wirklichkeit angesichts existenzbedrohender Herausforderungen zu buchstabieren lernen.

---

16 J.B. Metz, Zur Wahrheitsfähigkeit der „Erzählung" im interkulturellen und interreligiösen Austausch, in: ders., Memoria passionis. Ein provozierendes Gedächtnis in pluralistischer Gesellschaft, Freiburg/Br. 2006, 245–251, hier 251.
17 Vgl. P. Rottländer, Ethik in der Politischen Theologie, in: *Orientierung* 57 (1993), 152–158.
18 Das ist die Grundthese in Metz' Memoria-Begriff bereits in seinem Art. Erinnerung, in: HthG, Bd. 2, München 1973, 386–396; sowie in: ders., Glaube in Geschichte und Gesellschaft, Mainz 1977, 161–175; vgl. auch ders., Die Verantwortung der Theologie in der gegenwärtigen Krise der Geisteswissenschaften, in: H.-P. Müller (Hrsg.), Wissen als Verantwortung, Stuttgart – Berlin – Köln 1991, 113–125; Anamnetische Vernunft im gegenwärtigen Wissenschaftsdiskurs, in: ders., Memoria passionis, a.a.O., 227–235.
19 M. Theunissen, Selbstverwirklichung und Allgemeinheit, a.a.O., 10.
20 Vgl. J. Werbick, Vom entscheidend und unterscheidend Christlichen, Düsseldorf 1992, bes. 61–76; H. Vorgrimler, Wandern in der Vollendung?, in: A. Angenendt/ H. Vorgrimler (Hrsg.), Sie wandern von Kraft zu Kraft (FS R. Lettmann), Kevelaer 1993, 355–368.

6. Was hält Gesellschaft, Kirche und Orden zusammen?

Unser Gesamtthema heißt: „Gemeinschaft und Individualisierung. Was hält Gesellschaft, Kirche und Orden zusammen?" Blickt man auf die faktische Situation der kaum noch überschaubaren Pluralitäten, so könnte die Antwort fast lauten: Nichts Bestimmtes und Bestimmbares. Aus den vorhergehenden Überlegungen zur ethischen Verbindlichkeit der Zuwendung zu den Weltproblemen im Horizont der Menschenrechte in freier Selbstverwirklichung scheinen mir aber folgende Aspekte diskussionswürdig.

- Im Blick auf die Gesellschaft: Auf Katastrophenvermeidung bei gleichzeitigem Festhalten am Humanitätsideal einer Orientierung an der Allheit freier Subjekte kann eine Gesellschaft ihre Mitglieder ethisch verpflichten und dieser Verpflichtung auch in entsprechenden staatlichen Gesetzen politisch Ausdruck und Durchsetzungskraft verleihen. Die suchend-experimentelle Selbstverwirklichung könnte in der Konzentration auf das „Wovon-weg" im Horizont ethischer Verantwortung Schlaglichter auf ein mögliches „Wohin" werfen: Überwindung des Besitzindividualismus[21], der Markt- und Konkurrenzgesellschaft, der Wachstumsökonomie hin zu Partizipation und Mitbestimmung.

---

21 Im Sinne von C.B. Macpherson, Die politische Theorie des Besitzindividualismus, Frankfurt/M. 1973: Er geht davon aus, „daß schon der ursprüngliche Individualismus des siebzehnten Jahrhunderts die zentrale Schwierigkeit [der modernen liberal-demokratischen Theorie] enthielt: sie lag in seinem auf Besitz ausgerichteten Charakter. Diese Besitz-Bezogenheit spiegelt sich in seiner Auffassung vom Individuum: Es ist wesenhaft der Eigentümer seiner eigenen Person oder seiner eigenen Fähigkeiten, für die es nichts der Gesellschaft schuldet. Das Individuum wurde weder als ein sittliches Ganzes noch als ein Teil einer größeren gesellschaftlichen Ganzheit aufgefaßt, sondern als Eigentümer seiner selbst. [...] Das menschliche Wesen ist Freiheit von der Abhängigkeit vom Willen anderer, und Freiheit ist Funktion des Eigentums. Die Gesellschaft wird zu einer Anzahl freier und gleicher Individuen, die zueinander in Beziehung stehen als Eigentümer ihrer eigenen Fähigkeiten und dessen, was sie durch deren Anwendung erwerben. Die Gesellschaft besteht aus Tauschbeziehungen zwischen Eigentümern. Der Staat wird zu einem kalkulierten Mittel zum Schutz dieses Eigentums und der Aufrechterhaltung einer geordneten Tauschbeziehung." (15; vgl. 295f)

- Im Blick auf die Kirche: *„Gott hat es aber gefallen, die Menschen nicht einzeln, unabhängig von aller wechselseitigen Verbindung, zu heiligen und zu retten…"* (LG 9) Erlösung/Rettung kann im Blick allein auf den Einzelnen christlich-theologisch gar nicht zureichend gedacht werden: Jeder sich als religiös-christlich Verstehende muss sich in irgendeiner Weise in Beziehung nicht nur zu den Gemeinschaften setzen, die sich in der Nachfolge Jesu sehen, sondern auch zu allen Menschen und der Welt im Ganzen. Im Blick auf die Weltprobleme kann deshalb der ökumenische konziliare Prozess für Gerechtigkeit, Frieden und Bewahrung der Schöpfung[22] verstanden werden als genuin kirchlich-gemeinschaftliche Aufgabe im Sinne einer in sich differenzierten Suchbewegung auf die Verheißungen Gottes hin. Dabei handelt es sich nicht um eine (einer fraglichen Aktualität geschuldete) Ausblendung der vermeintlich „eigentlichen" Glaubensinhalte, denn die so angesprochenen Probleme formulieren zum einen Kernthemen aller Religionen und zum anderen lässt sich aus ihnen das Ganze des christlichen Glaubens entfalten. Reichlich Anhaltspunkte für eine solche Orientierung liefert die Enzyklika *Laudato si'* von Papst Franziskus.

- Im Blick auf Orden: Leitend sein könnte die Idee einer Selbstverwirklichung vom bedürftigen Anderen her (im Sinne der jesuanischen Proexistenz), daher der experimentelle Charakter der Suche nach Alternativen gemeinschaftlichen Lebens und Formen solidarischer Existenz. Grundgelegt ist diese Suche in einer Schöpfungs- und Inkarnationsspiritualität (Inkarnation und Jesu Kreuzestod als „Sterben für" bestätigen und befestigen zugleich Gottes Ja zu seiner Schöpfung), die strikt zu unterscheiden ist von einer Natur- und Alleinheitsmystik, inspiriert von der Utopie eines umfassenden Schalom, deshalb parteiisch und mit gesellschaftlich-politischer Relevanz.

---

22 U. Duchrow/ G. Liedke, Schalom. Der Schöpfung Befreiung, den Menschen Gerechtigkeit, den Völkern Frieden, Stuttgart 1987; Ulrich Schmitthenner, Der konziliare Prozess. Für Gerechtigkeit, Frieden und Bewahrung der Schöpfung. Ein Kompendium (Schriftenreihe Probleme des Friedens 1–2/98, hrsg. von Pax Christi), Idstein 1998.

Ulrich Engel

Autogene Selbstklimatisierung vs. radikale Heterologie

Gemeinschaft und / oder Gesellschaft denken mit
Hieronymus Bosch, Peter Sloterdijk und Michel de Certeau

1. „Der Garten der Lüste" (Hieronymus Bosch)

Das heute im deutschen Sprachraum „Garten der Lüste" genannte Triptychon des aus der südniederländischen Provinzstadt 's-Hertogenbosch stammenden Malers Hieronymus (oder wie er sich selbst auf einer ganzen Reihe seiner Arbeiten nennt: Jheronimus) van Aken, genannt Bosch (* um 1450; † 1516), gehört unzweifelhaft zu den bekanntesten Bildwerken der europäischen Kunstgeschichte.[1] Allein schon aufgrund seiner enormen Ausmaße – 220 cm in der Höhe, knapp 400 cm in der Breite – wie auch und vor allem aufgrund der Unzahl der dargestellten Figuren und Szenen fällt das auf Holz gemalte Bild aus dem Rahmen des Gewohnten. Zudem irritiert die Form des dreiteiligen Flügelaltars, kann doch das Werk aufgrund des dargestellten Inhalts „niemals für eine Kirche gedacht gewesen sein"[2].

Betrachtet man das 1503 bis 1504 entstandene Triptychon in aufgeklapptem Zustand, dann zeigt der linke Bildflügel eine klassisch anmutende Paradiesszene: Gottvater führt Eva dem Adam zu. Der rechte Flügel illustriert deutlich erkennbar die Hölle. Während sich damit die beiden Außendarstellungen mühelos ins bildtheologische Repertoire des 15. und 16. Jahrhunderts einfügen, ist die Aussage der

---

1 Für eine erste kunsthistorische Orientierung s. W. Bosing, Bosch, um 1450–1516. Zwischen Himmel und Hölle, Köln 2015; K. Schweighöfer, Himmlisch, höllisch, Bosch, in: *art. Das Kunstmagazin* (Februar 2016), 18–33.
2 Hieronymus Bosch. Garten der Lüste. Einführung von H. Rothe (Piper Bücherei Bd. 88), München 1955, 7.

mittleren Tafel (als Teil eines in einer Kirche oder einem Kloster verorteten Altarbilds) wesentlich schwerer zu interpretieren; vor allem erweist es sich als kompliziert, ihre theologische Aussageabsicht zu rekonstruieren, denn „[d]ort scheint sich eine Fülle nackter Gestalten auf vielfältige Weise zu amüsieren."³ Sehr wahrscheinlich hat Bosch den „Garten der Lüste" für einen profanen Kontext gemalt; als Auftraggeber wird immer wieder Graf Hendrik (Heinrich) III. von Nassau (* 1483; † 1538) genannt.⁴

Boschs Bildwerk, das 1591 vom spanischen König Philipp II. (*1527; †1598) erworben und in das Kloster El Escorial verbracht wurde, hängt heute im Museo del Prado in Madrid. In einer Urkunde aus dem Jahr 1593 wird es als „pintura de la variedad del mundo" (Gemälde von der Vielfalt der Welt) bezeichnet. Der Hieronymit Fray José de Sigüenza (* 1544; † 1606) gibt in seiner Interpretation⁵ als Thema des Triptychons an: „De la gloria vana y breve gusto de la fresa o madroño" (Von der Eitelkeit des Ruhms und dem kurzwährenden Geschmack der Erdbeere). Die Variationsbreite der Titulaturen zeigt schon an, wie schwierig es ist, die ursprüngliche Aussageabsicht des Künstlers zu eruieren. Entsprechend gingen und gehen auch die in den letzten hundert Jahren vorgelegten Deutungen der Mitteltafel weit auseinander: Während der niederländische Kunsthistoriker Dirk Bax das Gemälde in der Tradition bekannter Liebesgartendarstellungen interpretiert⁶, liest Hans Belting Boschs Bild im Sinne einer zeitgemäßen Utopie dezidiert als Antizipation eines irdischen Glückszustands.⁷

---

3 J. Wirth, Hieronymus Bosch. Der Garten der Lüste. Das Paradies als Utopie. Aus dem Französischen von W. Brückle u. J. Müller (Kunststück), Frankfurt/M. 2000, 5.
4 Vgl. z. B. ebd., 10. W. Bosing, Bosch, a.a.O., 58, identifiziert irrtümlicherweise „Hendrick II. von Nassau" als Auftraggeber; dieser lebte jedoch von ca. 1190 bis ca. 1247.
5 Vgl. J. de Sigüenza, Historia de la Orden de San Jerónimo, ed. J.C. García Lopez (Nueva Biblioteca de Autores Españoles vol. 8,1–2), Madrid 1907–1909, 635–639; eine deutsche Übersetzung der Interpretation des Bosch-Werks findet sich in Ch. de Tolnay, Hieronymus Bosch, Baden-Baden 1965, 401–405, Anm. 8.
6 Vgl. D. Bax, Beschrijving en poging tot verklaring van het Tuin de onkuisheiddrieluik van Jeroen Bosch, gevolgt door kritiek op Fraenger (Verhandelingen der Koninklijke Nederlandse Academie van Wetenschappen, Afdeling Letterkunde. Nieuwe reeks Bd. 63,2), Amsterdam 1956.
7 Vgl. H. Belting, Hieronymus Bosch. Garten der Lüste, München u. a. 2002.

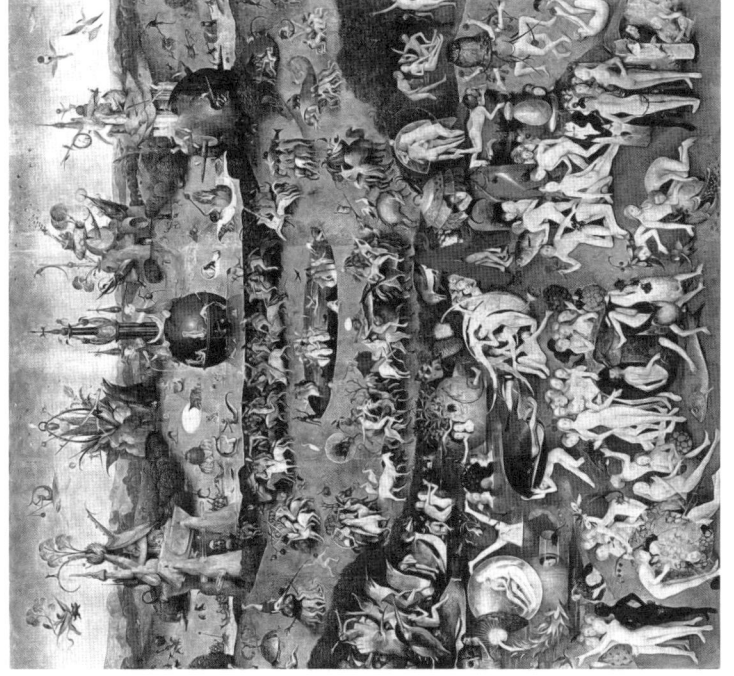

Abb. 1: Hieronymus van Aken, genannt Bosch, Garten der Lüste, 220 x 390 cm, 1503/04

Ohne an dieser Stelle die kunsthistorischen Diskussionen im Detail weiter nachzeichnen zu können, sei auf eine markante Auffälligkeit hingewiesen, die meine philosophisch-theologische Relecture des Triptychons leiten soll. In vielfacher Weise begegnet in Boschs „Garten der Lüste" die Kugelgestalt. Dies beginnt außen, in gänzlich farblosem Grisaille gefasst: „Wenn die Flügel des Triptychons geschlossen sind, wird die Himmelskugel sichtbar, worin die Erdkugel schwebt."[8]

Weitere Kugelformen auf den drei inneren Darstellungen sind schnell identifiziert. Pars pro toto seien die Basis des flamingofarbenen Paradiesbrunnen im Zentrum der linken Tafel genannt, sodann im Mittelbild ganz zentral die Kugelform, auf welcher der äquatorumgürtete blaue Lebensbrunnen inmitten des Sees aufruht, oder – um einige kleinere Beispiele anzuführen: die kugelförmige, helmartige Kopfbedeckung, die ein vogelköpfiges, gerade einen Menschen verspeisendes Ungeheuer im rechten Höllengemälde trägt; sodann die direkt unter dem Hochsitz, auf dem diese Figur thront, zu sehende blau erleuchtete blasenartige Kugelformation, die zwei Menschen in ihrem Inneren beherbergt. Ohne Schwierigkeiten wären noch zwei Dutzend weitere Beispiele anzuführen.

Mich interessiert eine einzige dieser weiteren kugelförmigen Gebilde. Zu sehen ist sie auf der Mitteltafel im linken unteren Drittel des Gemäldes. Auch sie ist blasenförmig und beherbergt zwei Figuren.

Interessanterweise haben sich sowohl der deutsche Philosoph Peter Sloterdijk (* 1947) als auch der französische Kulturtheoretiker Michel de Certeau SJ (* 1925; † 1986) mit genau dieser Blase ausführlich befasst.[9] Beiden ist es dabei um das Thema Gemeinschaft zu tun. Ihre Lesarten des künstlerischen Gebildes und daran anschließend ihre politisch-philosophischen Gemeinschaftskonzeptionen könnten aber unterschiedlicher nicht ausfallen.

---

8 Hieronymus Bosch. Garten der Lüste, a.a.O., 9.
9 Zu Person und Werk der beiden Protagonisten s. einführend: S. Grillmeyer / E. Müller-Zähringer / J. Rahner (Hrsg.), Peterchens Mondfahrt. Peter Sloterdijk, die Religion und die Theologie (Fragen zur Zeit), Würzburg 2015; B. Teuber, Die mystische Mär. Eine postmoderne Relecture der christlichen Tradition nach Michel de Certeau, in: M. Delgado / G. Fuchs (Hrsg.), Die Kirchenkritik der Mystiker – Prophetie aus Gotteserfahrung. Bd. 3: Moderne (Studien zur christlichen Religions- und Kulturgeschichte Bd. 4), Fribourg – Stuttgart 2005, 225–240.

Abb. 2: Hieronymus van Aken, genannt Bosch, Garten der Lüste, 1503/04 (Ausschnitt)

2. Autogene Selbstklimatisierung (Peter Sloterdijk)

Sloterdijk beschäftigt sich im ersten Band seiner dreibändigen, „Sphären" genannten „Mikrosphärologie" mit dem Thema „Blasen".[10] Dabei interessiert ihn explizit „[d]er starke Grund, zusammen zu sein" (SB, 45[11]). Sloterdijk verortet die kommunitäre Gründung in

---

10 Vgl. P. Sloterdijk, Sphären. Mikrosphärologie. Bd. I: Blasen, Frankfurt/M. 1998 [im Folgenden mit der Sigle „SB" im laufenden Text nachgewiesen].
11 Vgl. auch ders., Der starke Grund, zusammen zu sein, Erinnerungen an die Erfindung des Volkes, Frankfurt/M. 1998.

sog. *Sphären*: „In Sphären werden geteilte Inspirationen zum Grund für das Zusammenseinkönnen von Menschen in Kommunen und Völkern. In ihnen formt sich zuerst jene starke Beziehung zwischen den Menschen und ihren Beseelungsmotiven – und Beseelungen sind Besuche, die bleiben –, die den Grund von Solidarität bereiten." (SB 31) Das kulturgeschichtliche Grunddatum solcher inspirierten Beseelung erkennt Sloterdijk in der jüdisch-christlichen Schöpfungsgeschichte, speziell in Gen 2,7: „Da formte Gott, der Herr, den Menschen aus Erde vom Ackerboden und blies in seine Nase den Lebensatem. So wurde der Mensch zu einem lebendigen Wesen."

Das hier beschriebene „Produktionsverfahren" (SB, 32) beinhaltete zwei voneinander getrennte Schritte der „Menschenherstellung" (SB, 33):

1. den kunsthandwerklichen Prozess, mit dem der „Lehmling" (SB, 32) geschaffen wird;
2. den „Inspirationsakt" (SB, 33), durch den „dem adamitischen Halbfabrikat […] der entscheidende pneumatische Mehrwert hinzugefügt wird." (SB, 35).

Ausgehend von dem in Gen 2,7 genutzten hebräischen Begriff נֶפֶשׁ (*näfäsch*) identifiziert Sloterdijk den Lebensatem, der dem Lehmling eingeblasenen wurde, auch mit „*ruach*, bewegte Luft, Hauch, […] Geist, Gefühl und Leidenschaft, Gedanke." (SB 36).

Am Ende des skizzierten zweiteiligen Produktionsprozesses steht als Ergebnis der Mensch. Diesen definiert Sloterdijk vor dem Hintergrund des dualen Herstellungsverfahrens – erst „Gefäßschöpfung" (SB, 36), dann „Einhauchung" (SB, 36) – als ein inspiriertes Gefäß. Der schöpferischen „Gottestechnik" (SB, 37) ist es demnach möglich, „die ontologische Lücke zwischen dem Lehm-Idol und dem beseelten Menschen mit einem pneumatischen Kunstgriff zu schließen." (SB, 37) Dieser Gedankengang hat für Sloterdijk zur Konsequenz, dass die inspirierten Menschengefäße als „vollbeseelte, ontologisch komplette, mit Subjektivität dotierte, intelligent tätige und aufgrund alles dessen *gott*ähnliche Wesen" (SB, 36) zu betrachten sind. Und das heißt: Wie Gott sich „*in illo tempore*" (SB, 36) durch seine schöpferische „Theotechnik" (SB 37) auszeichnete, so zeichnet eine schöpferische „Humantechnik" (SB, 37) heute den Menschen aus.

Mit dieser Aufhebung des ontologischen Gefälles zwischen Schöpfer und Geschöpf kann Sloterdijk nun sein Modell einer ursprünglichen Dualität entwickeln. Denn wo „der pneumatische Pakt zwischen dem Hauchgeber und dem Hauchnehmer in Kraft tritt – wo also die kommunikative oder kommunionale Allianz sich einschwingt –, bildet sich eine bipolare Innigkeit aus" (SB, 40). Ein solches „intime[s] Kommunizierenkönnen in einem primären Dual" (SB, 41) deutet Sloterdijk aufgrund der Ebenbildlichkeit zwischen Gott und Mensch als gleichursprüngliches „Hin und Her [...], bei dem es keinen ersten Pol geben kann." (SB, 41)

Für Sloterdijk folgt aus den hier knapp nachgezeichneten Prämissen ein Vierfaches für die Frage nach der Zusammengehörigkeit:

1. Gegen jeden „ursprungsmonarchischen Irrtum" (SB, 42) ist festzuhalten: „Wo die Zwei am Anfang steht, wäre es abwegig, eine Aussage darüber zu erzwingen, welcher Pol im Innern des Duals angefangen hat." (SB, 41)
2. Im Ausgang von Gen 2,7 ist diese „dyadische Union" (SS, 42) der Zwei, „die nur bei entfalteter Zweipoligkeit Bestand hat" (SB, 42), als „*Paar*" (SB, 41[12]) zu denken.
3. Dabei steht das Paar-Modell „exemplarisch" (SB, 44), denn es ist grundsätzlich auch auf andere Gemeinschaftsformationen – „auf Kommunen, auf Teams, auf Projektgruppen, vielleicht sogar auf ganze Völker" (SB, 44) – ausweitbar.
4. Insofern „,Geist' eine Räumlichkeit" (SB, 41) bezeichnet, muss auch das durch das נֶפֶשׁ-Band miteinander verbundene Paar als räumlich verortet gedacht werden.

Sind diese vier Prämissen gegeben, kann die „verbindende Kraft" (SB, 44) – auch „Solidarität" (SB, 44) genannt – „Menschen mit ihresgleichen oder mit übermenschlichen Anderen in gemeinsame Schwingungen" (SB, 44) versetzen, somit in Kontakt treten und letztendlich Gemeinschaft begründen.

In der im Folgenden zitierten Aussage verknüpft Sloterdijk die bislang präsentierten theologisch hergeleiteten Überlegungen mit den philosophisch, genauer: existential-anthropologisch gedachten

---

[12] Kursive Hervorhebung: U.E.

Raumgestalten *Sphäre*, *Kugel* und *Blase* (die im Blick auf das Bosch-Gemälde besonders interessieren) und definiert: „Wenn der jüdische Gott und der prototypische Mensch sich einander jeweils die Kontaktseite ihres Wesens zukehren, so bilden sie miteinander eine gemeinsame innenraumhafte Sphäre aus. Was hier *Sphäre* heißt, wäre demnach [...] eine zweihälftige, von Anfang an polarisierte und differenzierte, gleichwohl innig verfugte, subjektive und erlebende *Kugel* – ein zwei-einig gemeinsamer Erlebnis- und Erfahrungsraum. Durch Sphärenbildung ist folglich, was die Tradition Geist nennt, ursprünglich räumlich ausgespannt. Ihrer Grundform nach erscheint die Sphäre als eine Zwillings*blase*, ein ellipsoider Geist- und Erlebnisraum mit mindestens zwei polarisch einander zugewandten und zugehörigen Einwohnern." (SB, 45[13])

In einem weiteren Schritt seiner Reflexionen zu Sphäre, Kugel und Blase – dem letzten, der hier rekapituliert werden soll – befasst sich Sloterdijk mit der Relation des gemeinschaftsbildenden Innenraums zur äußeren „Nicht-Innenwelt" (SB, 46). Dieses Verhältnis bestimmt er als eines des Ab- und Ausschlusses. Weil die Sphären „morpho-immunologische Gebilde" (SB, 46) darstellen, muss sich das menschlich-duale „Sein-in-Sphären" (SB, 46) fortwährend „gegen die Provokation des Außen behaupten" (SB, 46). Um solche von außen kommenden Angriffe abzuwehren, haben die Menschen „innenraumbildende Immunstrukturen" (SB, 46) zu entwickeln. Damit ist der Mensch – aufgrund seiner ursprünglich dual-gemeinschaftlichen Verfasstheit – auf den Innenraum von Kugel und Blase verwiesen. Dies gilt ohne Ausnahme, da „die Menschen von Grund auf und ausschließlich die Geschöpfe ihres Interieurs" (SB, 46) sind.

Nicht umsonst wohl illustriert die Taschenbuch-Ausgabe des ersten Bandes der Sloterdijkschen Mikrosphärologie diesen Gedankengang auf der ersten Umschlagseite mit der oben schon erwähnten Darstellung der aus einer Ananasblüte erwachsenden, zwei Personen umschließende Blase (Abb. 2).[14]

Sphären, so hat Sloterdijk dargelegt, wurden produziert und müssen fortwährend neu produziert werden. In diesem Sinne versteht Sloterdijk die Menschen als „die Produkte ihrer Arbeiten an

---

13 Gesperrte Hervorhebung im Original; kursive Hervorhebungen: U.E.
14 Weitere s/w-Abb. aus dem „Garten der Lüste" finden sich in SB, 47, 81 u. 233.

der Immanenzform, die ihnen unabtrennbar zugehört." (SB, 46) Die entsprechenden gemeinschaftsbildenden Prozesse der „Selbstorganisation" (SB, 80) in dieser „autogenen Atmosphäre" (SB, 46) definiert er als „symbolische Klimatisierung des gemeinsamen Raumes" (SB, 46f.). Im Rahmen einer von Sloterdijk angestrebten „allgemeinen Theorie der autogenen Gefäße" (SB, 61) sind die *Blasen* als die „Basismoleküle der starken Beziehung" (SB, 63) zu identifizieren.

Gefährdet ist die dual (selbst-)organisierte Gemeinschaft in der Blase durch das, was Sloterdijk „eine Sphärenstörung" (SB, 51) nennt. So wie Adam „einer Zweitinspiration durch Nebenstimmen seitens der Schlange und der Frau" (SB, 51) erlag (vgl. Gen 3), wird die „zwei-einige Blase" (SB, 52) als ursprünglich in sich geschlossener und gesicherter Innenraum (vgl. SB, 49) „durch die Heraufkunft des Dritten, des Vierten, des Fünften, mit denen das Allotria einsetzt" (SB, 51), korrumpiert und letztendlich erledigt. Der Dritte stört hier nicht bloß (um einen Titel aus einem völlig anderen Kontext zu zitieren[15]), sondern er zerstört!

Spätestens an dieser Stelle wird deutlich, dass Sloterdijks Sphärenmodell nicht in der Lage ist, den Zusammenhalt von Gesellschaftsformationen – Kommunen, Völker etc. (vgl. SB, 44) – zu beschreiben, erst recht nicht: ihn zu begründen. Die von Gen 2,7 her entwickelte „Theorie der autogenen Gefäße" (SB, 61) kann zwar eine paarverantwortliche Lebens- und Selbstgestaltung denken, vermag diese aber nicht über die Begrenzung der eigenen Blase hinaus auf anderes zu öffnen. Vor allem jedwedes andere Dritte muss so als potentiell zerstörerische Bedrohung der eigenen Zwei-in-eins-Gemeinschaft gedeutet und abgewehrt werden. Festzuhalten ist also, dass Sloterdijk im Rahmen seiner Mikrosphärologie zwar Gemeinschaft, nicht aber Gesellschaft denken kann, definiert sich letztere doch immer durch das Dritte, Vierte, Fünfte ... – kurz: durch die Multitude.[16]

---

15 Vgl. T. Habbel, Der Dritte stört. Emmanuel Levinas – Herausforderung für Politische Theologie und Befreiungsphilosophie, Mainz 1994.
16 Ich verwende den Begriff der *Multitude* hier etwas anders als Hardt und Negri, bei denen es heißt: „Das ist die Definition der Multitude [...]: Singularitäten, die gemeinsam handeln." (M. Hardt / A. Negri, Multitude. Krieg und Demokratie im Empire. Aus dem Englischen von Th. Atzert u. A. Wirthensohn, Frankfurt/M. – New York 2004, 123.) Im Rahmen einer politischen Philosophie

3. Radikale Heterologie (Michel de Certeau)

Michel de Certeau widmet das gesamte 2. Kapitel seines Hauptwerks „La fable mystique" dem „Garten der Lüste" des Hieronymus Bosch: „Le Jardin: délires et délices de Jérôme Bosch".[17] Die französische Taschenbuchausgabe zeigt auf der ersten Umschlagseite die oben erwähnte, zwei Figuren in ihrem Innern beherbergende kugelförmige Blase, wie sie auf der mittleren Tafel des Bosch'schen Triptychons dargestellt ist (vgl. Abb. 2).

Einerseits, so die Interpretation de Certeaus, verlangt das Panoramabild „nach Entzifferung" (MF, 82), d. h. nach Verstehen. Andererseits erzeugt die „Überfülle an Signifikanten" (MF, 93) eine Unzahl an „Lücken, die dann ihrerseits die unaufhörliche Erzählung von dem, was nicht da ist, in Gang setzen." (MF, 93) Markiert ist damit die Spannung zwischen *Diskurs* und *Malerei*, die jedoch in Boschs „Garten der Lüste" bloß noch Illusion ist, so de Certeau: „Der Garten weckt die Vermutung, dass er etwas anderes zu *verstehen* gibt, als was er *sehen* lässt." (MF, 8f.)

Im Hintergrund der skizzierten Plausibilitätskrise (die ja auch eine Wahrheitskrise ist) schwingt die grundlegende Überzeugung de Certeaus mit, nach der sich alle kulturellen Praktiken einem von Beginn an entzogenen, abwesenden und nur durch supplementäre Statthalter interimistisch ersetzen Ursprung gegenüber zu verantworten haben.[18] Insofern dieser Ursprung unverfügbar ist, kann er sich in den sozialen und kulturellen Praktiken immer nur vorläufig und im Modus der Fährte realisieren. Diskursivierungen allein sind

---

geht es mir hier um eine *Vielheit* (= Gesellschaft) jenseits der Zweierkonstellation (= Gemeinschaft); vgl. dazu auch P. Virno, Grammatik der Multitude. Öffentlichkeit, Intellekt und Arbeit als Lebensformen. Aus dem Italienischen von K. Neundlinger, hrsg. u. eingel. von K. Neundlinger u. G. Raunig (Es kommt darauf an Bd. 4), Wien 2005.

17 Vgl. M. de Certeau, La fable mystique, I. XVIe – XVIIe siècle, Paris 1982, 71–106; vgl. die deutsche Übersetzung, nach der im Folgenden zitiert wird: ders., Mystische Fabel. 16. bis 17. Jahrhundert. Aus dem Französischen von M. Lauble und mit einem Nachwort von D. Bogner, Berlin 2010, 81–123 [im Folgenden mit der Sigle „MF" im laufenden Text nachgewiesen].

18 Vgl. U. Engel, Mystische Körper zwischen Präsenz und Absenz. Philosophisch-theologische Ermittlungen im Anschluss an Michel de Certeau SJ, in: Philosophisch-Theologische Hochschule Münster. Hochschulbericht 2013/2014, 38–50.

nicht in der Lage, die entzogene ursprüngliche Wahrheit auszusagen, abzubilden oder gar zu verstehen.

Der Begriff der *Heterologie*, der sich (in nicht systematisierter Weise) durch das gesamte Werk de Certeaus zieht, sucht dieser Einsicht Ausdruck zu verleihen.[19] Im Sinne einer „science of the Other"[20] kommt in der Heterologie etwas sprachlich zum Ausdruck, „das als solches generell unverfügbar ist und sich nur spurhaft in diskursiven Ordnungen realisiert."[21] Im Blick auf die (abwesende) Geschichte bzw. die Abwesenheit der Geschichte lieferte de Certeau in „L'écriture de l'histoire"[22] eine epistemologische Entfaltung geschichtstheoretischer Alteritätsdiskurse. In diesem Sinne halten Christian Indermuhle und Thierry Laus fest: „[…] l'histoire implique une relation à *l'autre* en tant qu'il est absent, mais un absent particulier, celui qui ‚a passé', comme le le dit la langue populaire"[23].

Heterologisches „Sprechen von einem Anderen her"[24] ist performativ und eröffnet Konstellationen, die über das Eigene hinausgehen. Eine solche „Kultur des Performativen […] behauptet Geltung durch Vollzug, produziert aber stets eine neue Differenz zwischen Handlung und Deutung."[25] Deshalb müssen diese Konstellationen als instabil [„destabilized"[26]] oder gar als paradox betrachtet werden. Realisiert wird diese instabil-paradoxe Konstellation durch eine

---

19 Vgl. den Sammelband, in dem die wichtigsten Texte in englischer Übersetzung zusammengestellt sind: M. de Certeau, Heterologies. Discourse on the Other. With a Foreword by W. Godzich. Translated from French by B. Massumi, Minneapolis MN 1986.
20 L. Girard, Epilogue: Michel de Certeau's Heterology and the New World, in: *Representations* [Berkeley CA] n° 33 (Winter 1991), 212–221, hier 212.
21 J. Dünne, Sich von etwas Unaussagbaren verletzen lassen, in: *Frankfurter Allgemeine Zeitung* v. 31.10.2011 (Nr. 253), 26.
22 Vgl. M. de Certeau, Das Schreiben der Geschichte. Aus dem Französischen von S. M. Schomburg-Scherff und mit einem Nachwort von R. Chartier, Frankfurt/M. 1991.
23 Ch. Indermuhle / Th. Laus, En finir avec le désir. Michel de Certeau et l'hétérologie des voix, in: *RThPh* 54 (2004), 387–398, hier 390.
24 B. Hasebrink, Sprechen vom Anderen her. „Heterologie" mystischer Rede als epistemischer Fluchtpunkt mittelalterlicher Literarizität, in: K. Ehlich im Auftrag des Vorstands des Deutschen Germanistenverbands (Hrsg.), Germanistik in und für Europa. Faszination – Wissen. Texte des Münchener Germanistentages 2004, Bielefeld 2006, 391–399, hier 393.
25 Ebd.
26 M. de Certeau, Heterologies, a.a.O., 92.

„Intensivierung im Verhältnis von Transzendenz [Anderem, Außen] und Immanenz [Eigenem, Innen]"[27]. Dabei ist die instabil-paradoxe Konstellation jedoch – nun mit Blick auf Boschs „Garten der Lüste" gesprochen – nicht bloß Gegenstand der Malerei, d. h. künstlerisches Objekt; vielmehr ist es Prinzip der ästhetischen Produktion selbst.[28] Der Maler schafft auf diese Weise eine Leerstelle, in der das Bild des Anderen sichtbar wird.[29]

Kulturgeschichtlich erkennt de Certeau zwei parallel verlaufende Entwicklungen im Hintergrund:

1. Zum einen verliert die bis zum Beginn der Neuzeit relativ stabile, d. h. eindeutige Beziehung zwischen dem Bezeichnendem (Signifikant; franz.: *signifiant*) und dem Bezeichnetem (Signifikat; franz: *signifié*) im 15. Jahrhundert ihre Plausibilität.[30]
2. Zum anderen stellt diese „Destabilisierung" (MF, 96) die Lesbarkeit der Welt grundlegend in Frage. Im Zusammenhang damit kommt es zur „allmähliche[n] Ersetzung der *Problematik der Entschlüsselung* [...] durch eine *Problematik der Produktion*" (MF, 97[31]). Anders formuliert: „Auf die *ratio* der Bedeutung folgt eine *ratio* der Herstellung." (MF, 99) Das meint: Wo einstmals versucht wurde, mittels einer interpretierenden Lektüre verborgenen Nachrichten aus dem Bild herauszulesen, suchte man neuzeitlich nun „alle möglichen Artefakte herzustellen" (MF, 97).

---

27 B. Hasebrink, Sprechen vom Anderen her, a.a.O., 397 [Einschübe in eckigen Klammern: U.E.].
28 Vgl. ebd.; Hasebrink bezieht seine Äußerung allerdings auf die Form der *literarischen* Produktion.
29 Der Satz wandelt ein Zitat von de Certeau ab, das selbst auch wieder auf einen literarischen Text (D.P. Schreber, Denkwürdigkeiten eines Nervenkranken, Leipzig 1903) zielt; vgl. M. de Certeau, Die Ernennung der Verderbten: „Luder", in: ders., Theoretische Fiktionen. Geschichte und Psychoanalyse, hrsg. von L. Giard. Aus dem Französischen von A. Meyer, Wien 1997, 142–161, hier 145.
30 Zum Hintergrund s. U. Eco, Zeichen. Einführung in einen Begriff und seine Geschichte. Aus dem Italienischen von G. Memmert, Frankfurt/M. 1977; F. de Saussure, Grundfragen der allgemeinen Sprachwissenschaft. Aus dem Französischen von U. Bossier, Ditzingen 2016.
31 Die erste Hervorhebung: U.E.; die zweite findet sich so im Original.

Und exakt so funktioniert der „Garten der Lüste". De Certeau schreibt: „Die ‚Legende' der alten Welt (das, was man über die Dinge in ihren Zeichen ‚lesen muss') dekonstruiert Bosch, indem er Stück für Stück die Bedeutung tragenden Einheiten verschiebt und mit ihren Hybriden oder ihren Proportionsveränderungen die klassifizierende Ordnung stört, die dadurch entstand, dass sie jene miteinander verknüpfte" (MF, 97). Eine konkrete Weise solcher bildkünstlerisch hergestellten Verschiebung erkennt de Certeau in der von Bosch vorgenommenen „Verwandlung der Form" (MF, 99). Als erstes in einer Reihe anderer Beispiele für dieses formverändernde künstlerische Verfahren führt er die Gestalt der durchsichtigen Kugel an: „Die Form (im Allgemeinen der Kreis oder die Kugel) öffnet sich mittels einer Transparenz, eines Sprungs oder eines Lochs *auf ihr anderes hin*." (MF, 99)

Der Topos der transparenten Kugel öffnet sich auf das andere seiner selbst hin. Diese – um es im Sprachspiel Michel Foucaults zu formulieren – heterotopologische Relation trennt und verbindet Innen und Außen gleichermaßen.[32] „Das Draußen ist das andere des Drinnen. […] In *dem einen* ist *das andere*." (MF, 100) Grenzen scheinen „nur dazu da zu sein, dass sie überschritten werden oder, genauer gesagt, einander überschreiten." (MF, 106)

Verlässt man die (hetero-)topologisch ausgerichtete Interpretation zugunsten einer Betrachtungsweise der *prozessualen Operationen*, die Bosch künstlerisch ins Bild setzt, dann spielen in der „Fable Mystique" (substantivierte) Verbalformen wie „Abschließung" (MF, 100), „Aufbrechen" (MF, 100) oder „überschreiten" (MF, 106) eine zentrale Rolle. De Certeau bezeichnet diese Prozesse als „Metamorphosen" (MF, 100). In solchen bildproduktiven Prozessen kann s.E. Zweierlei geschehen: „entweder die Durchbrechung des Kreises, wenn er opak ist, oder seine Transparenz, wenn er geschlossen ist" (MF, 100). Paradigmatisch erkennt de Certeau einen solchen „Übergang von einer Form zur anderen" (MF, 100) in „den Partnern, die

---

32 Vgl. M. Foucault, Andere Räume. Aus dem Französischen von W. Seitter, in: ders., Botschaften der Macht. Der Foucault-Reader Diskurs und Medien, hrsg. von J. Engelmann, Stuttgart 1999, 145–157; ders., Die Heterotopien / Les hétérotopies. Der utopische Körper / Le corps utopique. Zwei Radiovorträge. Zweisprachige Ausgabe. Aus dem Französischen von M. Bischoff. Mit einem Nachwort von D. Defert, Berlin 2013, 7–21.

sich in der (gleich einem Traum transparenten und geschlossenen) Blase einer Ananasblüte liebkosen" (MF, 100). Zugleich bleibt allerdings offen, ob es sich gerade um einen Vorgang des Sich-Öffnens oder doch eher um einen Vorgang des Sich-Einschließens handelt. Bosch setzt genau diese grenzüberschreitende „Uneindeutigkeit der Bewegung" (MF, 101) – angesiedelt zwischen Dekonstruktion und Rekonstruktion (vgl. MF, 101) – in seinem Triptychon insgesamt wie auch in dem Blasen-Beispiel (Abb. 2) in Szene.

Michel de Certeaus heterologische Herangehensweise an Boschs „Garten der Lüste" interpretiert die Gemeinschaft des in der Ananasblütenblase eingeschlossenen Paares als offen hin auf das ihnen Andere. Mehr noch ist die innige *communio* der Zweisamkeit *prinzipiell* nur vom (dritten) Anderen her denkbar. In diesem Außen realisiert sich die gesellschaftliche Größe der *communitas*[33], destabilisiert doch die paradoxe Konstellation von Anderem/Außen/Transzendenz und Eigenem/Innen/Immanenz aufs immer Neue alle Geltungs- und Wahrheitsdiskurse. Gemeinschaft und Gesellschaft können nach de Certeau allein von der schmerzlich vermissten ursprünglichen, nun jedoch entzogenen Wahrheit her gedacht und praktiziert werden. Damit eignet auch allen Gesellschaftsformationen ein transzendentes Potential, welches aber im Sinne des Ursprungs, der fehlt, nicht positiv mit irgendwelchen Göttern oder Ideologien besetzt werden kann.[34] Der Stuhl des Messias hat leer zu bleiben.[35] Hieronymus Bosch hat mit seinem Triptychon insgesamt und mit der hier interpretierten Blasenformation bildkünstlerisch „das Paradox einer anwesenden Abwesenheit"[36] von Gemeinschaft und Gesellschaft in Szene gesetzt. Genau dieser paradoxale

---

33 Vgl. (in etwas andere Richtung zielend) dazu auch U. Engel, Armut als Gabe und Gastfreundschaft. Zur biopolitischen Relevanz der *communitas* nach Roberto Esposito, in: Th. Möllenbeck / L. Schulte (Hrsg.), Armut. Zur Geschichte und Aktualität eines christlichen Ideals, Münster 2015, 313–329.
34 Vgl. dazu C. Lefort, Die Frage der Demokratie, in: U. Rödel (Hrsg.), Autonome Gesellschaft und libertäre Demokratie, Frankfurt/M. 1990, 281–297, bes. 293; W. van Reijen, Das Politische – eine Leerstelle. Zur politischen Philosophie in Frankreich, in: *Transit* 5 (1992/93), 109–122.
35 Vgl. A. Heller, Politik nach dem Tode Gottes, in: J. Huber / A.M. Müller (Hrsg.), Instanzen / Perspektiven / Imaginationen (Interventionen 4), Basel – Frankfurt/M. 1995, 75–94, bes. 94.
36 B. Hasebrink, Sprechen vom Anderen her, a.a.O., 399.

Charakter von Gemeinschaft und Gesellschaft ist es, der uns in allen Praktiken des Zusammenseins – gleich ob in Paarkonstellationen welcher Art auch immer, in religiösen (z. B. Orden) bzw. anders formatierten Wahlkommunitäten (z. B. Wohngemeinschaften) oder in politischen (z. B. Parteien) bzw. zivilgesellschaftlichen Formationen (z. B. Bewegungen) – bleibend *fremd* sein lässt.

Vielleicht liegt in der Nicht-/Anerkenntnis dieser Fremdheit die eigentliche Differenz zwischen den Gemeinschafts-/Gesellschaftskonzeptionen Sloterdijks und de Certeaus.

Katharina Karl

Neue Formen sozialer Gemeinschaftsbildung als Anfragen an die Pastoral

0. Ein weiter Gemeindebegriff

Mit der Pastoralkonstitution Gaudium et Spes erhält der Kirchenbegriff eine neue Weite: Denn das Konzil „wendet sich […] nach einer tieferen Klärung des Geheimnisses der Kirche ohne Zaudern nicht mehr bloß an die Kinder der Kirche und an alle, die Christi Namen anrufen, sondern an alle Menschen schlechthin in der Absicht, allen darzulegen, wie es Gegenwart und Wirken der Kirche in der Welt von heute versteht." (GS 2) Die Kirche richtet sich an die Gemeinschaft aller Menschen schlechthin. Nimmt man das ernst, weitet sich auch das Spektrum dessen, was christliche Gemeinde potentiell bestimmt. Zwar hat sich mit der Gemeindetheologie nach dem II. Vatikanum die Wahrnehmung zunächst auf die Pfarrgemeinde konzentriert und der Gemeindebegriff daraufhin fokussiert. Die Entwicklungen der letzten Jahre machen aber deutlich, dass es diese Perspektive einzuholen gilt – trotz oder gerade durch den Schwund von Mitgliedern klassischer Gemeindeformen. Denn Gemeinschaftsbildung ist nicht passé. Gemeinde entsteht an vielen Orten und in vielen Formaten – allerdings oft anders als gewohnt. Es scheint, als würde der Heilige Geist die Kirche ermutigen wollen, tatsächlich nicht zu zaudern, alle Menschen schlechthin nicht nur als Adressaten zu betrachten, sondern als Akteure des Evangeliums. „Die Kirche wird aktuell von ihrer Konsumentenseite her umformatiert", so Rainer Bucher. „An die Stelle normativer Integration tritt auch im religiösen Feld die situative, temporäre, erlebnis- und intensitätsorientierte Partizipation."[1] Michael Schüßler bringt in diesem

---

1 R. Bucher [im Interview mit A. Fritsch], Aufmerksamkeit, Demut und Ermutigung durch Vertrauen. Charisma und Leitung – ein Spannungsfeld, in: *Unsere*

Sinn das Ereignis als Kategorie für die Erkenntnis des Wirkens Gottes in den theologischen Diskurs ein.[2] Das Ereignisdispositiv eröffnet den Anschluss an eine „situative Treue zum Christusereignis"[3], die sich den Herausforderungen der Nachfolge Jesu unter den Bedingungen der Gegenwart zu stellen weiß. Formen ereignisbasierter Partizipation nachzugehen, ist für den pastoraltheologischen Erkenntnisgewinn notwendig. Die These lautet: Gemeinschaftlichkeit nimmt nicht ab, sie wandelt nur ihre Form. Gemeinschaftsbildung wird also im Folgenden nicht nur so gefasst, dass sie in den klassischen Gemeinschaftsverständnissen von Pfarrgemeinde oder Ordensgemeinschaft unterkommt. Vielmehr werden unter Gemeinde/Gemeinschaft auch eigenbestimmte, auf Dauer angelegte und themenbezogen strukturierte Formen von Communio als Zusammenschluss von Menschen verstanden, die im Sinne des Evangeliums projekthaft und doch längerfristig etwas miteinander erreichen wollen. Solche Gemeinschaften sind „Lebensorte des Glaubens"[4] und Orte der Begegnung, die durch spezifische Angebote zustande kommen. Die darin liegenden Chance ist auch eine ekklesiogenetische: Denn so „erhält die Kirche Zugang zu soziokulturellen Räumen, die ihr sowohl als Amtskirche als auch als herkömmliche Pfarrgemeinde weitgehend verschlossen sind."[5]

In diesem Beitrag sollen daher Akteure und Initiativen betrachtet werden, in denen sich soziale Gemeinschaftsbildung aktuell ereignet, und Merkmale untersucht werden, die solche, teils fluiden, Formen von Gemeinschaftsbildung begünstigen. Dazu werden in einem ersten Schritt Begleitfaktoren vorgestellt, die eine Studie zur Innovation in ländlichen Räumen der EKD entwickelt hat.[6] In

---

Seelsorge (September 2015), 8–11, hier 9.
2   M. Schüßler, Mit Gott neu beginnen. Die Zeitdimension von Theologie und Kirche in ereignisbasierter Gesellschaft (Praktische Theologie heute Bd. 134), Stuttgart 2013.
3   Ebd., 330.
4   B. Spielberg, Kann Kirche noch Gemeinde sein? Praxis, Probleme und Perspektiven der Kirche vor Ort (SThPS Bd. 73), Würzburg 2008, 389.
5   J. Ostheimer, Zeichen der Zeit lesen. Erkenntnistheoretische Bedingungen einer praktisch-theologischen Gegenwartsanalyse (Praktische Theologie heute Bd. 92), Stuttgart 2008, 280.
6   Vgl. Evangelische Kirche in Deutschland (Hrsg.), Freiraum und Innovationsdruck, Leipzig, 2014.

einem zweiten Schritt soll anhand zweier Phänomene von Gemeindebildung, einer Neugründung innerhalb einer kirchlichen Großgemeindestruktur und einem soziales Projekt im Netz, veranschaulicht werden, inwiefern und in welcher Form die erhobenen Begleitumstände darin vorkommen. Schließlich werden Anfragen formuliert, welche die Ergebnisse der Untersuchung an die Pastoral stellen.

I. Begleitumstände kirchlich-sozialer Innovation auf dem Land

Eine Studie der Evangelischen Landeskirche befasste sich mit sozialen Innovationen im ländlichen Raum. Es wurden insgesamt 110 Innovationen (Projekte aus 90 Dekanaten der EKD) entdeckt und deren Begleitumstände erhoben.[7] Diese sind nicht automatisch auf alle Innovationsphänomene übertragbar, sie können jedoch in diesem Beitrag als Folie zur Betrachtung der Phänomene von Gemeindebildung dienen.

Soziale Innovation auf dem Land zeichnet sich nach Schlegel durch folgende Faktoren aus: Sie ist wertebezogen (normativ), gehört zur Gruppe von Bottom-up-Phänomenen und ist von daher stark kontextbezogen. Des Weiteren fällt auf, dass sie bei Dysfunktionalität auftritt. Innovationsdruck und eine nicht unerhebliche Spannung zum Ideal spielen eine nicht unerhebliche Rolle. Es handelt sich also nicht um kleine Korrekturen bleibender Strukturen, sondern um grundlegende Neuerungen. Auffällig ist: Am Nullpunkt geschieht Wachstum.

---

7 Der folgende Abschnitt beruht auf: T. Schlegel, Freiraum und Innovationsdruck: Begleitumstände innovativer kirchlicher Sozialformen, Vortrag auf dem Kongress der deutschsprachigen Pastoraltheologinnen und -theologen am 7.9.2015 in Wiesbaden [unveröffentlichtes Manuskript]. Unter Innovation versteht Schlegel unter Bezugnahme auf das Konzept sozialer Innovationen „eine von bestimmten Akteuren bzw. Akteurskonstellationen ausgehende intentionale, zielgerichtete Neukonfiguration sozialer Praktiken in bestimmten Handlungsfeldern bzw. sozialen Kontexten mit dem Ziel, Probleme und Bedürfnisse besser zu lösen bzw. zu befriedigen als dies auf der Grundlage etablierter Praktiken möglich ist." (J. Howaldt / M. Schwarz, Soziale Innovation – Konzepte, Forschungsfelder und -perspektiven, in: J. Howaldt / H. Jacobsen, Soziale Innovation. Auf dem Weg zu einem postindustriellen Innovationsparadigma, Wiesbaden 2010, 87–108, hier 89.)

Es lassen sich verschiedene Phänomene unterscheiden, die im Kontext der Innovation zu beobachten sind: Handlungen, Ressourcen, Grund und Anlass, Idee. Ein besonderes Augenmerk in Bezug auf unsere Fragestellung nach der Gemeinschaftsbildung soll an dieser Stelle auf drei Faktoren gerichtet werden. Schlüsselpersonen und Team, Atmosphäre und Kontingenz. Denn geht man davon aus, dass Gemeinschaft wesentlich von der Qualität der Beziehungen bestimmt wird[8], sind diese drei Merkmale dafür besonders relevant.

Schlüsselpersonen spielen etwa (als Ideengeber Organisatoren, Geldgeber, mit geistlicher Kompetenz) als Anstoß fürs Networking oder für die religiöse Produktivität eine entscheidende Rolle. Um als Schlüsselfigur wirksam sein zu können, braucht es (mehr als) Vollzeit-Engagement. Genauso bedeutend ist ein *Team* von meist Ehrenamtlichen, das sich tatsächlich als Team versteht und aus einem Wir-Gefühl heraus handelt. Die neue Gemeinde kommt nicht ohne Einzelne aus, die ihr ein besonderes Gepräge aufsetzen. Aber Gemeinde funktioniert auch nicht ohne eine (Kern-)Gruppe, die eine Idee mit Überzeugung teilt und weiterträgt.

Gerade dürfen die weichen Faktoren für die Gemeinschaftsbildung nicht übersehen werden. Die *Atmosphäre* muss stimmen, die Stimmung, Haltungen wie Beharrlichkeit, Spaß, Offenheit, Veränderungsbereitschaft sind zentral, damit Projekte lebendig sein können. Das schließt nicht Meinungsfindung und Schwierigkeiten aus, ist aber bestimmend, wo Innovationen gelingen.

Als letztes aus der Fülle von Faktoren sei auf die *Kontingenzen* hingewiesen, die nicht unwesentlich die Dynamik von Gemeindebildung beeinflussen. Schlegel konstatiert für die Projektentwicklungen ein gewisses Maß an Zufall: „Es wirkt, als müsse man nur einen brüchigen Baustein aus der Kette herausnehmen – und es wäre nie zu dieser Innovation gekommen."[9] Zwanglosigkeit und Ungeplantheit sind dabei mit von der Partie. Dies ist nur möglich, wenn auch Freiraum und Handlungsspielraum dafür gegeben sind.

---

8 Vgl. K. Karl, Das Compassions-Paradigma als ein Zugang zur wissenschaftstheoretischen Grundlegung der Praktischen Theologie, in: *PThI* 36,2 (2015), 47–52.
9 T. Schlegel, Freiraum und Innovationsdruck, a.a.O., 14.

II. Zwei aktuelle Projekte

Im Folgenden werden zwei Arten von Gemeindeprojekten betrachtet, die sich in der Stadt bzw. im World-wide-Net ereignen. Die Initiativen sind sehr unterschiedlich verortet: Bei der „zeitfenster"-Gemeinde steht die persönliche Spiritualität im Mittelpunkt, bei der Plattform „foodsharing" der Lebensstil. Ihre Botschaft berührt zwei originär christliche Fokusse: einmal als Neugründung von Gemeinde die Spiritualität, einmal als soziale Bewegung im säkularen Kontext die Bewahrung der Schöpfung. Explizit werden christliche Inhalte bei „foodsharing" nicht thematisiert. Welche Gemeindebilder oder Vergemeinschaftungsformen werden hier dargestellt? Im Folgenden werden beide Projekte vorwiegend anhand ihrer Präsentation im Internet und der dort geposteten Beiträge der Gründerpersonen analysiert. So soll nachvollzogen werden, wie Adressaten angesprochen werden, die schließlich potentielle Teilnehmer der neuen Gemeindeformen sind. Wie die Gemeinderealität faktisch aussieht, wie mit Konflikten umgegangen wird, welche Differenz zum Ideal besteht, wird allerdings daraus nicht ersichtlich.

1. zeitfenster

Das „zeitfenster" in Aachen[10] entstand aus einem spirituellen Bedürfnis – zunächst eines Hauptamtlichen, Jürgen Maubach, der selber nach einer Gottesdienstform suchte, in der er sich wiederfand. Die Initiative kam also, motiviert von der Erfahrung des Defizits und der Sehnsucht, aus dem Kern der Gemeinde selbst. Es ging von Anfang an nicht darum, nur neue pastorale Formate zu entwickeln, das „zeitfenster" versteht sich explizit als neue Gemeinde.[11] Die Aktionsformen (wie Gottesdienste, Brunch und Bibelteilen, Aktionen zur Fastenzeit oder Installationen) zielen darauf, Räume für spirituelle

---

10 Vgl. J. Maubach, Zeit für Gott, die Welt und mich, in: *Pastoralblatt für die Diözesen Aachen, Berlin, Essen, Hildesheim, Köln und Osnabrück* 64,9 (2012), in: http://www.zeitfenster-aachen.de/uber-uns/zeit-fuer-gott-und-die-welt-und-mich/ [Aufruf: 12.1.2016].
11 Vgl. http://www.zeitfenster-aachen.de/uber-uns/zeit-fuer-gott-und-die-welt-und-mich/ [Aufruf: 12.1.2016].

Erfahrung zu eröffnen und Möglichkeiten zum Austausch und für Begegnung zu schaffen.

- *Schlüsselperson und Team:* Der Initiator ist bislang die Konstante der „zeitfenster"-Gemeinde. Doch er ist keine Leitfigur, die für sich steht. Er versteht sich als Koordinator und Teil des Gemeindeteams, das aus mehreren Personen besteht und verbindlich das Projekt trägt. „zeitfenster" ist ein Angebot, das „sich an moderne Erwachsene mit und ohne Kinder in der Aachener City"[12] und explizit an die „postmodernen, jüngeren Milieus"[13] richtet. Man rechnet damit, dass Teilnehmer einmal vorbeischauen, aber nicht unbedingt bleiben. Dennoch ist die Gemeinde auf Partizipation hin ausgelegt. Sie baut auf Menschen, die verstanden haben, „dass sie Kirche sind."[14] Monatlich sammelt sich die Gemeinde im Sonntagszeitfenster, die Gemeindeversammlung ist ein offenes Planungstreffen, in dem die Angebote aus den Talenten und Charismen der Mitglieder entwickelt werden.[15]
- *Atmosphäre:* „Wir sind eine neue Gemeinde mit Menschen auf der Suche: Wie geht Christ-sein heute? Was macht uns Spaß, für uns und andere Neugierige zu gestalten? Wie können Gottesdienste und Gebete aussehen, zu denen wir auch unsere Freunde gerne einladen wollen, ohne zu befürchten, das könnte peinlich werden? Wir sind in der Mehrzahl katholisch, freuen uns aber, dass sich auch Christen anderer Konfessionen bei uns wohlfühlen, genauso wie Menschen, die nicht (mehr) zu einer Kirche gehören und für sich auf der Suche sind."[16]

---

12 http://www.zeitfenster-aachen.de/uber-uns/ [Aufruf: 12.1.2016].
13 http://www.zeitfenster-aachen.de/uber-uns/zeit-fuer-gott-und-die-welt-und-mich/ [Aufruf: 12.1.2016].
14 http://www.zeitfenster-aachen.de/uber-uns/zeit-fuer-gott-und-die-welt-und-mich/ [Aufruf: 12.1.2016].
15 Vgl. http://www.zeitfenster-aachen.de/uber-uns/zeit-fuer-gott-und-die-welt-und-mich/ [Aufruf: 12.1.2016].
16 http://www.zeitfenster-aachen.de/angebote/neu-hier/ [Aufruf: 12.1.2016].

Mit diesem Statement präsentiert sich „zeitfenster" mit spirituellem Fokus und offen für alle auf der Suche. Der Text suggeriert eine Gruppe von Menschen, die Freude an ihrem Tun haben, sich verstehen und zu denen man unkompliziert dazu stoßen kann. Betont werden das Zeitgemäße der Formen und das offene Miteinander. Zur Atmosphäre trägt neben dem Text auch die Ästhetik der Kommunikationsformen bei. Die Homepage wird von einer Grafikdesignerin aus der Gemeinde gestaltet. Marketing ist wichtig, Medien werden bewusst zum Erreichen der Zielgruppe eingesetzt und gepflegt.[17]

- *Kontingenzen:* Maubach drückt das Moment des Kontingenten mit folgenden Worten aus: „Ein wenig kamen mir die Erfahrungen im Projektmanagement als Organisationsberater zur Hilfe, die schlimmsten Startfehler zu vermeiden. Aber hier lag auch schon die erste Versuchung: Ich kann das planen! Dabei lag doch ein guter Teil der neuen befreienden Dynamik, die ich spürte, in der radikalen Umkehr zu der Überzeugung: Gott schenkt seiner Kirche Zukunft! Er ist es, der wachsen lässt. Und das bedeutet in diesem Fall weniger von der eigenen Vision einer erneuerten Kirche auszugehen, als von dem, was Gott von dieser zukünftigen Kirche hier an dem Ort, wo ich arbeiten darf, schon wachsen lässt."[18]
Das bedeutet nicht, dass Planung und Organisation keine grundlegende Rolle für die Gestaltung von „zeitfenster" spielen. Aber dahinter stehen Vertrauen und das Bewusstsein, vieles nicht in der Hand zu haben. Das Spiel mit den Zufällen (oder der Vorsehung?), Risiko- und Scheiternsfreundlichkeit gehören zum Kontingenten von Projekten, die mehr von Menschen als von Strukturen leben.

---

17 http://www.zeitfenster-aachen.de/uber-uns/zeit-fuer-gott-und-die-welt-und-mich/ [Aufruf: 12.1.2016].
18 http://www.zeitfenster-aachen.de/uber-uns/zeit-fuer-gott-und-die-welt-und-mich/ [Aufruf: 12.1.2016].

2. Foodsharing

„Foodsharing.de"[19] ging am 12.12.2012 online und wurde mittlerweile zu einer Internet-Plattform mit großem sozialen Outreach. Die Aktions- und Kommunikationsformen der Community laufen vor allem über das Web. Ziel ist, überschüssige Lebensmittel zu teilen auf einem Weg, zu dem jeder leichten Zugang hat. Eine kosten- und werbefreie Open Source-Plattform ist daher ein grundlegendes Anliegen. Die Gemeinschaftsform ist nicht durch das unmittelbare Zusammenleben charakterisiert, sondern im Teilen derselben Überzeugung und eines ökologischen Lebensstils. Es mag Elemente von Begegnung unter den foodsharern geben: Gemeinsam wird ein „vegane[r] Brunch zelebriert"[20]. Aber Treffen sind nicht Programm, die Solidarisierung erfolgt primär durch das Medium des Internets. Das ist so global (die Website des Gründers ist mehrsprachig angelegt), dass der persönliche Kontakt gar nicht zentral werden kann bzw. über die Vernetzung im Blog geschieht.

- *Schlüsselperson und Team:* Gegründet wurde die Internetinitiative von Raphael Fellmer, der mit seiner Familie lange Zeit im evangelischen Friedenszentrum in Dahlem/Berlin lebte.[21] Auf der Seite von foodsharing.de finden sich unter Kontakt eine Vielzahl an Ansprechpartnern mit unterschiedlichen Rollen wie Vorstand des e. V., Botschaften einzelner Orte oder Mitglieder des Orgateams.[22] In den Blogs tauchen immer mehrere Personen aktiv auf. Auch wenn Fellmer stärker seine Idee als seine Person in den Vordergrund stellt, kommt ihm als Gründer sicher eine charismatische und organisatorisch wichtige Rolle zu.
- *Atmosphäre:* Die Atmosphäre, die die Webseiten vermitteln, ist wertschätzend („Wir sind froh, dass Du den Weg zu uns gefunden hast"[23]; „schön, dass es Dich gibt! Dank Dir für Dein Interesse am Wandel, für Deine Offenheit und Dein

---

19 Vgl. https://foodsharing.de/ [Aufruf: 12.1.2016].
20 http://de.forwardtherevolution.net/ [Aufruf: 12.1.2016].
21 Vgl. http://www.raphaelfellmer.de/2015/11/20/yunity-start/ [Aufruf: 10.1.2016].
22 Vgl. https://foodsharing.de/team [Aufruf: 10.1.2016].
23 https://foodsharing.de/ueber-uns [Aufruf: 16.1.2016].

Wirken!"²⁴) und positiv (die Botschaft ist: Du kannst etwas verändern!). Mit einfachen Slogans werden die Adressaten angesprochen: appellativ-werbend, aber nicht vereinnahmend („Teile Lebensmittel, anstatt sie wegzuwerfen!"²⁵). Die Gesichter auf der Teamliste stehen für Engagement, Professionalität und Qualität der Arbeit. Sie zeigen ein klares Ethos. Menschen übernehmen bewusst Verantwortung für ihren Lebensstil, stellen sich die Frage nach Möglichkeiten, solidarisch oder sogar geldfrei zu leben, und wenden sich gegen Konsumismus. Felllmer bezeichnet dies, in etwas esoterisch eingefärbter Sprache, selbst als Revolution: „Wir sind Teil der (R)evolution wo Menschen, Tiere und Pflanzen, ja die gesamte Mutter Erde in Harmonie, Frieden und Liebe miteinander im Einklang leben und teilen werden."²⁶ Worte wie teilen und retten sind in den Botschaften zentral. „foodsharing" vermittelt eine eindeutige Mission: die Verbreitung einer Idee und das Anleiten zu konkretem Handeln.²⁷ Dies prägt die Atmosphäre und begründet die Community. Es fällt ins Auge, dass auch hier die Professionalität der Medienarbeit ein starkes Anliegen zu sein scheint. Viel Arbeit fließt in das Design der Webseite und die Aktualität der Meldungen. Gezielt werden Experten aus dem IT-Bereich angesprochen, dabei mitzuwirken.²⁸

- *Kontingenzen:* Das Netz hat sicherlich Vorteile der großen Bekanntheit und Möglichkeit des Networking. Aber Nachteile hat es auch. So sind doch Kontrollmöglichkeiten faktisch schlecht gegeben und in der Praxis tritt seitens der Adressaten auch Enttäuschung auf.²⁹ „foodsharing" eröffnet nur einen Raum, die Umsetzung gehört das Moment des

---

24 http://de.forwardtherevolution.net/ [Aufruf: 16.1.2016].
25 https://foodsharing.de/ [Aufruf: 10.1.2016].
26 http://de.forwardtherevolution.net/ [Aufruf: 10.1.2016].
27 Vgl. R. Fellmer, Glücklich ohne Geld!: Wie ich ohne einen Cent besser und ökologischer lebe, München 2013.
28 Vgl. https://foodsharing.de/?page=blog&sub=read&id=209 [Aufruf: 10.1.2016].
29 L. Jakat, Geteiltes Essen ist halber Müll, in: http://www.sueddeutsche.de/leben/2.220/nachhaltiger-konsum-geteiltes-essen-ist-halber-muell-1.1904417 [Aufruf: 9.1.2016].

Kontingenten. Bestechend ist die Strategie (oder die Notwendigkeit), das Globale lokal anzugehen. Dadurch wird es greifbar und Kontingenz fällt mit konkreter Umsetzung zusammen.

Vergleichend lässt sich sagen, dass eine wesentliche Bedingung für das Gelingen der Initiativen in beiden Fällen in einer gemeinsam getragenen Idee und dem Wunsch nach Veränderung liegt. Darin liegt auch der gemeinschaftsbildende Faktor. Im Kontext kirchlicher Strukturen sind dabei das Team, die Unterstützung durch das Bistum, die Arbeitsaufteilung unter den Mitarbeitern unerlässlich. Die Kennzeichen beider Gemeinschaftsformen sind Flexibilität, Eigenverantwortung, Charismenorientierung, also die individuelle Ausrichtung sowohl an den Bedürfnissen als auch an den Gaben und Möglichkeiten der Mitglieder. Ein Merkmal ist die freie Partizipation, das geregelte „Von unten". Eine Neuheit liegt in der Kommunikationsform, der Art der Vernetzung und der Ästhetik. Die Stilfrage, die auf einzelne Milieus eingeht, ist also ein weiterer zentraler Aspekt.

III. Anfragen

Anfragen an die Pastoral seitens der liquiden Formen von Kirche lassen sich mit De Groot auf den Ebenen Kontext, Identität, Struktur und Leitung formulieren.[30] Darauf an diesem Punkt im Detail einzugehen würde zu weit führen. Es soll aber verdeutlicht werden, dass all diese Ebenen betroffen sind. Aus den präsentierten Beispielen sollen nun abschließend drei Anfragen formuliert werden, an die Attraktivität einer Gemeinschaftsform (in Bezug auf die Atmosphäre), an das Selbstverständnis der Pastoral (in Bezug auf die Kontingenzen) und an die Rolle der Pfarrgemeinde als Teil der (zukünftigen) Vielfalt von Gemeinde (in Bezug auf Schlüsselpersonen und Team).

Erstens wird ersichtlich, dass die Stärke der Initiativen zunächst nicht die Zugehörigkeit zu einer Institution oder Organisation ist,

---

30 Vgl. C.N. de Groot, Die Herausforderung fluider Formen des Gemeindeaufbaus, in: *PThI* 34,2 (2014), 157–170, bes. 164–168.

sondern das eigene Profil, die Begeisterung und die gemeinsame Mission. Nicht die Frage nach Verbindlichkeit oder die Frage nach der Bedürfnisorientierung stehen an erster Stelle. Bestenfalls fallen beide zusammen. Das Kriterium für neue Gemeinschaftsformen sind die Relevanz der Botschaft für die konkrete Lebensgestaltung und die Möglichkeit der Partizipation.

Pastoral ist zweitens in ihrem Selbstverständnis angefragt, sich selbst als Teil eines größeren Ganzen zu sehen. Dann wird sie den Dienstaspekt in den Vordergrund stellen und der Seelsorge Primat einräumen, die Menschen dabei unterstützt, Formen des Engagements für ihre spirituellen Bedürfnisse und Überzeugungen zu finden. Die Frage nach der Förderung solcher Projekte in der pastoralen Planung erfordert nicht Produkt- oder Ergebnisdenken, sondern Prozessdenken. Dabei bildet der Faktor der Kontingenzen eine große Herausforderung. Denn die werden im normalen planerischen Alltag eher ausgeschaltet denn als wachstumsfördernd betrachtet. Die Chance von Brüchen zu erkennen, ist hier gefragt.

Es erfordert drittens ein pastorales Umdenken von der Gemeindetheologie zur Gemeinschaftstheologie. Zweifelsohne muss und wird die „Liquiditätstoleranz" zunehmen. Es besteht jedoch kein Grund, anzunehmen, dass sich Gemeinschaft durch liquide Formen von Gemeinde auslöst. Es wird definitiv ein bleibendes Nebeneinander von Formen und unterschiedliche Grade von Verbindlichkeit geben. Die Frage ist nicht die, ob Gemeinschaft überflüssig geworden ist, sondern, wie die Vielfalt an Formen von Gemeinschaftsbildung und Gemeindeaufbau tatsächlich aussieht und ob sie akzeptiert wird. Die Formel lautet nicht „statt der Pfarrgemeinde", sondern „über sie hinaus". Die Rolle der Pfarrgemeinde wird dabei eine neue sein. Gerade dass sie nicht thematisch und kontextbezogen, sondern universell ist, kann ihr Vorteil sein, wenn sie es erlaubt, dass sich Projekte an sie anschließen können. Sie ist dann der Knoten, an dem gemeinschaftsbildende Initiativen zusammenlaufen.[31] Themen- und überzeugungsbasierte Formen von Gemeinschaftsbildung

---

31 Vgl. R. Bucher, Jenseits der Idylle. Wie weiter mit den Gemeinden?, in: ders. (Hrsg.), Die Provokation der Krise. Zwölf Fragen und Antworten zur Lage der Kirche, Würzburg 2005, 107–130, bes. 38; vgl. B. Spielberg, Kann Kirche noch Gemeinde sein?, a.a.O., 393.

mögen dazu neigen, kleine Subkulturen zu bilden und gegenüber nicht-Gleichgesinnten oder anderen Milieus ausschließend zu wirken. Eine Herausforderung ist also, offene Verbindungen zwischen Gruppen zu schaffen.[32] Spirituelles Gemeindemanagement ist gefragt.[33] Eine weitere wichtige Aufgabe ist die, Initiativen theologisch-professionell zu begleiten.[34] Wo Schlüsselpersonen und Team sich finden und miteinander auf den Weg machen können, werden sie den Bedürfnissen der Adressaten begegnen.

Diese Anfragen können zu spannenden Aufgaben werden. An Brüchen anzusetzen, Freiräume zu schaffen, Personen Raum zu geben, professionelle und spirituelle Impulse für Gemeindemanagement zu entwickeln. All dies sind konkrete Schritte in der Pastoral, um die Vielfalt von Gemeinden entsprechend der Vielfalt der Gesellschaft neu zu denken und zu realisieren.

---

32 Vgl. C.N. de Groot, Die Herausforderung fluider Formen des Gemeindeaufbaus, a.a.O., 169.
33 Vgl. M. Laudan, Spirituelles Gemeindemanagement. Gemeinde anders leiten, in: M. Clausen / M. Herbst / T. Schlegel (Hrsg.), Alles auf Anfang. Missionarische Impulse für Kirche in nachkirchlicher Zeit (Beiträge zu Evangelisation und Gemeindeentwicklung Bd. 19), Neukirchen 2013, 86–102.
34 Vgl. C.N. de Groot, Die Herausforderung fluider Formen des Gemeindeaufbaus, a.a.O., 169, vgl. hierzu St. Gärtner, Wie kann die Praktische Theologie pastorale Professionals ausbilden?, in: *PThI* 35,1 (2015), 83–95.

Thomas Dienberg

Fraternitas auf dem Prüfstand

Die Wiederentdeckung eines Franziskanischen Grundmotivs in der Suche nach Gemeinschaft in der (post-)säkularen Welt

In der September/Oktober-Ausgabe des Magazins *OYA. Anders denken, anders leben* ist an einer markanten Stelle beschrieben, wofür dieses Magazin, das sich seit 2010 auf dem Markt befindet, steht: „Was will Oya? Die Nachrichten auf diesen Seiten sind Ausdruck des bunten Themenspektrums, für das die Zeitschrift Oya steht. Es reicht von einer solidarischen, auf Gemeingüter ausgerichteten Postwachstumsökonomie und zivilgesellschaftlichem Engagement für mehr Demokratie über künstlerische Projekte, kreativen Widerstand und Protest bis hin zu Regional- und Stadtentwicklung, Selbstversorgung, Gemeinschaftsprojekten und zur Suche nach einem sinnerfüllten Leben. Oya interessiert sich für Projekte, die mit offenem Geist Neuland erschließen, statt an Patentrezepten oder Ideologien festzuhalten. Die Zeitschrift lässt Menschen und Initiativen selbst zu Wort kommen und lädt mutige Denkerinnen und Denker ein, ihre Visionen einer lebensfördernden Kultur zu Papier zu bringen. So möchte sie Menschen ermutigen, selbst der Wandel zu sein, den sie in der Welt sehen möchten."[1] Angesichts des radikalen Wandels der Gesellschaft will dieses Magazin eine Plattform und ein Forum anbieten mit der Möglichkeit, diesen Wandel zu diskutieren und eine andere, positive Welt zu entwickeln, und das jenseits von Dogmen, Szenegrenzen oder gesellschaftlich formierter Gruppen. In all den Beiträgen, ob praktischer oder mehr theoretischer Art, lässt sich eine Tendenz feststellen, die nachdenklich stimmen kann: Der Aspekt von Gemeinschaft und Gemeinschaftsbildung steht im

---

1 OYA. Anders denken. Anders leben, September/Oktober 2015, 6.

Zentrum der Artikel. Gemeinsame Initiativen von Menschen in einer sich zunehmend individualisierenden Gesellschaft erscheinen dringend notwendig für die Entwicklung einer neuen und anderen Welt, die das Leben lebenswert erscheinen lässt. Solidargüter, auf Gemeingüter ausgerichtete Postwachstumsökonomie, Widerstand und Protest – eine Zeitschrift, die den Zeitgeist widerspiegelt, und dieser zeichnet sich aus durch die Suche nach einer neuen Art und Weise, Gemeinschaft nicht nur zu verstehen, sondern auch zu leben.

Ein anderes Beispiel dafür ist das Magazin *enorm. Wirtschaft. Gemeinsam. Denken.* Auch hier geht es um ein Umdenken, darum, Wirtschaft anders zu verstehen, nämlich zum Wohle des Ganzen, gemeinsam und in dem Versuch, die Zukunft positiv zu gestalten. Auf der Website des Magazins heißt es: „*enorm* betrachtet Wirtschaftsmodelle, Unternehmen und Personen, die auf die wachsenden Herausforderungen in Gesellschaft und Umwelt reagieren. Lesen Sie, wie Wirtschaft und Moral wieder zusammenfinden, wie neue Geschäfte mit alten Werten die Welt verändern und zur Lösung der Probleme unserer Gesellschaft beitragen können. Das Magazin bietet Ihnen Einblicke in die Strategien moderner Konzerne, Familien- sowie Sozialunternehmen und liefert darüber inspirierende Anregungen für nachhaltiges Wirtschaften und bewussten Konsum. *enorm* wendet sich an wirtschaftlich interessierte und aktive Personen. An Menschen, die gesellschaftliche Verantwortung übernehmen in Unternehmen, Politik, Stiftungen und NGOs. An Unternehmer, CSR-Verantwortliche und Visionäre. An Eltern und ihre Kinder."[2] Auch in dieser Kurzbeschreibung wird deutlich, dass es in den dargestellten Initiativen und Antworten auf den Wandel immer um gemeinsame Projekte, um Verantwortung in Gemeinschaftsformen geht, die neue und andere Akzente setzen, um der Zukunft der Gesellschaft willen.

---

2 http://www.enorm-magazin.de; vgl. ebenso das interessante Buch: S. Helfrich / D. Bollier / Heinrich-Böll-Stiftung (Hrsg.), Die Welt der Commons. Muster gemeinsamen Handelns, Bielefeld 2015 (e-book). Die Autorinnen und Autoren gehen den anthropologischen Grundlagen der Commons nach und stellen sie zugleich als konkrete Utopien vor. Sie machen auf sehr eindrückliche Art und mit vielen Beispielen anschaulich, dass und wie vieles heute machbar ist, wenn man es gemeinsam und im Sinne der Gemeinschaft macht: durch Prozesse geteilter Verantwortung, in Laboratorien für Selbstorganisation und durch Freiheit in Verbundenheit. Menschen realisieren, was schon heute machbar ist und morgen selbstverständlich sein wird.

Gemeinschaft, neue Formen von Gemeinschaft und gemeinsames Tun in Richtung einer lebenswerten Zukunft für die Welt und die Menschheit – all das sind Aspekte, die heute herausfordern, gerade auch bislang gekannte und gelebte Gemeinschaftsformen, so auch die Formen, die in der Vergangenheit und in der Gegenwart in ganz besonderer Weise für sich in Anspruch genommen haben, gemeinschaftlich zu leben und gemeinschaftlich die Welt zu gestalten: die Ordensgemeinschaften.

Insbesondere in den Franziskanischen Ordensgemeinschaften steht der Begriff der Gemeinschaft – oder besser noch: der Begriff der Fraternitas zentral und lässt sich auf die ein oder andere Weise elementar mit den Gelübden der evangelischen Armut, des Gehorsams und der keuschen Ehelosigkeit in Verbindung bringen.

Angesichts der Tendenzen in der heutigen Gesellschaft, wo sich Gesellschaft radikal wandelt, erhält der Begriff der Fraternitas eine besondere Bedeutung, muss womöglich aber auch hinterfragt werden. Globalisierung, Virtualisierung und Digitalisierung, Individualismus und Pluralismus, ökologische Krise und Nachhaltigkeit fordern Gemeinschaft, Gemeinschaftsverständnis und Fraternitas heraus. Fraternitas in ihrer idealen Form und in ihrer gelebten Praxis stehen auf dem Prüfstand. Und sind nicht auch im franziskanischen Sinne Solidarität, Gemeingüter, zivilgesellschaftliches Engagement, kreativer Widerstand, Selbstversorgung und die Suche nach einem sinnerfüllten Leben zentrale Werte, so dass auch Wirtschaft anders gedacht werden kann und muss? Franziskanische Spiritualität steht für einen Wandel hin zum Leben. Oder ist das nur die Theorie, die Ideologie, und das Leben in Gemeinschaft sah und sieht ganz anders aus? Haben die Franziskanischen Gemeinschaften an Sprengkraft verloren und werden durch andere, neuere Gemeinschaftsformen ersetzt? Haben sie vielleicht an Kraft verloren – und werden erst allmählich durch den sogenannten „Franziskusfaktor" des gegenwärtigen Papstes aus der verstaubten Kiste herausgeholt? Ist es dafür nun vielleicht schon zu spät?

Im Folgenden werden zunächst einige Grundpfeiler der Franziskanischen Fraternitas dargestellt. Daraufhin werden in einem zweiten Schritt in aller gebotenen Kürze einige Aspekte zum modernen Erleben von Gemeinschaft und Individualismus entfaltet, um beides dann in einem dritten Schritt zusammenzuschauen und die Fraternitas in ihrer Provokation für heute neu wieder zu entdecken.

1. Grundpfeiler Franziskanischer Fraternitas

Franziskus war ganz Kind seiner Zeit. Mit seinen Idealen – der Rückkehr zum Evangelium, der Nachfolge des armen und gekreuzigten Jesus Christus, dem Leben in einer Gemeinschaft von Brüdern und der Abkehr von herkömmlichen Ordensstrukturen – stand er nicht allein. Die Erfahrungen eines aufkommenden Frühkapitalismus mit den heute noch bekannten Konsequenzen wie Landflucht, Armutsviertel in den Großstädten, mit einer immer größer werdenden Schere zwischen Reich und Arm, führten zu dem Wunsch nach einem anderen und gerechten Leben. Die Sehnsucht nach der Berührung mit der Welt der Bibel, die mit den Kreuzzügen aufkam, der Wunsch, es Jesus gleichzutun, wie er in der Welt arm, gottesfürchtig und für den Menschen zu leben, zog immer mehr Kreise. Viele Bewegungen entstanden, die nicht den weltfernen Weltenherrscher, sondern den armen Bruder und Menschen Jesus in den Mittelpunkt ihrer Frömmigkeit stellten. Nicht der glorreiche Weltenretter, sondern der arme Mensch, der leiden musste und ans Kreuz geschlagen wurde, veranlasste Menschen, ihr Hab und Gut zu verlassen und sich gemeinsam zu einem neuen radikaleren Leben auf- und mit der Nachfolge Jesu Ernst zu machen. Indirekt, und oft auch sehr deutlich, war das eine massive Kritik am Feudalsystem der Kirche. Die Werte von Freiheit nach dem Evangelium, Gleichheit und Brüderlichkeit (ähnlich den Werten der Französischen Revolution) waren die neuen Lebensprinzipien, nicht der Besitz, die Pfründe und die jeweilige Stellung. Zentral stand dabei jeweils in vielen Bewegungen die Sehnsucht nach einem Leben in Gemeinschaft, einem geteilten Leben mit den Schwestern und Brüdern auf dem Weg der Nachfolge. Mit ihrem Leben wollten sie das Evangelium verkünden, das Menschen befreit und nicht unterdrückt.

Franziskus war einer von ihnen: Infiziert von dem grausamen Virus des Krieges und der Gefangenschaft, zutiefst fragend nach dem Sinn des Lebens und berührt von dem Schicksal vieler Menschen, die vom Aussatz oder von der harten Armut gezeichnet waren, machte sich Franziskus auf den Weg zu sich selbst, seiner Berufung und dem Sinn seines Lebens; zunächst allein in Form eines Eremiten, dann des Büßers, doch schon bald schlossen sich ihm andere an, fasziniert und provoziert durch sein Beispiel. Es entstand die frühe Franziskanische Gemeinschaft.

Dabei waren ihm die Brüder, die zu ihm kamen, Geschenk und Gabe Gottes, so dass er in seinem Testament sagen kann: „Und der Herr hat mir Brüder gegeben…"[3] Ohne Ansehen, in Absage jeglichen Statusdenkens, kamen Brüder zur Gemeinschaft und wurden aufgenommen, weil sie ernsthaft dem Gekreuzigten nachfolgen wollten: „Sicherlich herrschte in dieser Zeit beim heiligen Franziskus und seinen Brüdern über die Maßen großer Jubel und einzigartige Freude, wenn jemand vom Geist Gottes geführt kam, um das Kleid ihres heiligen Ordens zu nehmen. Es war ganz gleich, wer oder was er war, ob reich oder arm, hoch oder niedrig, unbedeutend oder angesehen, klug oder einfältig, gebildet oder ungebildet, Kleriker oder Laie im christlichen Volk. [...] Weder niedere Herkunft noch drückende Armut bildeten ein Hindernis, dass jene in den Bau Gottes eingefügt wurden, die Gott dazu gebrauchen wollte, denn seine Freude ist es, bei den Einfältigen zu sein und denen, die von der Welt verworfen sind."[4] Damit überwand die frühe Brüderschaft das zeitgenössische Standesdenken und setzte einen radikalen Gegenakzent. „Ob aus dem Adel oder aus einfachen Schichten – im Orden wurden sie alle zu Brüdern."[5] So machte Franziskus ernst mit den Worten Jesu, dass nur einer der Meister ist, nämlich Gott, bei dem es kein Ansehen der Person gibt, alle anderen sind Brüder (vgl. Mt 23,8). Dabei war Franziskus zunächst nicht eine Ordensgemeinschaft mit bestehender Regel wichtig, die es dann einzuhalten galt, vielmehr ging es ihm um das Leben nach dem Evangelium. So findet sich bezeichnenderweise in der Bullierten Regel nicht die Rede von der Aufnahme

---

3 Franziskus von Assisi, Testament, in: Franziskus-Quellen. Die Schriften des heiligen Franziskus, Lebensbeschreibungen, Chroniken und Zeugnisse über ihn und seinen Orden, hrsg. v. D. Berg / L. Lehmann, Kevelaer 2009, 59–62, hier 59.
4 Thomas von Celano, Kapitel XIII, in: Erste Lebensbeschreibung oder Vita des hl. Franziskus, in: Franziskus-Quellen, a.a.O., 195–288, hier 218.
5 N. Kuster / Th. Dienberg / M. Jungbluth in Zusammenarbeit mit der Fachstelle Franziskanische Forschung FFF (Münster) (Hrsg.), Inspirierte Freiheit. 800 Jahre Franziskus und seine Bewegung, Freiburg/Br. – Basel – Wien 2009, 46.

in den Orden, wenn sich Männer für die Lebensweise interessierten, vielmehr spricht Franziskus auch hier von der Annahme eines Lebensstils: „Wenn jemand dieses Leben annehmen will und zu unseren Brüdern kommt"[6]. Nicht eine Regel, nicht Regelgehorsam und Regelkonformität stehen im Mittelpunkt der frühen Fraternitas, sondern eine Lebensweise und der unbedingte Wille, dieses Leben führen zu wollen; ein Leben in der Nachfolge des gekreuzigten und armen Jesus Christus, mit einem klarem Unterschied, ja Bruch mit den Werten der Gesellschaft. Von daher nennen sich die Brüder auch die Minderen Brüder, um genau darauf aufmerksam zu machen: Sie gehören auf die Seite der Armen, der Minores, derjenigen, die sich selbst nicht mehr helfen können, und das in einer gelebten Solidarität und Liebe. Dennoch war es natürlich aus kirchenpolitischen Erwägungen sinnvoll, eine Ordensgemeinschaft zu gründen, so dass Kuster aus verschiedenen Beobachtungen schließt: „Berichte von Zeitgenossen und päpstliche Schreiben einerseits sowie die synonyme Verwendung der kirchenrechtlichen Begriffe *ordo* und *religio* in den Schriften des heiligen Franziskus andererseits lassen erkennen, dass dieser seine Bruderschaft als einen religiösen Orden in der Tradition der Kirche eingliedern wollte."[7]

Verschiedene Charakteristika sollten die frühe Brüdergemeinschaft in ihrer Fraternitas und in der Folgezeit alle Franziskanischen Gemeinschaften auszeichnen: Sie sollen einander vor allem als Hausgenossen erweisen[8]; sie sollen, wenn sie durch die Welt ziehen, weder streiten noch Wortgefechte führen; milde und gütig sollen sie sein, friedfertig und sanftmütig und als erstes, wenn sie ein Haus betreten, diesem den Frieden wünschen.[9] Sie sollen arbeiten, und das

---

6 Bullierte Regel Kap.2, in: Franziskus-Quellen, a.a.O., 94–102, hier 95.
7 N. Kuster / Th. Dienberg / M. Jungbluth in Zusammenarbeit mit der Fachstelle Franziskanische Forschung FFF (Münster) (Hrsg.), Inspirierte Freiheit, a.a.O., 46. Religio scheint die Art und Weise gewesen zu sein, in der vor allem die frühen Brüder ihre Berufung beschrieben. Dabei hatten sie vor allem die Art und Weise im Blick, in welcher die Brüder sich versammelten und sich in einer gemeinsamen Verpflichtung an Gott banden. Vgl. dazu auch: Wayne Hellmann, zit. in: G. Ühlein, Seeking Connection in a Fragmented World. What Does Our Franciscan Tradition Offer, in: K. Warren (Ed.), Franciscan Identity and Postmodern Culture (Washington Theological Union, Symposium Papers 2002), St. Bonaventure/New York 2003, 109–122, hier 109f.
8 Vgl. Bullierte Regel Kap.6, a.a.O., 98.
9 Vgl. ebd., Kap. 3, 97.

zum Wohle und Unterhalt der Gemeinschaft[10]; sie sollen sich nichts aneignen und kein Eigentum erwerben, wie Pilger und Fremdlinge in der Welt leben, einer soll dem anderen vertrauensvoll seine Not offenbaren, vor allem sollen die Brüder sich der Kranken annehmen.[11]

Die gelebte Liebe ist Markenzeichen der Fraternitas, der Verzicht auf Eigentum und der unbedingte Gehorsam dem Evangelium gegenüber stützen und gewähren diese. „Als deshalb der eine von ihnen sah, wie auf den anderen Steine geworfen wurden, stellte er sich sofort vor ihn als Schutzschild gegen die Steinwürfe; denn wegen der gegenseitigen Liebe, die sie beseelte, wollte lieber er anstelle seines Bruders getroffen werden. Und so waren sie bereit, dass der eine für den anderen sein Leben einsetzte. In der Demut und Liebe waren sie so fest gegründet und verwurzelt, dass einer den anderen wie seinen Vater und Herrn ehrte; und jene, die als Vorgesetzte oder durch besondere Gnade herausragten, erschienen noch demütiger und geringer als die Übrigen. Alle unterwarfen sich ganz dem Gehorsam und hielten sich fortwährend bereit, den Willen des Befehlenden zu erfüllen."[12]

Ein Oberer ist nur Oberer für gewisse Zeit und hat den Titel Minister inne: Diener. Eine demokratische Leitungsstruktur mit dem Akzent des Dienens unterstreicht die Dimension der Fraternitas als eine fast schon utopische Lebensweise um des Evangeliums willen. Selbst Zurechtweisungen sollen im Geist der Liebe stattfinden: „Jene Brüder, die Minister und Diener der anderen Brüder sind, sollen ihre Brüder aufsuchen und ermahnen und sie in Demut und Liebe zurechtweisen, ohne ihnen etwas zu befehlen, was gegen ihre Seele und unsere Regel wäre."[13] Die Verbundenheit der Brüder in der Gemeinschaft ist eine essentielle Bedingung, um das Leben in der Nachfolge in Armut und Gehorsam leben zu können.

Grundpfeiler des gemeinschaftlichen Lebens ist vor allem das Gebet, das die Arbeit und das Miteinander prägt und trägt, vor allem das ‚Göttliche Offizium', das die Brüder regelmäßig beten sollen.[14] In Treue sollen sie es verrichten und dabei auch die Hl. Messe

---

10 Vgl. ebd., Kap. 5, 97f.
11 Vgl. ebd., Kap. 6, 98.
12 Dreigefährtenlegende, Kap. XI, 42, in: Franziskus-Quellen, a.a.O., 602–653, hier 635.
13 Bullierte Regel, a.a.O., Kap. 10,1, 100.
14 Vgl. ebd., Kap. 3, 96f.

ehrfurchtsvoll feiern. Gerade die Eucharistie zeigt die Verbundenheit der Brüder mit einander: das Wort und das Brot werden geteilt, die Gemeinschaft untereinander und mit Gott wird erlebt. Hier macht sich Gott ganz klein, inkarniert sich in die Mitte der Gemeinschaft. Eine Franziskanische Gemeinschaft gründet auch in der geteilten und gefeierten Eucharistie. Aus ihr nähren sich der Geist der Liebe und der Geist des rechten Umgangs mit einander.

Strukturen wie Noviziat, feste Hausgemeinschaften und entsprechende Regelungen für den Alltag kamen sehr schnell hinzu, nachdem die Brüdergemeinschaft nach wenigen Jahren auf über Tausend angewachsen war. Doch sollen diese flexibel sein, und kein Minister möge sich auf sein Amt etwas einbilden. Es ist ein Dienstamt, das zeitlich befristet ist. Gleichzeitig ist die Bruderschaft fest in den Rahmen der Kirche eingefügt. Der Heilige Geist ist der wahre Generalminister, so Franziskus, und er bat um einen Generalprotektor, der sich der Fraternitas annimmt und sie in bewegten Zeiten beschützt und berät. Hier zeigt sich ein Gehorsam in verschiedenen Richtungen: der Lebensweise gegenüber und darin dem gewählten Oberen/Minister sowie auch der Kirche gegenüber. Gehorsam jedoch hat sich mit Minoritas zu verbinden: Es geht immer um das Dienen, um das Zuhören, um die liebende Verbundenheit im Gehorsam.

> *„Wenn sich Gehorsam und Minoritas trennen, pervertiert das franziskanische Leben in das Gegenteil. Schon zu seinen Lebzeiten erlebt es Franziskus, dass die Minister Brüder als Kapläne an Fürstenhöfe schicken. Der Gehorsam ist gewahrt, die Minoritas aber verraten. Franziskus nennt sie ‚Fehlgeburten, die aus dem Mutterschoß gezogen wurden'. In seiner Regel lehnt Franziskus privilegierte Stellungen wie Kämmerer und Kanzler und Präsidentenfunktionen als Verrat am Minderbrüderideal ab. Später wird er aus dem gleichen Grund höhere kirchliche Ämter für seine Brüder ablehnen. Er will, dass alle auf dem Basisstand bleiben, an jenem Ort, wo man hört, dient, und zwar in der Weise jenes Gottes, der sich zum Knecht gemacht hat und gehorsam war bis in den Tod."*[15]

---

15 A. Rotzetter / W. v. Dijk / Th. Matura (Hrsg.), Franz von Assisi. Ein Anfang und was davon bleibt, Zürich – Einsiedeln – Köln ²1981, 77.

Der enorme ‚Andrang' für diese evangeliumsgemäße Lebensweise zeigt den Bedarf und die Sehnsucht in der damaligen Zeit nach Veränderung, nach einem radikalen Lebensstil, nach einer alternativen Lebensweise in einer Gemeinschaft, die aufgrund gemeinsamer Werte und Visionen trägt und Halt gibt; einer Gemeinschaft, die nicht auf die traditionellen Werte und Lebensweisen der Gesellschaft gründet, vielmehr eine konkrete und lebbare Alternative bietet. Vor allem erweitert sich der Begriff der Fraternitas von der konkreten Brüdergemeinschaft vor Ort auf eine universale Fraternitas, auf eine gelebte Geschwisterlichkeit mit allem, was lebt und existiert, mit der Schöpfung und der Welt. Ausdrücklich formuliert Franziskus diese Verbundenheit in dem Sonnengesang, in welchem er die Verwandtschaft mit der Schöpfung und damit die Verantwortung für diese besingt. Es ist ein Meisterwerk besungener Fraternitas mit allem, was ist, eine Entfaltung des Schöpfungsauftrags.

2. Gemeinschaftswege und Suche nach Gemeinschaft heute – zwischen Individualismus und Gemeinschaft

Vielleicht ist die Welt, in der Franziskus aufgewachsen ist und seine Lebensform gewagt hat, der heutigen gar nicht so fremd. Ein Wandel wird von vielen herbeigesehnt. Gesellschaft und Welt verändern sich, werden unübersichtlich, mehr und mehr ungerecht und fragwürdig. Die Frage, wohin das alles noch führen soll, wird vermehrt gestellt. Die Sehnsucht und Suche nach Gemeinschaftsformen mit gemeinsam geteilten Werten wird größer, damals wie heute.

In den anfangs zitierten Magazinen *OYA* und *enorm* zeigen sich deutlich der Wunsch und die Tendenz in unterschiedlichen Feldern des öffentlichen und privaten Lebens zur Gemeinschaftsbildung. Der allseits konstatierte Individualismus und die Vereinzelung von Menschen, die Unübersichtlichkeit von Welt in ihrer globalisierten und medialen Form lässt eine Menge von Gemeinschaften entstehen, Parallelgemeinschaften im virtuellen Raum, die ganz anderen Gesetzmäßigkeiten unterliegen als eine real gelebte Gemeinschaft. Das fordert heraus und schafft Sehnsüchte. Gleichzeitig aber lassen viele Entwicklungen, ob der Klimawandel mit all seinen Konsequenzen, die Finanzkrisen, die Flüchtlingsbewegungen weltweit und das oft entsetzlich zähe politische Agieren der verschiedenen Staaten und Länder, der Wunsch nach Ganzheitlichkeit und Einheit mit der Natur, der religiöse Marktplatz etc. Menschen innehalten und nach neuen Formen von Beziehungen und Realisierungen von Gemeinschaft suchen.[16] Auch die Individualisierung ist ein Stichwort, das in diesem Zusammenhang wichtig ist.

Individualisierung bezeichnet „[…] ganz allgemein die Herauslösung des Einzelnen aus traditionalen Sozialbeziehungen […], wenn diese Freisetzung tendenziell mehr Autonomie für das Individuum bedeutet. Unter Autonomie waren in diesem Sinne erweiterte Entscheidungs- und Handlungsoptionen subsumiert, die einen Verantwortungszuwachs für das Individuum mit sich bringen."[17] Diese Herauslösung wurde und wird auf ganz unterschiedliche Art und Weise interpretiert und entfaltet. Mal ist die Rede von negativer, positiver oder ambivalenter Individualisierung, dann wieder von schroffer oder sanfter Individualisierung. Wie auch immer resümiert Morgenstern in seiner interessanten und guten Studie zu den verschiedenen Individualisierungskonzepten: „Demnach geht Individualisierung immer mit Differenzierungs- und Pluralisierungsprozessen, der Steigerung von Komplexität, der Veränderung sozialer Beziehungen und der Bedeutungszunahme des Individuums einher."[18] Das scheint Kern aller Individualisierungstheorien und Konzepte zu sein.

Individualisierung scheint sich nicht als ein einheitlicher Gesamtprozess darzustellen, sondern als eine Summierung von Prozessen, die aufgrund unterschiedlichster Komponenten und Faktoren dem Individuum ein größeres Autonomiepotenzial zugestehen. Der Umgang mit dem größeren Autonomiepotenzial ist das, was herausfordert und

---

16 Auch in der Wirtschaft wird das Bestreben nach dem Gemeinsamen und einer Ökonomie des Gemeinsamen und der Gemeinschaft immer deutlicher. So wird z.B. konkret von Adrian Pabst der Begriff der Fraternity auf eine neue Form der Ökonomie übertragen: vgl. A. Pabst, Fraternity, in: L. Bruni / S. Zamagni (Eds.), Handbook on the Economics of Reciprocity and Social Enterprise, Cheltenham – Northampton 2013, 153–162. Vgl. auch die verschiedenen Ansätze zur Economy of Communion, z.B.: J. Gallagher / J. Buckeye, Structures of Grace. The Business Practices of the Economy of Communion, Hyde Park/NY 2014.
17 C. Morgenstern, Individualisierung als Phänomen der Moderne. Zur Reduktion der Vieldeutigkeit des Individualisierungskonzepts, Saarbrücken 2008, 2.
18 Ebd., 90.

vor allem an dieser Stelle interessiert, zeigt sich doch eine Tendenz immer wieder: die Sehnsucht und Suche nach neuen, anderen und alternativen Gemeinschaftsformen. Die Ich-Gesellschaft, wie die nord-west-europäische Gesellschaft in neuerer Literatur immer wieder genannt wird, ist ein Resultat der größeren Autonomie und verschiedener Differenzierungs- und vor allem Pluralisierungsprozesse. „Anything goes", und der Einzelne ist der Schmied seines eigenen Glücks. Eine jüngere Studie zum Wandel von Religiosität, Spiritualität und Säkularität in der Ich-Gesellschaft zeigt deutlich auch die Konsequenzen für religiöse Gemeinschaftsformen auf: „Bei den meisten Individuen finden wir seit dem Übergang zur Ich-Gesellschaft eine zunehmende religiöse Individualisierung und Konsumorientierung."[19] Religiöse Individualisierung bedeutet, dass die Gemeinschaft nicht mehr im Mittelpunkt steht, da sie weniger „zu bringen scheint" und zumindest traditionelle Gemeinschaftsformen obsolet geworden sind. Sie sagen nichts mehr. Doch stellen die Autoren auch fest, dass die Großkirchen zwar immer noch für manche Individuen Kraft, Halt und Tradition vermitteln, die Freikirchen jedoch einen hochgradig normierten Lebensstil vermitteln und eine Alternative zu erlebbaren Lebensstilen und Gemeinschaften in der Gesellschaft und auch zu den Großkirchen anbieten. In diesen wird diese gelebte Alternative nicht mehr gefunden.[20]

Der Neurobiologe Gerald Hüther untersucht insbesondere die Kommunen in Deutschland, die unter Zugzwang und enormem Druck stehen. Er sieht das Fehlen einer notwendigen Beziehungskultur, um die Kommunen für Menschen zugänglich zu machen und soziale Räume in einer Zeit, in welcher die traditionellen Familienstrukturen mit ihren sozialen Erfahrungsräumen zerfallen und verloren gegangen sind, anzubieten. „Was Kommunen also brauchen, um zukunftsfähig zu sein, wäre eine andere, eine für die Entfaltung der in ihren Bürgern angelegten Potenziale und der in der Kommune vorhandenen Möglichkeiten günstigere Beziehungskultur. Eine Kultur, in der jeder Einzelne spürt, dass er gebraucht

---

19 Vgl. J. Stolz / J. Könemann / M. Schneuwly Purdie / Th. Engelberger (Hrsg.), Religion und Spiritualität in der Ich-Gesellschaft. Vier Gestalten des (Un-)Glaubens (Beiträge zur Pastoralsoziologie, SPI-Reihe Bd. 16), Zürich 2014, 172ff.
20 Ebd., 209.

wird, dass alle miteinander verbunden sind, voneinander lernen und miteinander wachsen können. Eine solche Beziehungskultur ist die Grundlage für die Herausbildung individualisierter Gemeinschaften. Über Jahrhunderte hinweg bildete die Familie die Keimzelle solcher Gemeinschaften."[21]

3. Herausforderungen

In all den Diskussionen um Individualisierung und Gemeinschaftsbildung, um Desiderate und Konsequenzen, um Sehnsüchte, Ängste und Verbindlichkeit ist es bemerkenswert, dass das 1984 geschriebene Buch zum Thema Gemeinschaftsbildung von Scott Peck noch immer eine große Verbreitung und Anhängerschaft findet. In einer Kultur des schroffen Individualismus, die er konstatiert, stellen sich die Fragen nach Gemeinschaft und Gemeinschaftsformen und nach der wahren Bedeutung von Gemeinschaft. „Wollen wir es (die Frage, was Gemeinschaft bedeutet) richtig anwenden, müssen wir es auf Gruppen von Personen beschränken, die gelernt haben, ehrlich miteinander zu kommunizieren, deren Beziehungen tiefer gehen als die selbstbeherrschten Masken, und die sich ernsthaft dazu verpflichten, ‚gemeinsam zu feiern, zu trauern, sich aneinander zu freuen, die Lager der anderen zu teilen.'"[22] Für Peck ist der Begriff der Gemeinschaft also nicht verbunden mit einer gewissen Interessenskongruenz oder mit Menschen, die gleiche Ziele verfolgen oder ähnliche Sehnsüchte haben. Gemeinschaft erweist sich für ihn im Umgang miteinander und in einer strengen Form von Verbindlichkeit und ehrlichen Kommunikation, ihre Nöte, Sorgen und ihr Leben mit einander teilen. „Die Absenz von Gemeinschaft ist in unserer Gesellschaft die Norm, sodass man geneigt ist, zu denken: ‚Wie soll es uns möglich sein, von da, wo wir stehen, dorthin zu gelangen?' Es ist aber möglich; wir können dorthin kommen, von hier aus."[23] Verbindlichkeit in Gemeinschaft ist nach Scott denkbar und erreichbar. Für

---

21 G. Hüther, Kommunale Intelligenz. Potenzialentfaltung in Städten und Gemeinden, Hamburg 2013, 9.
22 M.S. Peck, Gemeinschaftsbildung. Der Weg zu authentischer Gemeinschaft, Beetzendorf [4]2014, 50.
23 Ebd., 51.

ihn sind dabei jene Elemente von Gemeinschaft wichtig, die sich in mancherlei Hinsicht auch in der über 800 Jahre alten Fraternitas von Franziskus idealiter wiederfinden lassen. So gründet Gemeinschaft für ihn immer auf dem Prinzip der Einschließlichkeit, will sagen, der Integration, und nicht des Ausschlusses. Darüber hinaus ist Verbindlichkeit vonnöten, ebenso wie eine gewisse Form von Konsens, um die in einer ehrlichen Kommunikation gerungen werden muss. Reflexion und Abstandnehmen verhelfen einer Gemeinschaft, sich wieder auf das zu besinnen, was sie eigentlich ausmacht und was die Mitglieder mit einander teilen. Gemeinschaft bietet einen sicheren Ort, einen Geist und eine im Ganzen friedfertige Atmosphäre. Dabei ist es wichtig, nicht das Uniforme, sondern das Unterschiedliche anzuerkennen und zuzulassen. „Eine authentische Gemeinschaft, die Individualität stärkt, ist niemals totalitär."[24] Die Aspekte des Einschlusses, der Integration, der großen Verbindlichkeit, die auf einer Beziehungskultur basiert, die auch Hüther vehement einfordert, lassen sich so auch in der Franziskanischen Spiritualität wiederfinden. Eine Gemeinschaft, in der die Verbindung, die ehrliche Kommunikation und vor allem das Teilen des Lebens mit anderen im Mittelpunkt stehen, eine solche Gemeinschaft ist zumindest zum Teil mit einer Franziskanischen Gemeinschaft identisch, in welcher nicht die Regeln vorherrschen, sondern eine universale Geschwisterlichkeit mit allen aus Liebe um des Evangeliums willen. Es geht nicht um die Befolgung von Regeln, sondern um eine geteilte Lebensweise, die einen Wandel herbeiführen will.

Die Frage, die sich stellt, ist wohl so einfach nicht zu beantworten, muss aber gestellt werden: Warum dann haben die Franziskanischen Gemeinschaften und Orden im westlichen Europa so wenig Einfluss, werden so wenig nachgefragt und gelten als Exoten auf dem Markt der Gemeinschaftsbildung? Es gibt Initiativen innerhalb der Orden, auf sich aufmerksam zu machen: In der Schweiz gibt es unter den Kapuzinern das Modell ‚Bruder auf Zeit'; in vielen Provinzen gibt es inzwischen eine ausgeprägte Berufe- oder Berufungspastoral, um suchenden Menschen auf ihrem Weg zu begleiten und die Franziskanische Idee nahezubringen. Doch was ist der Erfolg? Ist er messbar? Richten vermehrt Menschen ihr Leben nach den Idealen

---

24 Vgl. ebd., 53.

des hl. Franziskus aus, nicht in seiner absoluten Radikalität und in der Form der Gelübde im konkreten Ordensleben, aber doch in seiner ausgeprägten Beziehungskultur und Verbindung zu allem, was auf dem Globus lebt und ist, in einer von Nachhaltigkeit und Liebe geprägten Beziehungskultur? Die Franziskanischen Laiengemeinschaften verzeichnen ebenso wenig Nachfrage und ‚Nachwuchs' wie die Ordensgemeinschaften. Stimmt das Ideal nicht mehr? Ist die Lebensweise der aktuellen Mitglieder so wenig faszinierend und attraktiv aufgrund einer zu großen Diskrepanz zwischen der Spiritualität und der Lebensweise, wie sie erlebt und gesehen wird? Ist die Lebensweise zu wenig alternativ, zu sehr alternativ oder gar nicht mehr, aufgrund der religiösen Konnotationen und Ausrichtung, verständlich? Oder ist die Gemeinschaft als solche verhaftet in der Tradition und vermag neuere Impulse nicht mehr in rechter Weise aufzunehmen, was für Hüther insbesondere auf Kommunen heute zutrifft: „Die Orientierung bietenden Vorstellungen von Familien, Sippen oder Kulturgemeinschaften bleiben oft über Generationen hinweg so, wie sie einmal waren. Die einer Gemeinschaft zur Verfügung stehenden Kenntnisse, ihre Fähigkeiten und Fertigkeiten wachsen jedoch ständig weiter. Das Wissen vermehrt sich, die Fähigkeiten werden erweitert, die Fertigkeiten vervollkommnet. [...] Das neu hinzugekommene Wissen und die neu erlangten Fähigkeiten passen über kurz oder lang nicht mehr zu den alten tradierten Vorstellungen und den daraus abgeleiteten Orientierungen. Die alten Ideen müssen erweitert und die Ziele müssen neu definiert werden."[25] Trifft das auf die Franziskanische Gemeinschaft zu?

Gleichzeitig aber weist Papst Franziskus mit seinen Worten und seinen Auftritten genau auf die wichtigen Pfeiler Franziskanischer Spiritualität hin: Solidarität, Einsatz für und Leben mit den vielfältig Armen dieser Welt, Authentizität und Beziehungskultur, Geschwisterlichkeit mit allen und leidenschaftlicher Einsatz für die Schöpfung. Greifen die Gemeinschaften das zu wenig auf oder sind sie zu sehr mit sich und ihren geringer werdenden Zahl sowie Bedeutung beschäftigt? Oder haben sie als Teil der Kirche keine Chance mehr heute in einer Zeit, in welcher das Vertrauen in und der Glaube an Institutionen schwindet?

---

25 G. Hüther, Kommunale Intelligenz, a.a.O., 71ff.

Die US-amerikanische Franziskanerin Gabriele Ühlein spricht von dem grundsätzlichen Franziskanischen Ansatz des ‚belonging together', einer Zusammengehörigkeit, die gerade in einer Zeit der Globalisierung, die oftmals mehr fragmentiert als verbindet, und in einer Zeit der Virtualisierung umso wichtiger wird; eine Zusammengehörigkeit, die nicht aufgrund dessen, was Menschen konsumieren, existiert; eine Zusammengehörigkeit, nicht aufgrund eines Netzwerkes in der virtuellen Welt, das mit vielen anderen verbindet, wobei die Anzahl der Kontakte den Beziehungsstatus definiert, vielmehr aufgrund einer radikalen Verbundenheit. Die Franziskanische Pflicht, so Ühlein, besteht heute darin: to bring to the world „a radical sense of connection not predicated on supply and demand but on an intrinsic familial sense of relationality, both transcendent and trans-species."[26]

Dieser intrinsische familiäre Sinn von Beziehung wird besonders deutlich in der Verbindung der Mysterien der Schöpfung und der Inkarnation. Beide Mysterien und theologischen Kategorien stehen für eine Verbindung, die auf einer existentiellen Beziehung beruht. Ühlein spricht davon, dass die Franziskanische Weise der religio den Sehnsüchten und Wünschen vieler Menschen in einer entfremdeten und bedrohten Welt heute am nächsten kommt. Verbindung, und mehr noch, Beziehung schaffen ist der mächtige Franziskanische Archetyp, eine Beziehung, die in einer verwundeten und bedrohten Welt, die Verantwortung für den Nächsten und für die Schöpfung ernst nimmt, nicht nur im Wort, sondern vor allem in der Tat. Das inkarnatorische Prinzip, Christus in der Welt und im Menschen zu entdecken und zu sehen, so Ühlein, ist der Weg, der Menschen mit einander verbindet und die Solidarität und Liebe in Verbundenheit mit allem was ist, Leben in größter Tiefe erfahren lässt.[27] Das hat drei Konsequenzen: das inkarnatorische ‚Zwischen-Sein' leben (mitten unter den Menschen, inmitten der Schöpfung), leben und so noch mehr transparent auf die Güte und Menschenfreundlichkeit hin sein, leben und so Lebensspender für andere werden.[28] Das kann eine individualisierte Gesellschaft zu Gemeinschaften führen, die

---

26 Vgl. G. Ühlein, Seeing Connections, a.a.O., 112.
27 Vgl. ebd., 117.
28 Vgl. ebd.

den Unterschied wahren, die die Individualität fördern, doch dem Individualismus in seinem Bestreben der Abgrenzung ein deutliches Nein erteilt.

Mit anderen Worten geht es um die Entwicklung einer Vision für die Gemeinschaft und für die Gesellschaft, die eine heilsame Verbindung von Individualität und Gemeinschaft und eine Beziehungskultur entwickelt, ein Bild, „das zum Ausdruck bringt, worauf es im Leben, im Zusammenleben und bei der Gestaltung der gemeinsamen Lebenswelt wirklich ankommt: auf Vertrauen, auf wechselseitige Anerkennung und Wertschätzung, auf das Gefühl und das Wissen, aufeinander angewiesen, voneinander abhängig und füreinander verantwortlich zu sein."[29]

---

29 G. Hüther, Kommunale Intelligenz, a.a.O., 74.

Thomas Eggensperger

Freizeit und Muße

Zwischen Zeitsouveränität und Individualisierung

Die Sehnsucht der arbeitenden Bevölkerung nach „Work-Life-Balance", d. h. dem Versuch, ein ideales Wechselverhältnis von Arbeit und Freizeit herzustellen, ist nicht einfach nur eine Laune der Zeit, sondern vielmehr der Versuch, dem eigenen Leben so etwas wie Sinn zu geben. Im Bewusstsein, dass das Leben sowohl aus Arbeit als auch aus Freizeit und Muße besteht, sucht man einen guten Ausgleich zwischen den beiden Polen. Es ist nicht so, dass Arbeit und Berufsleben per se als störender und belastender Faktor weggedrängt werden, sondern es besteht der Wunsch, diesen Teil des Lebens befriedigend mit der freien Zeit in eine Beziehung zu setzen und dabei die Freizeit produktiv zu füllen. Das Phänomen ist nicht neu, sondern steht – zumindest mittelbar – in der Geschichte.

Aller Anfang ist die Langeweile

In der Tradition ist das Phänomen „Freizeit" weitgehend unbekannt. Diese Kategorie gab es schlichtweg nicht. Es gab die Arbeit, es gab die Kontemplation und dazwischen war Müßiggang. Und dieser, die *acedia*, galt als eine der sieben Todsünden. Im Wesentlichen war *acedia* das Scheitern des Menschen im rechten Umgang mit seiner Zeit. Ein fruchtbares Nutzen von Zeit jenseits der Arbeit war nur die *contemplatio*, das betende Betrachten, wie man es aus den Klöstern kannte und wie es auch außerhalb der Klostermauern praktiziert wurde.

„Das lähmende Rendezvous mit dem reinen Zeitvergehen nennen wir Langeweile."[1] Mit dieser Definition aus Ausgangspunkt

---

1 R. Safranski, Zeit. Was sie mit uns macht und was wir aus ihr machen, München 2015, 19.

definiert der Philosoph Rüdiger Safranski das Phänomen Langeweile, das er in seiner populärwissenschaftlichen Studie zunächst historisch, danach systematisch entfaltet. Dass *acedia* etwas Schlechtes ist und nicht umsonst in der christlichen Tradition als Todsünde gilt, ist keineswegs nur ein Thema des Mittelalters, sondern trägt sich bis zur Neuzeit, Aufklärung und Romantik durch. Safranski veranschaulicht dies an Blaise Pascal (1623–1663), für den Langeweile nicht nur ein „psychologischer, sondern ein metaphysischer Zustand, ein Symptom für den unerlösten Menschen"[2] sei, weil ihm Gott fehle. Bei den Romantikern, so Safranski in einer anderen Studie, beginnt die Karriere der Langeweile als großes Thema der Moderne.[3]

Der Berliner Philosoph Philipp Wüschner betrachtet die Langeweile als einen „Laborraum zur näheren Erkundung des idiosynkratischen Verhältnisses von Langeweile und Philosophie.[4] Idiosynkrasie, im medizinischen Sinne verstanden als Fehlfunktion des Systems aufgrund der Überempfindlichkeit gegen einen bestimmten Stoff, will das delikate Verhältnis des philosophischen Denkens zur Langeweile skizzieren. Wüschner verweist paradigmatisch auf den Wüstenvater Evagrius Pontikus, der über die *acedia* sinnierte und damit eines der Laster des Mönches benennt, das ihn beispielsweise in den frühen Mittagsstunden befällt („Mittagsdämon") und ihn in Versuchung führt. Er nennt dies eine „Logik der Wüste"[5] Damit haben sich Theologen der unterschiedlichsten Generation auseinandergesetzt und eine Beziehung zwischen der *acedia* und der *apatheia* hergestellt. Sowohl Evragius und Augustinus als auch Karl Rahner, so Wüschner, trauten der *apatheia* als einem Schritt zum Geistigen mehr zu als der *acedia*, die verstanden wurde als Erfahrung von Zukunftslosigkeit und Endlichkeit des Daseins. Dabei zieht Wüschner eine originelle Parallele zwischen Thomas von Aquin und Walter Benjamin: Der Aquinate sieht hinsichtlich der *tristitia* in der *apatheia* den Schmerz über das Auseinandertreten von Gott und Geschöpf,

---

2 Ebd., 28.
3 Vgl. ders., Romantik. Eine deutsche Affäre, München 2007, bes. 193–209, bes. 203.
4 Ph. Wüschner, Die Entdeckung der Langeweile. Über eine subversive Laune der Philosophie. – Wien 2011, 8. Vgl. die Rezension von Th. Eggensperger, in: *Theologische Revue* 109 (2013), 141f.
5 Ph. Wüschner, Die Entdeckung der Langeweile, a.a.O., 29.

in der (verderblichen) *acedia* hingegen das Verlustiggehen der Spur Gottes. Benjamin, mit seinem Begriff von Trauer als rätselhaftem Genügen an der entleerten Welt, sieht darin den Ausgangspunkt von Melancholie und *acedia* als zwei Vorentwürfe der Moderne. „Sowohl Thomas von Aquin als auch Walter Benjamin spalten eine wie auch immer zu benennende Traurigkeit in eine ideologisch gute und eine schlechte Variante: Bei Thomas hebt die gute Traurigkeit die empfundene Trennung von Gott auf und wiederholt so die apatheia-Figur im Emotionalen, die ‚schlechte acedia' anderseits öffnet den Blick auf die gottesferne Realität. Benjamin hingegen richtet seine Trauer direkt auf die ‚toten Dinge', vermittelt demnach nicht eine Entfremdung von Gott und Schöpfung, sondern die von Welt und Subjekt, Ding und Begriff – der Vermittlungslosigkeit der ‚linken Melancholie' [bspl. die eines Erich Kästner, T.E.] vorwirft."[6]

Am Anfang des Diskurses von Freizeit steht – theologisch gesehen – die Langeweile; sie steht mit ihrem originär negativ besetzten Duktus dem produktiven Ansatz nach einer sinnvoll genutzten Zeit jenseits von Arbeit und Gebet, der Freizeit, diametral gegenüber. Dennoch lohnt es sich, im Blick auf die *acedia* das rechte Maß von Muße nicht zu verlieren. Nicht umsonst und mit gutem Grund schließt Wüschner seine Studie: „Sofern uns, was wahrscheinlich ist, der Rückgang in die Wüsten der Asketen verwehrt bleibt, weil wir uns dafür schon zu weit in die Welt entfernt haben, lohnt es sich, die eigene Langeweile im Auge zu behalten. Sie lehrt uns zu warten, und warten heißt verstehen. Denn in jeder Langeweile schlägt letztlich ein verräterisches Herz, das Feuer! schreit."[7]

Es gilt, dieses „Feuer" im Folgenden zu entfachen!

Acedia – eine klassische Formel

Es ist dem Duktus dieses Beitrags geschuldet, dass der eigentliche Ursprung der Reflexion über die *acedia*, nämlich das frühchristliche Mönchtum, nur angedeutet wird. Um einen Bogen zwischen der klassischen Formel der *acedia* der Todsünde und einem zeitgemäßen

---

6 Ebd., 48.
7 Ebd., 210f.

Verständnis von Freizeit und Muße zu spannen, ist es hilfreich, sich der systematischen Erschließung des Themas seit dem Hochmittelalter zu stellen, die sich zunehmend abkoppelt von der monastischen Aszetik und damit von einem sehr exklusiven Personenkreis, der sich mit diesem Thema zur eigenen Erbauung beschäftigt.

Ihren Ort hatte die *acedia* in der asketischen Theorie der frühen Wüstenväter. Zu nennen sind Evagrius Ponticus und Johannes Cassianus (4./5. Jahrhundert n. Chr.), die jeweils den Begriff der *acedia* verwendeten, um dem zu vermeidenden und zu bekämpfenden Überdruss und der Apathie gegenüber den selbstauferlegten Verpflichtungen mönchischen Lebens einen Namen zu geben. Beide stehen in der Tradition eines Origenes und des Neuplatonismus mit einer dualistischen Kosmologie und einer gewissen Begeisterung für Askese.[8] Mit der Zeit verschoben sich aber die Akzente, d. h. *acedia* bleibt eine Hauptsünde, wird aber „entdramatisiert"[9] und verliert die spezifische Rolle der bedrohlichsten Anachoreten-Versuchung, da sie beispielsweise in Beichtspiegeln adaptiert wird für den Klerus und für die Laien. Damit wird das Mönchtum – zunächst radikale Gegenbewegung zur Integration des Christentums in die antike Gesellschaft – als abgegrenzter und normierter Stand in die christliche Gesellschaft integriert.[10]

Dieser soziale Prozess setzt sich bis ins Hochmittelalter fort, und es erstaunt nicht, dass sich die beiden Zeitgenossen Bonaventura und Thomas von Aquin mit dem Thema auseinandersetzen. Für sie ist die *acedia* eine gesellschaftlich orientierte Frage und keineswegs mehr ein Thema für die spirituelle Mönchselite. Abgesehen von der Tatsache, dass beide Theologen von ihrer je eigenen Hermeneutik herkommen – Bonaventura von Platon und Augustinus, Thomas von Aristoteles – stehen sich beide in der Sache nicht so weit entfernt voneinander. Bei Bonaventura sind *curiositas* und *taedium*, Neugier (auf autonomes weltliches Wissen) und Überdruss, typische Merkmale der *acedia*. Sie wird zur pervertierten Form von Ruhe und

---

8 Vgl. im Überblick W. Post, Acedia – das Laster der Trägheit. Zur Geschichte der siebten Todsünde (Forschungen zur europäischen Geistesgeschichte Bd. 12), Freiburg/Br. 2011, bes. 1–32.
9 Ebd., 33.
10 Vgl. R. Jehl, Die Geschichte des Lasterschemas und seiner Funktion, in: *Franziskanische Studien* 64 (1982), 277–359, hier 303f.

Muße.[11] Implizit kritisiert Bonaventura dabei auch die Tendenzen der ihm scheinbar zu offensiv denkenden Aristoteliker, indem er ihnen *acedia*, eine Sünde mit entsprechender Strafe, androht.[12] Thomas von Aquin steht in der Sache nicht so konträr zu Bonaventura. Dennoch setzt er einen anderen Akzent. In seiner Summa markiert er – sehr originell – einen interessanten Gegensatz zwischen *caritas* und *acedia*: Die *acedia* ist ein spezifisches Laster – aber auch nur dann! – wenn sie sich gegen das bonum divinum, d. h. die *caritas Dei* wendet.[13] Das bedeutet, dass die *acedia* erst dann zur Todsünde wird, wenn sie mit Willen und Absicht praktiziert wird und sich der Liebe Gottes verweigert.

Muße im Hochmittelalter: Im Garten des Albertus Magnus

Freizeit und Muße waren weder bei den alten Mönchen noch im Hochmittelalter ausschließlich pejorative Neigungen, die der *acedia* nahestehen und denen der Charakter der Todsünde eignet. Selbstverständlich gab es durchaus den wichtigen Aspekt der Erholung und der Erbauung, sei es als Individuum, sei es in Gemeinschaft. Dies sei paradigmatisch dargestellt am Anders-Ort des betenden und denkenden Menschen, am Garten. Es ist ausgerechnet der Lehrer des Aquinaten, Albertus Magnus, der einen solchen Zusammenhang herstellt, auf den es sich lohnt, zu rekurrieren.[14]

Zu einem mittelalterlichen Kloster gehört in der Regel ein Garten. Im weiteren Sinne zählen zu einem Kloster auch Felder und Äcker, denn die alten traditionellen Klöster wie die der Benediktiner

---

11 Vgl. R. Jehl, Melancholie und Acedia. Ein Beitrag zur Anthropologie und Ethik Bonaventuras (Veröffentlichungen des Grabmann-Institutes, N.F. Bd. 32), Paderborn 1984.
12 „Acedia wird damit zum Fluch der undogmatischen Wissenschaftler und Intellektuellen; denn curiositas, wissenschaftliche Neugier, so befürchtete Bonaventura, ruiniere das religiöse Weltbild und verstöre auch die Ordnung des subjektiven Lebens.", W. Post, Acedia – das Laster der Trägheit, a.a.O., 52.
13 Vgl. S.th. II-II, 35.
14 Die folgenden Überlegungen gehen zurück auf Thomas Eggensperger, Der Garten als Freizeit-Metapher. Von Albertus Magnus zu Entschleunigungssehnsüchten in der Gegenwart, i. Vorb. 2016.

waren letzten Endes mehr oder weniger große Gutshöfe, Aussiedlerhöfe, deren Insassen allerdings einen hohen geistlichen Anspruch hatten. Die Bewohner des monastischen Gutshofs waren interessiert, ihre Bedürfnisse möglichst autark zu befriedigen, vielleicht auch, Überschüsse aus der Land- und Viehwirtschaft veräußern zu können, um über geeignete Tausch- oder Barmittel zu verfügen. Somit war die spirituell erforderte Hand- und Gartenarbeit nicht nur praktischer Ausgleich im kontemplativen Leben, sondern bare Erfordernis. Dies galt sowohl für die frühkirchlichen Einsiedler in der Wüste als auch für die monastischen Gemeinschaften, die sich nach und nach zusammen geschlossen und sich zumeist eine Regel gaben.[15] Gleichzeitig wurde die Handarbeit – verstanden als Ausgleich von der geistig-geistlichen Tätigkeit – auch im Hause verteilt: Die einen waren in der Bibliothek aktiv, die anderen haben Bücher kopiert und dritte Feld und Stall versorgt. Der Garten war also wichtig zum einen für den persönlichen Ausgleich, aber zum anderen auch für den täglichen Lebensunterhalt. Aber hier bedarf es einer Differenzierung. Es ist evident, dass der Garten vorrangig als Nutzgarten in Gebrauch war.[16] Mit der Zeit veränderten sich die Gärten, sie waren schön anzusehen und ohne praktischen Nutzen. Barockschlösser wie Versailles, Schönbrunn oder Ludwigsburg demonstrierten überbordende Gartenpracht, im bürgerlichen Zeitalter finden sich Lust- und Ziergärten, die zu großen städtischen Parkanlagen mutierten wie die Tuilerien in Paris oder der Lustgarten in Berlin.[17]

15 „Aus der Wüste sind Klöster geworden ... und aus den Bewohnern der Wüste in Klöstern eingeschlossene oder in den Städten und Dörfern, in den Universitäten und den Palästen herumziehende Mönche und Kanoniker, Bischöfe, Päpste, Gelehrte und Häretiker. Sie werden alle von sich angenommen haben, dass sie im Grunde ihres Herzens immer noch in der Wüste, in dieser anderen, für die meisten unerreichbaren Welt jenseits der entscheidenden Schwelle, lebten." Gert Melville, Die Welt der mittelalterlichen Klöster. Geschichte und Lebensformen, München 2012, 16f.
16 Vgl. paradigmatisch St. Alteneder / J. Beidl, Klostergärten im Wandel der Zeit – dargestellt am Beispiel des Stiftsgartens Seitenstetten, Saarbrücken 2014.
17 Vgl. H. Bredekamp, Leibniz und die Revolution der Gartenkunst. Herrenhausen, Versailles und die Philosophie der Blätter, Berlin 2006. „In dem im Großen Garten [von Herrenhausen, T.E.] ermöglichten Sozialverhalten wie auch in der ungeheuren Komplexität seiner Gestaltung muss Leibniz ein Moment jener Freiheit empfunden haben, die jede Monade im Prozess ihrer inneren Entfaltung gewinnt." (Ebd., 131.)

Im frühen Mönchtum – wie auch im sozialen Umfeld desselben – konnte für solch eine Vorstellung kein Platz sein, da hier der Askese der Vorzug gegeben wurde, in deren Rahmen der Müßiggang keine Tugend war, erst recht nicht die Pflege eines Ziergartens.[18] Im frühen Mittelalter dann differenzierten sich die Einstellungen dazu. Paradigmatisch dafür ist die Tradition der Zisterzienser. Hervorgegangen aus der benediktinischen Tradition, suchten sie den Weg einer radikaleren Lebensweise, die sich unter anderem festmachte an einem bewusst schlichten Baustil der Klöster und klösterlichen Anlagen. Für die Benediktiner waren große und schöne Gärten bereits gang und gebe. So gibt es Hinweise auf eigene Gärten für Äbte und Prioren, die eher als Ziergärten zu betrachten waren, als dass sie zur Anpflanzung von Obst, Gemüse oder Kräutern genutzt wurden. Überliefert ist aber eine Beschreibung der Gartenanlagen des Zisterzienserklosters von Clairvaux (Burgund) aus dem 13. Jahrhundert, die nicht nur interessant ist, weil sie die einzige erhaltene Darlegung über die dortige Gartenarchitektur ist, sondern auch, weil der Bericht neben der Darstellung der Mühen der Gartenarbeit auch eine spirituelle Dimension einer solchen Anlage erwähnt. So ist die Arbeit der Mönche begleitet „durch die dabei herrschende Ruhe noch angenehmere [Arbeit, T.E.], nämlich die, altes Reisig zu sammeln…"[19]. Weiter heißt es, die Brüder in den Krankenzellen haben einen Blick

---

18 Dabei gilt es zu beachten, dass Jesus selbst für diese Lebensweise kein gutes Beispiel war, da er weder Asket noch Mönch war. Darauf verweist zu Recht Alfons Fürst, Frühchristliche Lebensformen und christliches Mönchtum, in: F. X. Bischof u. a. (Hrsg.), Einführung in die Geschichte des Christentums (13. Kapitel), Freiburg/Br. 2014, 331–341, hier 336. „Nun gehört Askese […] gewiss wesentlich zum Mönchtum. Sie ist aber nichts eigentümlich Christliches oder Monastisches, sondern ein verbreitetes Phänomen der Religionsgeschichte in allen Kulturen. In der antiken Welt galt Askese generell als hochwertige Lebensform. Philosophisches Leben in der Spätantike war weithin asketisches Leben. Als Christen im 2. Jahrhundert anfingen, sich als Philosophen zu verstehen, und dabei deren asketische Lebensweise übernahmen, gelangten asketische Vorstellungen in das Christentum." (Ebd., 337.)
19 Ein Brief aus Clairvaux, in: St. Hauschild, Das Paradies auf Erden. Die Gärten der Zisterzienser, Ostfildern 2007, 7–8, hier 7. Es ist ein Anliegen der Autorin, die zu Gunsten der benediktinischen Tradition vernachlässigte Zuwendung der Zisterzienser für Gartenkultur aufzuzeigen, was insofern sinnvoll ist, weil die alten Klöster heutzutage meistens Gartenanlagen besitzen, die dem Geschmack und dem Stil des 18. Jahrhunderts nachempfunden sind, und es sich also um „Rekonstruktionen" alter Gärten handelt. Vgl. ebd., 13.

auf einen Hain, der ihnen in ihrer Schwachheit „nicht geringen Trost gewährt, da er den Spaziergängern einen geräumigen Wandelraum und auch den Fiebernden eine süße Ruhestatt gewährt"[20].

Bei aller traditioneller Hingabe für Ackerbau, Viehzucht, Kräuter- und Nutzgärten der alten Mönchsorden erstaunt es, dass sich der Dominikanertheologe Albertus Magnus mit dem Garten näherhin beschäftigte. Der Bettelorden der Predigerbrüder legte Wert auf Präsenz in den Städten und suchte die Nähe zu Universitäten und intellektuellen Zentren. Dabei war der „Konvent" weniger ein autarker Gutshof im Sinne der klassischen Abtei, sondern vielmehr ein Wohn- und Arbeitszentrum der anwesenden Gemeinschaft, die sich dem Studium und der „Predigt"[21], d.h. der Verkündigung verschrieben hatte. Der Konvent sollte eine angemessene Größe haben, die Kirche die Funktion eines Versammlungsraumes erfüllen und die ganze Anlage eher bescheiden daherkommen. Albert hat sich als Denker der Hochscholastik nicht nur mit der Lektüre philosophisch-theologischer Werke beschäftigt, sondern auch als guter Beobachter des realen Lebens erwiesen. Alberts Interesse an der Natur, an Fragen aus Biologie (Zoologie, Botanik), Chemie (Alchimie) und Physik war auffallend; er schrieb seine Beobachtungen und Erfahrungen nieder und nutzte sie für seine theologischen Reflexionen. Für die Gartenthematik ist es das voluminöse Werk „De vegetabilibus libri VII"[22], das Albert der Nachwelt hinterlassen hat. Neben ausführlichen botanischen Erkundungen skizziert er auch den idealen Garten, das *viridarium*, d.h. ein Lust- oder Ziergarten, der weniger wegen des Nutzens und der Früchte, sondern ausschließlich zum Vergnügen hergerichtet werden sollte. Nach Albert sollen vor allem zwei Sinne des Menschen angesprochen werden,

---

20 Ein Brief aus Clairvaux, a.a.O., 7.
21 Zur Theologie der Predigt vgl. Th. Eggensperger / U. Engel (Hrsg.), Dominikanische Predigt (Dominikanische Quellen und Zeugnisse Bd. 18), Leipzig 2014.
22 Der Text ist in der offiziellen Albertus Magnus-Edition „Opera omnia" noch nicht erschienen. Es liegt vor: Alberti Magni ex Ordine Praedicatorum De Vegetabilibus Libri VII (Historiae Naturalis Pars XVIII), Editionem Criticam ad Ernesto Mayero Coeptam absolvit Carolus Jessen, Berlin 1867. Albertus Magnus, De vegetabilibus Buch VI, Traktat 2 (lateinisch-deutsch), übersetzt und kommentiert von Klaus Biewer (Quellen und Studien zur Geschichte der Pharmazie Bd.62), Stuttgart 1992.

die Augen (z. B. bei Anblick von feinem und kurzem Gras) und der Geruch (z. B. beim Anpflanzen von Salbei, Basilicum, Veilchen oder Rosen).[23]

Auf das *viridarium* gilt es im Folgenden einzugehen, weil – wie zu zeigen sein wird – es im übertragenen Sinne als hochscholastisch-theologische Metapher für das zu bezeichnen ist, was heute Muße und Freizeit genannt wird.[24]

Der Garten als Metapher

Im Rekurs auf Alberts Schrift ist in diesem Zusammenhang nicht relevant, welche Pflanzen von ihm genannt werden, sondern dass er darüber reflektiert, wie eine Gartenanlage Schönheit darstellt und Vergnügen bereitet. Zunächst scheint Albert Wert auf den bezeichneten grünen Rasen zu legen; so schlägt er eine Rasenbank vor, auf dem der Betrachter dann sitzen kann, um sich an der grünen Rasenfläche des Gartens zu erfreuen. Wege scheint er im Garten nicht vorgesehen zu haben, dafür aber bunte Blumen. Dazu kommen die entsprechenden Düfte und Aromen sowie frische Luft, die den Garten bereichert. „Freie Atmung, Reinheit der Luft und Schutz der Gesundheit stehen im Zentrum der Überlegungen."[25] Des Weiteren empfiehlt Albert fließendes Wasser und einen Brunnen inmitten des Gartens, da eine solche Quelle Annehmlichkeiten bereiten würde, vielleicht soll das Plätschern den Gehörsinn wecken. Bäume oder Weinreben sollen Schatten spenden. Wie man sich die genaue Anordnung vorzustellen hat, d. h. die Architektur des Gartens, lässt sich leider nicht so recht eruieren. Albert hat keine Skizze hinterlassen, aber andere haben versucht, sich anhand

---

23 Studien zu Alberts Text – in der Regel eher den lateinischen Text paraphrasierend – sind H. Balss, Albertus Magnus als Biologe. Werk und Ursprung (Große Naturforscher Bd. 1, Albertus Magnus), Stuttgart 1947, sowie H. Fischer, Mittelalterliche Pflanzenkunde , Hildesheim u. a. 2001 (= München ²1929), bes. 34–42.
24 Unter Bezugnahme auf St. Hauschild, Die sinnlichen Gärten des Albertus Magnus, Ostfildern 2005. Dort findet sich die Übersetzung der einschlägigen Passage zum Lustgarten: Von der Anlage der Viridarien (Ziergärten), in: ebd., 149[r] – 150[v].
25 Ebd., 29.

von Modellen eine Vorstellung davon zu verschaffen.[26] Die Art und Weise, wie Albert an die Thematik herangeht, zeigt, dass er gar nicht so sehr daran interessiert war, den Garten explizit theologisch zu deuten, beispielsweise als Abbild des Paradieses oder als Schöpfung Gottes[27], sondern einfach die Freude an der Ästhetik des Gartens als Folge gelungener Architektur als wichtig erachtet. Dies zeigt sich schon allein daran, dass die beschriebene Sitzgelegenheit nicht dadurch begründet wird, dass man sich dort zur Lektüre oder zum Gebet niederlässt, sondern zum Betrachten des Gartens …

Vom mittelalterlichen Garten zur Muße der Gegenwart

Bei Albertus Magnus finden sich durchaus Aspekte dessen, was wir heute Muße nennen. Sich in den Garten zu setzen, allein nur, um ihn zu betrachten, hat etwas Müßiggängerisches an sich. Muße ist ein brisantes Wort, weil sie schnell mit Faulheit gleichgesetzt wird. Aber hier bedarf es einer qualifizierten Differenzierung. Muße ist mehrdeutig, kann schlicht bedeuten, nichts zu tun. Sie meint aber auch „tätiges Nichts-Tun", d.h. Muße, um etwas in Ruhe vorbereiten zu können – oder um es so auszudrücken: „Absichtsvolle Absichtslosigkeit"[28]. In solchen Zusammenhängen hat die Muße einen eigenen Stand, und sie hat nichts Pejoratives: Muße in der Antike bedeutete nicht (!) „nicht zu arbeiten" (Arbeit war Sache der Sklaven), sondern „nicht zu handeln". Die Aufgabe des freien griechischen Bürgers war das politische oder militärische oder wirtschaftliche Handeln, die „Praxis". Muße war nicht Praxis, sondern sie war die Voraussetzung, um reflektierte Handlung zu entwerfen.

---

26 Die verschiedenen Rekonstruktionsversuche hat Hauschild zusammengestellt, vgl. dies., Sinnliche Gärten, a.a.O., 67–71.
27 Vgl. dazu M. Eckholt, die den Garten als „Symbol" des Paradieses untersucht: dies., „Unterwegs nach Eden". Eine kleine Motivgeschichte des Gartens aus theologischer Perspektive, in: Ch. Callo u. a. (Hrsg.), Mensch und Garten. Ein Dialog zwischen Sozialer Arbeit und Gartenbau, Norderstedt 2004, 155–174.
28 Vgl. H.-G. Soeffner, Muße – Absichtsvolle Absichtslosigkeit, in: H. Fechtrup u. a. (Hrsg.), Arbeit – Freizeit – Muße. Über eine labil gewordene Balance (Symposium der Josef Pieper Stiftung Münster Mai 2014), Berlin 2015, 127–148.

Muße im Mönchtum wurde „Kontemplation" genannt. Die *vita contemplativa* einerseits ist geheiligte Muße (Gebet, Schweigen, Meditation, Lektüre), die *vita activa* andererseits ist Dienst oder Seelsorge am Menschen. In der Geschichte des Mönchs- und Ordenslebens ging es immer darum, die für jede Ordensgemeinschaft geeignete Mitte zwischen *vita contemplativa* und *vita activa* zu finden.[29]

Im bürgerlichen Zeitalter wurde die Muße wieder zum Thema, zum Ausgangspunkt heftiger Debatten, denn die Grenzen zwischen Muße und Müßiggang waren fließend. Auf der einen Seite stand das protestantische Arbeitsethos, aber auch der bewusste Müßiggang als Zeichen von Wohlstand oder intellektuelles Flanieren als Lebensanschauung, auf der anderen Seite stand eine Arbeiterklasse, die gar nicht genug Zeit hatte, um Dinge wie Muße überhaupt in Erwägung ziehen zu können.

Aber es zeigt sich, dass Muße per se nicht objektiv existiert, sondern sie muss subjektiv definiert werden d. h. erst einmal „hergestellt"[30] werden. Es braucht einen Rahmen, innerhalb dessen die Muße ihren Platz hat und sich entfalten kann, es braucht ein Einverständnis dessen, was Muße ist und was sie bezweckt, damit man sie im wahrsten Sinne des Wortes zelebrieren kann. Und es braucht den unbedingten Willen, diese Muße aktiv und bewusst zu pflegen.

Gerade der letzte Punkt klingt banaler als er ist. Jede/r träumt davon, sich der Muße hingeben zu können. Vorruheständler malen sich aus, wie sie Freizeit gestalten können, gestresste Arbeitnehmer ersehnen sich den Freitagnachmittag, manche Arbeitgeber hoffen, irgendwann einmal nicht mehr am Smartphone hängen zu müssen, alle freuen sich auf den Jahresurlaub etc. Es zeigt sich allerdings, dass Traum und Wirklichkeit, Anspruch und Umsetzung meistens nicht überein gehen. Dem Rentner ist nach kurzer Zeit todlangweilig, das Wochenende ist angefüllt mit unangenehmen Pflichten, die

---

29 „Muße als Freisetzung der Phantasie dagegen wäre buchstäblich des Teufels – ein Einfallstor für Versuchungen jeder Art. Ebenso gefährlich ist der Übergang von der Muße zur Langeweile und zu deren bedrohlichen Steigerung, dem Versinken des Menschen in sich selbst: in der Melancholie, der Abwendung von Gott – einer Todsünde." Ebd., 132. Vgl. dazu auch Ph. Wüschner, Die Entdeckung der Langeweile, a.a.O.
30 H.-G. Soeffner, Muße, a.a.O., 136.

Geschäfte ruhen auch am Wochenende nicht, der Jahresurlaub fällt ernüchternder aus als erhofft.

Muße und Freizeit

Muße ist zwar möglich, aber keineswegs so einfach zu erreichen, wie man denkt und hofft. Muße, zum einen verstanden als das Fehlen von Zwängen, etwas tun zu müssen, und zum anderen als Gefühl, alles Notwendige schon erledigt zu haben, scheint eher ein recht theoretisches Moment zu sein, als dass sie unseren Alltag erreicht hat. Muße beschreibt eine Situation, in der das Tagwerk vollbracht ist, die Arbeit getan ist, sodass für den entsprechenden Zeitraum nichts Wichtiges mehr zu erledigen ist und der Mensch Ruhe und eine Denkpause sich gönnen kann.[31] Dagegen wäre „Faulheit" eine gezielte Verweigerung, notwendigen oder zumindest sinnvollen Tätigkeiten nachzugehen.

Der Soziologe Hartmut Rosa ist in seiner Auseinandersetzung mit der heutigen spätmodernen Gesellschaft, die er als „Beschleunigungsgesellschaft"[32] charakterisiert, zum Schluss gekommen, dass in ihr vor allem die „Muße" mehr oder weniger im Verschwinden begriffen ist. Nicht die Freizeit oder das Faulenzen geht verloren, sondern die „Kunst der Faulheit"[33], d.h. die Muße, was Rosa ausdrücklich bedauert. Es scheint ihm, dass den Menschen heute, um im Bild zu bleiben, das Tagwerk nie getan ist, die To-Do-Liste nie abgeschlossen ist. Denn irgendetwas ist immer noch zu tun, vermeintlich oder tatsächlich.

Der Ansatz von Rosa kommt recht pessimistisch daher, nicht zuletzt, weil er Entscheidungen zugunsten der Muße letztlich immer als defizient betrachtet: „Egal, wie wir uns jeweils entscheiden,

---

31 So H. Rosa (in Anlehnung an B. Gallie, „Essentially Contested Concepts", in: *Proceedings of the Aristotelian Society 56* [1956], 167–198), Denk immer daran, dass Zeit Wissen, Gesundheit und Glück ist. Über das rätselhafte Verschwinden der Muße, in: *Theologisch-Praktische Quartalschrift 163* (2015), 227–233, hier 227f.
32 Grundlegend ders., Beschleunigung. Die Veränderung der Zeitstrukturen der Moderne, Frankfurt/M. ⁹2012 (Erstauflage 2005).
33 Vgl. ders., Denk immer daran, dass Zeit Wissen, Gesundheit und Glück ist, a.a.O., 229.

das systematische Problem bleibt bestehen."[34] Das gilt für ihn auch für sehr konkrete Anders-Orte, die er „Entschleunigungs-Oasen" nennt, d. h. Rückzugsorte ganz radikaler Art, die man vor allem im Urlaub aufzusuchen gedenkt. Manche fliegen bis Indien, um dort Ayurveda-Kuren zu machen und gleichzeitig quasi unerreichbar zu sein, oder sie suchen sich eine Berghütte in den Alpen. Eine dritte – wohl die kleineste – Gruppe besteht aus denjenigen, die in Klöster zurückziehen möchten – nicht, weil sie am Ordenseintritt interessiert sind, sondern weil sie hoffen, in der dortigen Abgeschiedenheit wirklich zu dem zu kommen, was sie suchen und was sie vermissen. Klöster – seien sie christlicher oder asiatischer Provenienz – waren und sind von je her spirituelle Orte und eine Kraftquelle des Glaubens. Es gibt einen „Mythos Kloster"[35], der nicht nur für reale und aktiv genutzte Klöster gilt, sondern auch für aufgelöste Konvente (tlw. umfunktioniert in Museen, Hotels oder Restaurants) oder sogar Kloster-Imitate (Nachbauten, Werbung mit Orden oder Kloster suggerierenden Namen).[36] So werden seitens nichtkirchlicher Einrichtungen und Veranstalter „spirituelle Reisen" angeboten, die gezielt zu Klöstern oder Wallfahrtsorten führen. Dazu gehört sicherlich der Dreiklang von Ritual, Event und Destination. So spielt die Magie des Ortes eine Rolle, oder die Raumerfahrung von kultischen Orten wie Kirche und Kreuzgang, aber auch Flure und Gärten, die dazugehören, gleich einem Museum.[37] Viel hat in diesem Zusammenhang mit dem breiten Feld von Sinnsuche, Religion und Religiosität sowie Lebensbegleitung zu tun. Kloster ist der Inbegriff von Gegenwelt. Die Dramaturgie von Raum (*genius loci*) und (rhythmisierter) Zeit ist dabei von Bedeutung; die Klostergemeinschaft wird gedeutet als (Werte-)Gemeinschaft. So fremd einem das Klosterleben vorkommen mag, irgendwie scheint die Welt hier noch in Ordnung, weniger

---

34 Ebd., 232.
35 Vgl. Th. Eggensperger, Sind Klöster Tourismus-tauglich? Reflexion über pastorale Perspektiven und Risiken, in: *Ordenskorrespondenz* 55 (2014), 190–197.
36 W. Isenberg, Neue Sinnfenster. Zum Verhältnis von Tourismus und Religion, in: *Herder Korrespondenz* 67 (2013), 586–591.
37 Vgl. Th. Eggensperger, Das Museum als Kathedrale? Versuch der Erfahrung individualisierter Religiosität, in: Th Dienberg / Th. Eggensperger / U. Engel (Hrsg.), Woran glaubt Europa? Zwischen Säkularisierung und Rückkehr des Religiösen / What does Europe believe in? Between secularization and the return of religious life, Münster 2010, 181–186.

von Askese oder vom theologischen background her, aber mehr hinsichtlich der Rhythmen von Zeit und Muße, ora et labora als gelungenes Wechselverhältnis von Arbeit und Freizeit.

Die Zeit in der Frei-Zeit

Es gibt die objektiv messbare Zeit, d. h. die physikalisch-exakte Zeitreihe, die Ereignisse als früher, später oder zeitgleich anordnet.[38] Und es gibt die subjektbezogene Handlungs- und Erlebniszeit in Vergangenheit, Gegenwart und Zukunft. Diese Zeit spielt sich auch gemeinsam in der Gegenwart ab – insofern sie Vergangenheit reflektiert oder über Zukunft spekuliert. Aber nicht einmal eine einzelne Person hat ein permanent gleiches Zeitempfinden. Manchmal verrinnt sie wie im Flug, manchmal dauert alles ewig. Nimmt man dann noch den Begriff der „Ewigkeit" in den Blick, dann gilt das Ewige als unveränderlich und das Zeitliche als kontinuierlich veränderlich.

Der nächste Schritt der Reflexion betrifft die Frage, woher die Zeit kommt, wer sie geschaffen hat, wie sie entstanden ist. Der gläubige Mensch macht Gott zum *creator* – auch zu dem der Zeit. Säkulare Denker fragen sich, in welchem Zusammenhang die Zeit zum Verstand, zur Sinnlichkeit, zum Raum steht. Der Philosoph Otfried Höffe fasst seine Gedanken zum Thema mit der Metapher einer Uhr zusammen: „Während der Zeiger sich bewegt, verharrt das Zifferblatt als unbewegter Hintergrund."[39] Zeit läuft also, aber sie hat auch etwas Statisches – einerseits ist die Betrachtung von Welt an Zeitlichkeit gebunden, andererseits gibt es einen Blick, der der Zeitlichkeit enthoben ist – Zeit und Ewigkeit!

Zeit und Individualisierung

Der Begriff der „säkularen Welt" ist eine gängige Umschreibung, um das nichtreligiöse Moment der Welt herauszuheben. Damit wird

---

38 Vgl. dazu die Skizzen von O. Höffe, Was ist Zeit? Zeiger und Zifferblatt teilen die Welt für uns ein, in: *Frankfurter Allgemeine Sonntagszeitung* v. 12.4.2015, 36.
39 Ebd.

suggeriert, dass es eine religiöse Welt und eine nichtreligiöse Welt gebe, in der die Menschen leben, strikt getrennt zwischen einer geistlich-spirituellen Dimension einerseits und einer säkularen andererseits, als ob diese beiden Momente nichts miteinander zu tun hätten. In der Religionssoziologie hat man seit den 1960er Jahren mit der sogenannten Säkularisierungstheorie einen steten Abbruch des Religiösen in der Gesellschaft vermutet und die zunehmende Entkirchlichung zu einem der wichtigsten Beweismittel dieser Hypothese herangeführt. Aber von dieser Theorie gilt es Abschied zu nehmen – weniger, weil sie nicht stimmen würde, sondern eher, weil sie zu undifferenziert ist.[40] Der Begriff der „Säkularisierung" ist mittlerweile dermaßen deutungs- und bedeutungsvielfältig geworden, dass es sich lohnt, ihn im würdigenden Sinne in die Schranken zu weisen. Und dazu gilt es, mit Mythen aufzuräumen. Modernisierungsprozesse sind nämlich keineswegs einfach nur Abbrüche von Religiosität, Kirchlichkeit und Spiritualität, sondern sind vielfältigerer Natur. Deshalb ist es sinnvoll, hinsichtlich der Modernisierungsprozesse weniger von der Idee der Säkularisierung auszugehen als vielmehr von der der „Individualisierung".[41] Die Individualisierungsthese greift die zunehmende Privatisierung von Religion auf und betrachtet sie als „Formenwandel"[42]. Religion und Religiosität schwinden nicht, aber sie werden ins Private verschoben und damit gesellschaftlich mehr oder weniger unsichtbar.

Die aufgeführten Individualisierungs- und Privatisierungsprozesse haben mittelbar auch zu tun mit dem Umgang von Zeit – auch in der Freizeit. Als in der alten Bundesrepublik Deutschland Freizeit

---

40 Grundlegend dazu Th. Eggensperger, Individualisierung und die Sphäre des Mundanen, in: Th. Dienberg / Thomas Eggensperger / Ulrich Engel (Hrsg.), Himmelwärts und weltgewandt. Kirche und Orden in (post-) säkularer Gesellschaft / Heavenward and worldly. Church and Religious Orders in (Post-) Secular Society, Münster 2014, 247–254.
41 Ders., Individualisierung in der Moderne. Alternativentwurf zu einem Verständnis von Säkularisierung als Folge der Modernisierung, in: Th. Dienberg / Th. Eggensperger / U. Engel (Hrsg.), Säkulare Frömmigkeit. Theologische Beiträge zu Säkularisierung und Individualisierung, Münster 2013, 105–117.
42 G. Pickel, Religionssoziologie. Eine Einführung in zentrale Themenbereiche, Wiesbaden 2011, 195. Als Definition: „Individualisierung ist der Prozess der zunehmenden Selbstbestimmung des Individuums bei gleichzeitiger abnehmender Fremdbestimmung durch äußere gesellschaftliche Instanzen und Faktoren (Sozialstruktur)." (Ebd. 180.)

und Tourismus ernstzunehmende Themen wurden, haben sich führende Theologen mit den Konsequenzen von Freizeit und Tourismus für die einzelnen Individuen und für die Gesellschaft insgesamt auseinandergesetzt. Auch die „Freizeitgesellschaft" bedurfte einer Analyse. So untersuchte in den frühen 1970er Jahren der Moraltheologe Alfons Auer die Frage nach dem Ethos der Freizeit, mit dem Gesamt von Gesinnungen und Haltungen, durch die der einzelne Mensch und die menschliche Gemeinschaft ihr Dasein sinnvoll und fruchtbar gestalten wollen.[43] In eine ähnliche Richtung ging zeitgleich Roman Bleistein, der Freizeitverhalten prinzipiell als „Therapie der Langeweile" verstand.[44] Letzten Endes ging es um die Frage des rechten Umgangs mit der Zeit innerhalb der gewährten und gegönnten Freizeit.

Zeitsouveränität

Alles agiert, in der Zeit, alles ist in ihr geregelt, bestimmte Abläufe orientieren sich an der Zeit, der Mensch lebt in und von Terminen, die er ziemlich zeitgenau einzuhalten hat, um nicht alles durcheinander zu bringen. Aber schlussendlich will niemand Opfer von Zeit werden, sondern man will Zeit im Griff haben – Zeitmanagement kommt hier in den Blick, d.h. Zeitplanung – kurz: „Zeitsouveränität"[45]. In der Geschichte der Menschheit spielte Zeit immer eine Rolle, wenngleich die Fragestellung sich wandelte. Mittelalterliche Bauern hatten andere Zeiten und Rhythmen als die englischen Arbeiter des ausgehenden 19. Jahrhunderts in den Fabriken. Wenn Menschen heute Zeitsouveränität suchen, dann stehen Themen wie Flexibilisierung und Individualisierung der Arbeitszeit auf der Agenda. Es werden Schichten eingerichtet, gleitende Arbeitszeiten, „Time sharing"- oder „Job-Sharing"- Modelle praktiziert[46], ja sogar Sabbaticals[47] (von denen mehr geträumt

---

43 A. Auer, Ethos der Freizeit (Deutsche Gesellschaft für Freizeit Bd. 3), Düsseldorf 1972.
44 R. Bleistein, Therapie der Langeweile (Herderbücherei 444), Freiburg/Br. 1972.
45 R. Sandgruber, Zeit der Muße. Von Arbeit, Uhren und dem Leben in der Zeit, in: *Theologische Praktische Quartalschrift* 163 (2015), 234–242, hier: 234.
46 Vgl. die differenzierte Erfahrung von Job-Sharing bei S. Broel, Chefposten für Zwei? JobSharing für Führungskräfte, Hamburg 2013.
47 Vgl. M. Raymond, Sabbatical. Wie Mitarbeiter und Firmen von der Auszeit profitieren, München 2015.

wird als dass sie in Anspruch genommen werden). So nimmt man von der so genannten Generation Y (und Z) an, dass ihnen Flexibilität und individuell zugeschnittene Zugeständnisse so wichtig sind, dass selbst in Arbeitsverträgen entsprechend Rücksicht darauf zu nehmen ist.[48] „Work-Life-Balance" ist der Fachbegriff, mit man sich auseinanderzusetzen hat.[49] Solcherart Modelle flexiblen Arbeitens bedürfen aber auch gewisser Rahmenbedingungen. Sie funktionieren nämlich nur, wenn sie wirklich von allen getragen werden. Arbeitet man flexibel in einem Team, aber einer im Team schert ständig aus mit Sonderwünschen oder mit Nichteinhalten von Absprachen, dann wird man sich schnell klassische Zeitstrukturen am Arbeitsplatz zurückwünschen. Der Sinn von Zeitsouveränität besteht darin, Zeiteinteilung individueller handzuhaben, was aber nicht heißt, dass die Freizeit größer wird. Im Gegenteil, Zeitressourcen werden strenger genutzt, Terminkalender passgenau gefüllt, Nachmittage und Abende der schulpflichtigen Kinder für Sport und Fortbildung eng getaktet. Flexibilisierung von Arbeitszeit oder die Anpassung von Ladenöffnungszeiten führt zu angepassten Rhythmen im Alltag. In Städten wie New York, Tokyo oder São Paulo kann man letztlich 24 Stunden lang einkaufen oder Essen gehen. Im Augenblick kämpfen so manche im kirchlichen Bereich darum, wenigstens den Sonntag dadurch zu „heiligen", dass er im Ablauf anders zu spüren ist als die Werktage. Ob dieser Kampf wirklich zeit-gemäß ist, sei dahingestellt, aber immerhin bleibt es beim Gefühl, dass es so etwas gibt wie „Sonntagsstimmung" …

Am Ende steht die (kreative) Langeweile

Eine aktuelle kleine Studie zum Thema Freizeit beginnt mit der Frage „Wie also kann Freizeit zum ‚Problem' werden" und stellt sie unter die Überschrift „Das Problem mit der Freizeit".[50] Die Überlegungen meines Beitrags begannen mit der Langeweile und sie

---

48 Vgl. S. Kurzmann, Individualität und Flexibilität im Personalmanagement. Die neue Herausforderung durch die Generation Y, Hamburg 2015.
49 Paradigmatisch: Ch. Holzer, Unternehmenskonzepte zur Work-Life-Balance. Ideen und Know-how für Führungskräfte, HR-Abteilungen und Berater, Erlangen 2013.
50 St. Immerfall / B. Wasner, Freizeit, Opladen – Farmington Hills 2011, 9.

enden damit: Die klassische *acedia* war nicht nur Herausforderung für Wüstenväter, sondern wurde zum Thema eines langanhaltenden theologischen Diskurses. Wie umgehen mit der scheinbar freien Zeit, ohne zum Sünder / zur Sünderin zu werden? Darum schien es bis ins frühe Hochmittelalter zu gehen, Theologen wie Bonaventura und Thomas rieben sich daran. Aber es gab bereits Nuancen. Der Naturbeobachter Albertus Magnus erkannte, ohne dass Freizeit für ihn ein sonderlich herausragendes Thema sein sollte, dass es durchaus positive Aspekte der Muße geben kann. Ganz fern von Sünde oder Faulheit dient sie der interessefreien Betrachtung der Schönheit des Werkes Gottes. Die aktuelle Freizeitkultur beschäftigt sich scheinbar mit ganz anderen Dingen, aber dennoch steht sie in der Tradition von Debatten, die das Nichtstun reflektieren. Der Umgang mit Zeit und der freien Zeit ist nicht nur eine private Angelegenheit, sondern sie ist eine gesellschaftliche und – ganz evident – eine theologische. Zeitplanung hat zu tun mit der Suche nach einer Wechselbeziehung nicht nur mit meinem Nächsten, sondern mit einem „Wir". Smartphones und Tablets haben ihren Sinn, aber es gibt die Tendenz, sich mit ihnen dermaßen zu vereinen, dass die Umwelt zunehmend bedeutungslos wird. Dagegen ist nichts einzuwenden, weil die neue Technik fraglos ihren Sinn hat und sie die Arbeit von Menschen unterstützt und Erleichterung schafft. Muße und Freizeit hingegen eröffnen die Chance, sich wieder verstärkt dem zuzuwenden, was einem lieb und teuer ist – dem und den Nächsten.

Zeit in der Gegenwart wird erlebt als hektisch und als verplant. Das ist Grund genug, nach dem Kontrastprogramm von Entschleunigung zu fragen und nach Work-Life-Balance. Die Tourismusbranche tut nichts anderes, als die Sehnsucht nach Entschleunigung und Zeitsouveränität produktiv aufzugreifen und entsprechend Angebote zu entwickeln.

Das ist sie aber dann wieder, die Langeweile, die aller Anfang ist und eben auch am Ende steht.

Markus Warode

Individuum und Gemeinschaft
Ansätze aus der modernen Personalführungsforschung

Einleitung

Organisationen sind heute Veränderungen in einer nie dagewesenen Geschwindigkeit ausgesetzt. Dabei ist es mehr und mehr unerheblich, ob über Organisationen aus der Privatwirtschaft, der Sozialwirtschaft, Verwaltung, Kirche oder dem Ordensbereich gesprochen wird. Das Phänomen der sogenannten VUCA World wird in diesem Zusammenhang als Verursacher und Impulsgeber entsprechender Veränderungsprozesse genannt. VUCA beschreibt eine *v*olatile (sprunghafte), *u*ncertain (unsichere), *c*omplex, (komplexe) und *a*mbiguos (mehrdeutige) (Arbeits-)Welt, die permanente Anpassungen erfordert.[1] Neben organisationalen Strategien, die im Hinblick auf eine heute globale Wettbewerbsfähigkeit auszurichten sind, wird eine Konzentration auf die sogenannten Humanressourcen zu einer entscheidenden Komponente. Dabei ist es der immaterielle Faktor Wissen, der es Organisationen erlaubt sich zu differenzieren und darüber ein eigenständiges Profil zu begründen.[2] Die Organisationswelt erfährt demnach eine Verschiebung ihrer ökonomischen Wertbestimmungen vom Sachkapital (z. B. Maschinen, Gebäuden, Grundstücken) hin zum intellektuellen Kapital, das in den Köpfen von Menschen bzw. in Gruppen und Beziehungsnetzen

---

1 M. Thompson / P. Buytaert, Change Management is changing, in: *Today's Manager* (SG) 4 (2014), 66–69.
2 D. Brunke, Immaterielle Vermögenswerte und weiche Erfolgsfaktoren als Werttreiber der Unternehmensentwicklung, in: A. Zimmermann, Praxisorientierte Unternehmensplanung mit harten und weichen Daten, Berlin u. a. 2010, 61–83, hier 62.

steckt.³ Daraus folgt, dass das Wissen und die Potenziale der Mitarbeiter in Organisationen im Blick auf die Zukunft eine erhöhte Bedeutung erfahren. In der Konsequenz sind Organisationen in einem erhöhten Maße dazu aufgefordert, die Potenziale ihrer Mitarbeiter zu heben und entsprechend zu fördern, wollen sie sich im Wettbewerb nachhaltig weiterentwickeln und positionieren. Zu berücksichtigen ist dabei eine veränderte Wertehaltung von Mitarbeitern, die heute, wie am Beispiel der Generationen Y zu zeigen ist, eigene Erwartungen, Bedürfnisse und Werteeinstellungen verstärkt in die Tätigkeit einbringen möchten.

Daraus ergeben sich zwei Fragen bzgl. der Umsetzung in die Praxis:

- Wie können Organisationen die Potenziale und das Wissen ihrer Mitarbeiter sinnvoll in ihre organisationalen Prozesse einbinden?
- Wie können Mitarbeiter ihr Wissen und ihre Erwartungen in die organisationalen Prozesse einbringen?

Eine wesentliche Funktion wird dabei der Personalführung zugeschrieben. Ihrer Definition nach zielt die Personalführung auf die bewusste zielorientierte Einbindung der Mitarbeiter durch Vorgesetzte zur Realisierung von Organisationszielen.⁴ Die Personalführung nimmt demnach eine operative Vertretung der Organisation in der direkten Beziehung zu den Mitarbeitern ein. Die Herausforderung liegt nun darin, das Beziehungsfeld zwischen Organisation und Mitarbeiter oder Gemeinschaft und Individuum für beide Seiten sinnvoll zusammenzuführen.

Vor diesem Hintergrund widmet sich der vorliegende Beitrag den Konzepten aus der modernen Personalführungsforschung, die darauf ausgerichtet sind, die Potenziale und Fähigkeiten der Mitarbeiter einzubinden und zu nutzen. Exemplarisch wird hier auf die transformationale Führung eingegangen. Um die veränderte Bedürfnislage von Mitarbeitern zu beschreiben, werden zunächst die

---

3 B. von Mutius, Wertebalancierte Unternehmensführung, in: *Harvard Business Manager* 5 (2002), 2–12.
4 B. Blessin / A. Wick, Führen und führen lassen, Konstanz u. a. ⁷2014.

Charakteristiken der sogenannten Generationen Y beschrieben. Abschließend gilt es, sich daraus ergebende Themen- bzw. Handlungsfelder zu diskutieren.

Veränderte Einstellungen von Mitarbeitern – Generation Y

In Zeiten des demografischen Wandels wird die Gewinnung der richtigen Mitarbeiter für Organisationen jeglicher Branchen zunehmend erschwert und qualifizierte Mitarbeiter werden als knappe Ressource mehr gesucht und umworben als zuvor. Auch hier ist festzustellen, dass Themen wie das Employer Branding (ein positives Arbeitgeberimage), nicht nur für Privatunternehmen wichtig sind. Auch kirchliche Einrichtungen richten derzeit Stabsstellen ein, die sich mit Fragen von Arbeitgeberattraktivität und Mitarbeiterrekrutierung auseinandersetzen. Dabei wird der Fokus auf die Generationen gelegt, die gerade in den Arbeitsmarkt eingestiegen sind oder in Zukunft erst einsteigen werden. In der wissenschaftlichen Diskussion wird die Bezeichnung „Generation Y"[5] genutzt. Im Folgenden werden die wesentlichen Zuschreibungen der Generation Y dargestellt, wobei die Beziehung auf Organisation resp. Gemeinschaft fokussiert wird.

Generation Y

Mit Generation Y oder den Millenials werden die Menschen bezeichnet, die von ca. 1980 – 1995 geboren sind. Im Gegensatz zu vorherigen Generationen liegt das Ziel der Generation Y darin, persönliche Wertvorstellungen, Erwartungen und Zielsetzungen aktiv in das Arbeitsverhältnis einzubringen. Die Generation ist auf der Suche nach

---

5 Auch wenn mittlerweile die wissenschaftliche und praktische Diskussion mit der Generation Z eine weitere Kohorte integriert, wird sich im vorliegenden Beitrag auf die Generation Y konzentriert. Die Generation Z folgt der Generation Y nach und umfasst die Menschen, die ca. 1995–2010 geboren sind. Aufgrund einer noch zu Beginn stehenden Arbeit über die Charakteristiken der neuen Generation Z und einer entsprechend geringen Anzahl qualifizierter Daten, bleibt die Generation Z in der vorliegenden Darstellung außen vor.

persönlichem Sinn und möchte diesen als Grundlage ihres Denkens und Handelns leben. Diese dahinter stehende Individualisierung lässt sich anhand verschiedener gesellschaftlicher Entwicklungen herleiten. Im organisationalen Kontext ist der veränderte Kundenmarkt zu nennen, in welchem die Mitglieder der Generation Y aufgewachsen sind. Im heutigen Kundenmarkt bedienen die Anbieter die Wünsche der Kunden individuell, d.h. persönliche Erwartungen werden vom Markt erfüllt. Weiter ist die gesellschaftliche Entwicklung in Richtung säkulare Gesellschaft prägend. Das Lösen von religiösen Normen, die veränderte Rolle von Mann, Frau und Familie sind hier als Kriterien genannt und stehen für individuelle Lebensentwürfe. Ebenso ist die technologische Entwicklung vor allem im Bereich der Informations- und Kommunikationsmöglichkeiten als wesentlicher Einflussfaktor aufzuzeigen. Die parallele Nutzung unterschiedlicher Medien wie TV und Internet und die damit verbundene Verwischung jeglicher Grenzen durch die zeit- und ortsunabhängigen Techniken beeinflussen das Verhalten der Mitglieder der Generation Y enorm. Sie sind ständig zu erreichen und haben ihrerseits ständig die Möglichkeit mit anderen in Kontakt zu treten. Dazu sind die politischen und kulturellen Entwicklungen zu nennen, die nach und nach ideologische und rechtliche Barrieren abbauen und damit eine globale Mobilität und Vernetzung ermöglichen und fördern.[6]

Welches Verhalten ist nun im Kontext der gesellschaftlichen Entwicklungen für die Generation Y kennzeichnend? Y, im englischen „Why" ausgesprochen, steht auch dafür, dass Althergebrachtes in Frage gestellt wird.[7] Dabei zeigen die Mitglieder oft einen hohen Idealismus (eine bessere Welt zu schaffen) und sind im Grundsatz sehr leistungsbereit und flexibel, was Art, Zeit und Ort von Beschäftigungen angeht.[8] Dabei ist einzuschränken, dass persönlich wahrgenommener Sinn und Spaß stimmen muss, damit eine adäquate Leistung erbracht wird. In diesem Zusammenhang wird von einer hohen Erwartung an die eigene Biographie und einer hohen

---

6 A. Dahlmanns, Generation Y und Personalmanagement (Praxisorientierte Personal- und Organisationsforschung Bd. 18), München – Mering 2014, hier 21–27.
7 C. Sonnet, Generation Y – Mehr Leichtigkeit im Leben, in: http://www.karriere.de/karriere/mehr-leichtigkeit-im-arbeitsleben-164497/ [Aufruf: 14.12.2015].
8 P.Ch. Donders / P. Essler, Berufung als Lebensstil – Aufbrechen in ein wertvolles Leben, Münsterschwarzach 2011, hier 24–25.

Erlebnisorientierung gesprochen.[9] Knapp formuliert: Die Work-Life-Balance muss passen! Das Leben soll zum einen einzigartig gestaltet werden. Zum anderen will man Teil der Gemeinschaft sein. Hier ist ein persönlicher Aushandlungsprozess einzufordern, der Individualität und Kommunität in ein fruchtbares Verhältnis bringt und mitunter ein Spannungsfeld erzeugt, wenn es um Tätigkeiten in einer Organisation geht, die sowohl individuelle als auch organisationale Ziele tangieren. Ein weiterer Aspekt ist in der Qualität der Ausbildung festzumachen. Aus Gesprächen mit Personalverantwortlichen und Akademikern lässt sich festhalten, dass eine gute Qualifikation der Millenials auch im internationalen Arbeitsmarkt alle Türen öffnet. Dabei hat die demografische Entwicklung für die Generation Y eine positive Wirkung. Ihre Mitglieder wachsen in eine schrumpfende Bevölkerung hinein[10], d.h. qualifizierte Arbeitskräfte werden im internationalen Wettbewerb weniger. Dadurch verbessert sich ihre Position als Mitarbeiter bei der Suche nach einer individuell passfähigen Beschäftigung. Mitarbeiter besitzen mehrere Optionen der Beschäftigung, wodurch die Loyalität zu einer und die Verweildauer in einer Organisation tendenziell sinken. Konkret: sinkt die wahrgenommene Attraktivität des Arbeitgebers oder steigt die Unzufriedenheit, wird schneller gekündigt.[11] Dagegen entsteht durch atypische und schnelllebige Beschäftigungsverhältnisse wie Teilzeit oder Befristung eine Unsicherheit für einen Teil der Generation. Eine hohe Qualifizierung und Flexibilität sind somit die entscheidenden Kriterien für eine qualitativ hochwertige Beschäftigung.

Letztlich erscheinen die vielfältigen Optionen der Generation Y recht ambivalent. Externe Möglichkeiten prallen auf die internen Werte und Einstellungen. Darüber entstehen Charaktereigenschaften wie Selbstbewusstsein, Orientierungslosigkeit, Sicherheitsbedürfnis, Weiterentwicklung, Sinnsuche, Flexibilität und Beziehungen, die für die Generation Y prägend sind.[12] Dies fordert

---

9   A. Dahlmanns, Generation Y und Personalmanagement, a.a.O., 26.
10 P.Ch. Donders / P. Essler, Berufung als Lebensstil, a.a.O., 24f.
11 P. Arenberg / K. Krüger-Baumgärtner, Führung und Männlichkeit: Ändert sich das Managerstereotyp in der Generation Y?, in: PERSONAL quarterly 1 (2016), 34–39.
12 J. Ruthus, Arbeitgeberattraktivität aus Sicht der Generation Y, Wiesbaden 2014, hier 9–16.

ein professionelles Selbstmanagement, aber auch eine kontinuierliche Begleitung durch Mentoren, wollen die Mitarbeiter selbst sinnvoll tätig sein und wollen die Organisationen das Potenzial der Millenials positiv nutzen. Denn durch die beschriebenen Einflussfaktoren hat die Generation Y die Macht, eigene Erwartungen an die Organisationen zu richten. Von den Organisationen wird erwartet, dass sie ihre Einstellungen überdenken und sich an die Ansprüche der neuen Mitarbeitergeneration einstellen.[13]

Anforderungen an Personalführung heute

Die veränderten Einstellungen und auch die höhere Qualifizierung von Mitarbeiter und Absolventen führen zu neuen Anforderungen an die heutige Personalführung. Führungsqualität zeichnet sich durch die Gestaltung sozialer Beziehungen in immer komplexer und dynamischer werdenden Projektstrukturen aus. Personalführung wird nicht mehr nur über die Fachkompetenz, die formale Funktion und die darüber definierte Anzahl von Untergebenen bestimmt.[14] Die Führungskraft muss nicht mehr die Person sein, die alles weiß und als einzige richtig machen kann. Ihre wesentliche Aufgabe besteht darin, individuelle Fähigkeiten für eine gemeinschaftliche Aufgabe zu koordinieren. Es gilt, das Expertentum und versteckte Leistungspotenziale einzelner Mitarbeiter zu fördern. Eine sowohl sachliche als auch menschenorientierte Kommunikation in alle Richtungen ist dabei ein zentraler Baustein. Es geht darum, Informationen zielgerichtet zu verarbeiten. Dieses gelingt der Führungskraft, indem sie zuhört, die Augen aufmacht, auf ihr Bauchgefühl hört und viel mit anderen spricht.[15] Grundlage dafür ist eine persönliche Haltung, die es ermöglicht, andere neben sich zum Wachsen zu bringen, und eine neue Form von Selbstmanagement, die primär auf weiche und zwischenmenschliche Komponenten ausgerichtet ist. Zudem spielt das Verhalten von Führungskräften eine entscheidende Rolle. Innerhalb

---

13 K. Bund / U. J. Heuser / A. Kunze, Generation Y – Wollen die auch arbeiten?, in: http://www.zeit.de/2013/11/Generation-Y-Arbeitswelt [Aufruf: 18.12.2015].
14 P.F. Drucker, Die Kunst des Managements, Berlin ³2006, hier 243–244.
15 H. Mintzberg, Managen, Offenbach 2010, hier 76–80.

der Organisationen fordern die Mitarbeiter einen wertschätzenden und fairen Umgang ein. Außerhalb der Organisationen führt vor allem schlechtes und unmoralisches Verhalten zu einem durch die Medien begünstigten negativen Image der ganzen Organisation, das sich grundsätzlich negativ auf Kunden- und Mitarbeiterbindung und -rekrutierung auswirkt.

Vor dem Hintergrund des unmoralischen und teilweise auch kriminellen Verhaltens von Führungskräften hat sich die Personalführungsforschung in den letzten Jahren verstärkt mit Ansätzen befasst, die sich mit gutem Verhalten der Führungskräfte als dem wesentlichen Erfolgsfaktor für eine nachhaltig erfolgreiche Führungsarbeit ausspricht.[16] Die Harvardprofessorin Barbara Kellerman spricht in diesem Zusammenhang von der hellen Seite der Führung.[17] „We presume that to be a leader is to do good and to be good", ist dabei der Kernsatz, mit welchem Kellerman die „helle Führung" charakterisiert. Demnach zeichnen sich erfolgreiche und gute Führungspersonen durch besondere charakterliche Eigenschaften (to be good) aus, auf welcher Basis sie mitarbeiter- und verantwortungsgerecht handeln und denken (to do good).[18] Als themenrelevante Führungstheorien resp. -ansätze werden die authentische Führung[19], die spirituelle Führung[20], der servant-leadership-Ansatz[21] und die transformationale Führung, die im nächsten Abschnitt näher beleuchtet werden soll, genannt.

16 F.W. Nerdinger, Führung von Mitarbeitern, in: ders. / G. Blickle / N. Schaper (Hrsg.), Arbeits- und Organisationspsychologie, Berlin – Heidelberg ³2014, 83–116, hier 96; J. Weibler, Personalführung, München ²2012, hier 626.
17 Ebenso beschäftigt sich die Forschung mit der sogenannten „dunklen Seite der Führung", die sich mit den Folgen destruktiver Führung auf Leistung und Wohlbefinden der Mitarbeiter auseinandersetzt.
18 B. Kellerman, Bad Leadership. What it is, how it happens, why it matters, Boston 2004, hier 10.
19 B.J. Avolio / W. L. Gardner / F. O. Walumbwa / F. Luthans / D.R. May, Unlocking the mask: A look at the process by which authentic leaders impact follower attitudes and behaviors, in: *The Leadership Quarterly* (USA) 15 (2004), 801–823.
20 L.W. Fry, Toward a theory of spiritual leadership, in: *The Leadership Quarterly* (USA) 14 (2003), 693–727.
21 R.K. Greenleaf, Servant leadership. A Journey into the nature of legitimate power and greatness, New York 2002.

Die transformationale Führung

Die transformationale Führung geht auf Bernhard Bass und Bruce Avolio zurück und ist in den letzten Jahren stark in der Führungsforschung diskutiert worden.[22] Das Konzept setzt sich mit der aktiven Gestaltung von Veränderungen im Kontext von Umwelt und den Erwartungen der Mitarbeiter auseinander. Der Führende soll die Entwicklung der Mitarbeiter initiieren und gestalten, in dem das Verhalten und Bewusstsein der Akteure adressiert wird. Bei dynamischer Betrachtung werden die Führungskräfte „mitentwickelt", was zu einer Positivspirale in der gegenseitigen Entwicklung führen kann. Der Ansatz rekurriert auf verschieden Führungsansätzen wie der charismatischen Führung und ist nach eigenem Verständnis mit anderen Führungstheorien kombinierbar.

Der theoretische Hintergrund des Konzeptes liegt in der Arbeit von James MacGregor Burns.[23] In einer Untersuchung über Führung im politischen Kontext differenzierte Burns Führer, die Gefolgschaft dadurch erreichen, dass sie Belohnungen gegen Leistungen der Geführten tauschen, von Führern, denen es gelingt, durch eine wechselseitige Pflichtengemeinschaft mit den Geführten Motivation und Moralität gegenseitig auf eine höhere Ebene zu bringen.[24] Die Kombination von transaktionalen und transformativen Elementen ist dabei der Anker für die transformationale Führung. Transaktionale Elemente im Sinne des klassischen Leistungs-Belohnungs-Systems, wonach Mitarbeiter nach klaren Zielen und Strukturen ihre Arbeit für die Organisation erfüllen, sind unabdingbar, reichen für einen nachhaltigen und hochqualitativen Führungserfolg nicht aus. Das Ziel des Konzepts der transformationalen Führung liegt darin, eine höhere Stufe in der Führungsbeziehung zu erreichen. Um organisationale Ziele bestmöglich zu erreichen, sind Energien resp. Potenziale auf Seiten der Mitarbeiter freizusetzen und zu nutzen. Dabei wird davon ausgegangen, dass diese Ziele, die durch die Führungskräfte repräsentiert werden, auch im Sinne der Mitarbeiter

---

22 B.M. Bass, Leadership and performance beyond expectations, New York 1985; B.J. Avolio /B. M. Bass, The full range of leadership development programs: Basic and advanced manuals, Binghamton 1991.
23 J.M. Burns, Leadership, New York 1978.
24 J. Weibler, Personalführung, a.a.O., 377.

liegen. Die Vermittlung von Sinn ist daher eine zentrale Komponente transformationaler Führung. Denn transformationales Führungsverhalten verdeutlicht den Sinn und integriert gemeinsame Ziele und Ideale von Mitarbeitern und Organisation. Im Kontext des vorliegenden Beitrags liegt hier die Chance, die Bereiche Individuum und Gemeinschaft sinnvoll und zielführend zusammenzubringen.

Für die praktische Umsetzung ist das Führungskonzept in vier Kategorien unterteilt, die im Grundsatz die Balance zwischen dem Individuum und der Organisation in den Blick nehmen.[25]

1. Idealized Influence (Exemplarisches Vorbild)

Das exemplarische Vorbild ist auf das Verhalten der Führungsperson bezogen. Thema ist hier das moralisch korrekte, verantwortungsbewusste und leistungsorientierte Verhalten der Führungskraft im Sinne der organisationalen Ziele. Dabei ordnet die Führungskraft ihre persönlichen Interessen den Organisationszielen unter. Sie lebt eigene Erwartungen selbst vor und betont den gemeinschaftlichen Nutzen der Aufgabe. Dieses setzt voraus, dass nicht nur äußerliches beobachtbares Verhalten (ich spreche darüber, was mir wichtig ist), sondern die Einstellung zu den ausgeführten Handlungen stimmen muss. Die innere Haltung oder reflektierte Spiritualität bildet so das Grundgerüst für ein ehrliches vorbildliches Führungsverhalten.

2. Inspirational Motivation (Inspirierende Motivation)

Die transformationale Führungskraft führt über eine attraktive und motivierende Zukunftsvision und herausfordernde Ziele, die Mitarbeiter anregen und es ihnen ermöglichen, sich mit ihr zu identifizieren. Der Führende verleiht den Zielen der Organisation Sinn, verbreitet Optimismus und integriert dabei die passfähigen Werte

25 B.M. Bass, Leadership and performance beyond expectations, a.a.O., B. J. Avolio / B. M. Bass, The full range of leadership development programs, a.a.O.; S. Süß / E.E. Weiß, Stressfaktor Chef. Wie der Führungsstil Stress und Work-Life-Conflict beeinflusst, in: *PERSONAL quarterly* 3 (2014), 36–41; J. Weibler, Personalführung, München ²2012, hier 376–379.

und Einstellungen. Sie unterstreicht die Leistungsfähigkeit des Einzelnen und der Gemeinschaft und hat volles Vertrauen in die Fähigkeiten der Mitarbeiter.

3. Intellectual Stimulation (Geistige Anregung)

Die intellektuelle Stimulierung oder die geistige Anregung steht für ein Führungsverhalten, das die Mitarbeiter ermutigt eigene Entscheidungen zu treffen, neue Wege auszuprobieren und eingefahrene Problemlösungsprozesse zu überdenken.[26] Dafür schafft die Führungskraft Raum, andere Perspektiven einnehmen zu können und fördert den Mut Risiken einzugehen. Die Ermutigung durch die Führungsperson soll Mitarbeitern helfen, neue Wege zunehmend eigenständig zu gehen und nicht den Ist-Zustand als automatisch besten Zustand zu akzeptieren. Auch hier spielt die reflektierte Haltung des Führenden die entscheidende Rolle. Bin ich bereit, Dinge immer wieder in Frage zu stellen und Routinen evtl. aufzulösen?

4. Individualized Consideration (Individuelle Zuwendung)

Im Rahmen der individuellen Zuwendung werden die Mitarbeiter als Individuen wahrgenommen. Die Führungskraft fungiert hier als Mentor oder Coach und hilft jedem Mitarbeiter zu wachsen und zu lernen. Dadurch unterstützt die Führungskraft den Mitarbeiter darin, nach und nach bessere Leistungen zu erbringen. Individuelle Bedürfnisse wie Autonomie oder Sicherheit und Entwicklungsmöglichkeiten des Einzelnen werden berücksichtigt. Hier werden die Beziehung zu den Bedürfnissen der Generation Y und darüber ein Ansatzpunkt für eine praxisrelevante Führungskonzeption deutlich. Weiter umfasst individualisierte Unterstützung Aufmerksamkeit gegenüber den Sorgen der Mitarbeiter und schätzt Leistungen sowie Erfolge der Mitarbeiter wert.

---

26 S. Süß / E.E. Weiß, Stressfaktor Chef, a.a.O., 37.

Zwischenfazit

Die Führungsphilosophie der transformationalen Führung lässt sich gut im Sinne des „Fördern durch Fordern" charakterisieren. Wichtig ist eine dialogische Beziehung zwischen Führungskraft und Mitarbeiter, die darauf ausgerichtet ist, gegenseitig zu wachsen. Die Kunst liegt darin, die unterschiedlichen Facetten der Individuen auf ein gemeinsames Ziel aller Organisationsmitglieder auszurichten. In der Konsequenz entsteht ein gesundes Spannungsfeld zwischen persönlichen und gemeinschaftlichen Zielen und Interessen.

Zusammenführende Betrachtung und Ausblick

Das sich entwickelnde Verhältnis von Individuum und Gemeinschaft hat – wie dargestellt – bereits eine relevante Bedeutung für den organisationalen Alltag. Im Besonderen führt die gesellschaftlich vielschichtig begründete Individualisierung zu einer veränderten Situation zwischen Mitarbeiter und Führungskraft. Wie am Beispiel der Generation Y aufgezeigt, sind individuelle Werte, Einstellungen und Ziele in die organisationalen Prozesse zu integrieren. Mitarbeiter stellen heute persönliche Erwartungen an ihr Beschäftigungsverhältnis. Im Kontext von Fach- und Führungskräftemangel sind Organisationen gefordert, sich den Wünschen der Mitarbeiter anzunähern. Dabei wird davon ausgegangen, dass die individuellen Werte und Fähigkeiten der Mitarbeiter sowohl für den Mitarbeiter selbst als auch für die Organisationen nutzbar sind. Hinsichtlich einer praktischen Umsetzung gilt es die Ziele von Mitarbeiter und Organisation bzw. Individuum und Gemeinschaft in Einklang zu bringen. Der Anker liegt dabei in einer mitarbeiterorientierten Personalführung. Dafür ist ein Blick auf eine Führungsqualität zu werfen, die primär Beziehungen gestaltet und Mitarbeiter inspiriert, sich für die Organisation einzusetzen, wobei persönliche Bedürfnisse darin integriert werden. Mit der transformationalen Führung ist ein Ansatz vorgestellt worden, der diese Komponenten berücksichtigt und die Entwicklung von Mitarbeiter und Organisation durch eine mitarbeiterorientierte Führung auf Basis einer reflektierten Haltung in den Fokus nimmt.

Für die Forschungsarbeit an der Philosophisch-Theologischen Hochschule Münster ist besonders die Zusammenführung einer guten reflektierten Haltung und einer guten nachhaltigen Handlung interessant. Nimmt man bspw. die franziskanische Ordenstradition, so lassen sich mit dem Erfahren wertereflektierter Einstellungen exakt die Grundlagen von Haltung und Handlung identifizieren, die heute ein Baustein für eine Führungsqualität sein können, die mehr und mehr die Person und die Fähigkeiten des Einzelnen in den Blick nehmen und darüber auch die Gemeinschaft entwickeln.

Mitarbeiter/-innen

Thomas Dienberg OFMCap | Dr. theol., M.A. (Arbeitswissenschaft)
Professor für Theologie der Spiritualität und Leiter von „IUNCTUS –
Kompetenzzentrum für Christliche Spiritualität" der PTH Münster

Thomas Eggensperger OP | Dr. theol., M.A. (Spanisch, Philosophie)
Professor für Sozialethik an der PTH Münster sowie Geschäftsführender
Direktor des Institut M.-Dominique Chenu Berlin

Ulrich Engel OP | Dr. theol. habil.
Professor für Philosophisch-theologische Grenzfragen und Prorektor der
PTH Münster sowie Direktor des Institut M.-Dominique Chenu Berlin

Reimund Haas | Dr. theol., Lic. theol.
Professor em. für Mittlere und Neue Kirchengeschichte an der PTH
Münster sowie Gastprofessor für kirchliches Archivwesen an der Hochschule für Archivwissenschaft, Marburg

Gerhard Hotze | Dr. theol. habil.
Professor für Neutestamentliche Bibelwissenschaft und Studiendekan der
PTH Münster

Hans-Gerd Janßen | Dr. theol., Lic. theol.
Professor em. für Fundamentaltheologie und Hochschulsekretär der
PTH Münster

Katharina Karl | Dr. theol. habil.
Professorin für Pastoraltheologie/Religionspädagogik und Leiterin des
Pastoralseminars an der PTH Münster

Ludger Schulte OFMCap | Dr. theol.
Professor für Dogmatik und Rektor der PTH Münster

Klaus-Bernward Springer | PD Dr. theol. habil.
Lehrbeauftragter für Mittlere und Neue Kirchengeschichte an der
PTH Münster sowie Geschäftsführer des Instituts zur Erforschung der
Geschichte des Dominikanerordens im deutschen Sprachraum, Köln

Maria-Barbara von Stritzky | Dr. phil., Dr. theol.
Professorin em. für Alte Kirchengeschichte und Patrologie an der PTH Münster

Christian Uhrig | Dr. theol.
Dozent für Kirchengeschichte des Altertums an der PTH Münster

Markus Warode | Dipl. Soz.Wiss., Dipl. Arb.Wiss.
Leiter des Fachbereichs ‚Business und Leadership', „IUNCTUS – Kompetenzzentrum für Christliche Spiritualität" der PTH Münster

Stephan Winter | Dr. theol. habil., M.A. (phil.)
Professor für Liturgiewissenschaft an der PTH Münster sowie Liturgiereferent und Referent des Weihbischofs der Diözese Osnabrück